40 Jahre Südamerika

Als Emigrant von Brokdorf nach Amerika

-ein Lebensbild-

von
Jan Rathgens und Theo Junge

© 2024 Jan Rathgens, Theo Junge
Verlag: BoD · Books on Demand GmbH,
In de Tarpen 42, 22848 Norderstedt, bod@bod.de
Druck: Libri Plureos GmbH, Friedensallee 273,
22763 Hamburg
ISBN: 978-3-7693-0884-6

Prolog

Im Rahmen meiner Familienforschung stellte ich fest, daß Verwandte aus Schleswig-Holstein im 19. Jahrhundert nach Südamerika ausgewandert sind.

Dieses teilte ich meinem Sohn und seiner Frau in Brasilien mit. Sie fanden heraus, daß ihr Cousin Roberto Junge in Valparaiso in Chile wohnt. Roberto führte die Bäckerei seines Urgroßvaters Nikolaus Junge und seiner Ehefrau Anna Christina, geb. Rathgens in vierter Generation und lebt jetzt im Ruhestand in Valparaiso. Bei einem der Besuche in Valparaiso übergab Roberto seinen Gästen Lars Junge und Kathrin Grund aus Santos in Brasilien ein 185 Seiten umfassendes vergilbtes, mit Schreibmaschine verfasstes Buch im Format DIN A4, mit dem Titel:

40 Jahre Südamerika
von Johannes Rathgens
Ein Lebensbild eines deutschen Auswanderers
Seinen lieben Nichten und Neffen und sonstige Geistesverwandten im alten Vaterlande gewidmet.

Wie sich im Gespräch herausstellte, ist der Verfasser, Johannes Rathgens, der Bruder von Robertos Urgroßmutter Anna Christina. Beim Lesen der ersten Seiten wurde den Dreien klar, dass dieses vergilbte Original abgeschrieben und in neuer Form veröffentlicht werden sollte, um es anderen Lesern zur Verfügung zu stellen. Beim nächsten Deutschlandbesuch übergaben Lars und Kathrin mir das Exemplar zur weiteren Prüfung. Bevor ich das Exemplar an ein Auswandererarchiv übergebe, will ich den Originaltext abschreiben, ohne den Text zu verändern.

Der Text steht jetzt in dieser Ausgabe zur Verfügung. Ich habe genau darauf geachtet, ihn nicht zu verändern. Die Texte in Klammern wurden von Johannes Rathgens im Original geschrieben, um Begriffe zu verdeutlichen. Satzbau und Kommata habe ich nicht verändert, um die Erzählweise des Verfassers nicht zu beeinflussen. Beim Abschreiben habe ich Tippfehler verbessert und mit Bleistift im Original vorgenommene Verbesserungen durch Johannes übernommen.

Da der Originaltext ohne Kapiteleinteilung zur Verfügung steht, habe ich die Einteilung in Abschnitte vorgenommen und mit einer Überschrift im laufenden Text versehen, um das Wiederauffinden von Ereignissen in den 40 Jahren seiner Südamerikaerfahrungen zu erleichtern. Zusätzlich habe ich im laufenden Text Fußnoten gesetzt, um verwendete Begriffe zu erläutern sowie Orte zuordnen zu können. Im Anhang habe ich ausführliche Erläuterungen und Informationen als auch einige alte Fotos der Auswandererfamilie aufgenommen.

Braunschweig im Februar 2025
Karl-Theodor Junge

Einleitung

Das, was ich erzählen will, ist eine alltägliche Geschichte, ohne den Reiz hineingewebter furchtbarer Abenteuer, wie sie sonst in den Indianerfabeln Brauch sind. Auch hat mich das Schicksal nicht zum Schriftsteller bestimmt, doch bin ich der Meinung, dass jeder sein Leben niederschreiben sollte, so einfach es auch sei, denn etwas erlebt doch auch der scheinbar Unbedeutendste und der eine oder andere wird daraus lernen können.

Warum ich die Heimat verließ:
Es war im Herbst 1879, als ich Bückeburg vom 7. Jägerbataillon, bei dem ich drei Jahre gedient hatte, entlassen wurde. Nebst einem guten Führungsattest bekam ich zum Abgang, da ich sonst nichts anzuziehen hatte, eine Uniform sechster Garnitur als Lohn für treue Dienste; ferner für jede Meile meiner ins Rheinland führende Reiseroute 10 Pfennige Wegegeld! [1]

Ich ging nach Lennep, wo ich früher bei meinem Bruder in der Tischlerlehre gestanden hatte. In zerfallender Uniform, mit leerem Magen und leeren Taschen kam ich an. Durch drei Jahre meinem Handwerk entfremdet, zu Winters Anfang, ohne Mittel, unvermittelt dem Kampf ums Dasein gegenübergestellt! Doch eins hatte ich: meine gesunden Knochen. Arbeiten hieß die Losung und arbeiten wollte ich. Ja aber wer wird denn zum Winter Leute einstellen, wenn die meisten Werke und Fabriken ihre Gehilfen entlassen und die Zahl der Arbeitslosen auf der Landstraße sich ins Erschreckendste vermehren?

---

[1]Johannes hat von Herbst 1876 bis Herbst 1879 im Westfälischen Jäger-Bataillon Nr. 7 gedient, das auch „Bückeburger Jäger-Bataillon genannt wurde, s. Anhang.

Wo wäre ich geblieben, hätte nicht mein gütiger Bruder mich aufgenommen und mir durch Fürbitte doch Arbeit verschafft. Arbeit auch nur für die Kost. Vierzehn Stunden täglich und abends nichts anderes als ein Strohsack in kalter Dachkammer. Aber wie viele meiner Schicksalsgenossen hatten es weit schlimmer! Sie mussten mit erfrorenen Füssen durch den Schnee stampfen, von Land zu Land Arbeit suchen oder betteln gehen. Aber Betteln verboten, hinein ins Loch! Schon war der saubere Reisepass durch den Bettelstempel besudelt. Der junge Mann, der keinen Heimatofen hatte, hinter dem er sich den Winter über verkriechen könnte, kam nun auf den Herbergen in Gesellschaft wirklicher Bummler, die ihn lehrten, wie man es machen muss, sich auch ohne Arbeit, der Polizei zum Trotz, durchzuschlagen vermag. Trotzdem wird der Unerfahrene wieder und wieder beim „Fechten" beim Stehlen erwischt – er wollte doch leben! Längst war er in seinen eigenen Papieren als Landstreicher geächtet. Wer ihm jetzt noch Arbeit geben, selbst wenn er noch welche hätte annehmen mögen? Da wird er dann vielleicht auf eine Besserungsanstalt geschickt und hier, auf der Hochschule des Verbrechens, im Umgang mit geriebenen Gaunern, wird er gebührend zum letzten Examen vorbereitet. Oh, jetzt lacht er der Polizei: ihn fing man nicht so leicht!

Das war die Art, wie sich damals Deutschland eben ins Leben tretenden, hoffnungsvollen Söhnen anstatt zu Patrioten, zu vaterlandslosen Verbrechern erzog.

Mit Sehnsucht hatte ich den Frühling erwartet, doch ehe er kam, nahm mir dieser feindliche Winter meinen einzigen Bruder und Beschützer nach schwerer Krankheit durch den Tod hinweg, und jetzt erst, ganz verwaist, verließ ich, mit wildem Weh und tiefer Bitterkeit im Herzen den Ort, der mir zweimal etwas wie eine zweite Heimat geboten hatte. Doch auch jetzt war mir das Schicksal wieder hold, indem es mir für den verstorbenen Bruder einen treuen Freund gab. Er war ein älterer Arbeitsgefährte, den, gleich mir, die Sehnsucht zurück nach dem Norden trieb, wo unsere Wiegen gestanden hatten. Eichwald war ein edler Charakter. Er hat mich, den Unerfahrenen, in schier väterlichen Schutz genommen und schloss ich mich jeden Tag mehr mit allen Fasern meines Herzens ihn an.

Da unsere vereinte Kasse nicht ausreichte, die Kosten der Bahnfahrt zu decken, wir aber über eine große Wanderlust verfügten, so tippelten wir lustig darauf los, um vom Rhein bis zur Elbe zu gelangen. Wir mussten uns sehr einschränken, denn es widerstand uns, unterwegs zu fechten, höchstens, daß wir uns mal bei einem reichen Bauern zu Gast luden. Die Tour war äußerst interessant, aber Arbeit fanden wir erst in Hamburg. Es glückte uns, da wir uns um keinen Preis trennen wollten, in einer Möbelfabrik gemeinschaftlich Arbeit zu erhalten. Dort gab es nur Akkordarbeit, wobei es die geschicktesten Arbeiter bis zu 10 Mark Wochenlohn brachten! Anfänger brachten es kaum auf die Kost, weil sie sich erst Kunstkniffe eines ungeheuerlichen Fuschersystems anlernen mussten. Die Unternehmer arbeiteten für Juden, welche die fertige Ware unglaublich billig verschleuderten. Schon hatten wir monatelang geschafft, nein geschuftet, hatten uns auf Herberge und Kosthaus verschuldet, hofften jedoch mit nächster Lohnzahlung alles zu decken; aber die Zahlung wurde verzögert. Als wir dann am Montag zur Arbeit antraten, fanden wir die Bude geschlossen und gerichtlich versiegelt. Der Besitzer war durchgebrannt, bankerott! Was nun? 45 Handwerker, die meisten Familienväter, zogen aufs Amt: Anmeldung zur Konkursmasse. Wir wünschten unseren rückständigen Lohn. Man gab uns Versprechungen, vertröstete uns jedoch. Gerichtsferien, Untersuchung, Regelung. Vielleicht in drei Monaten mal wieder vorfragen! Dumpfes Murren bei den Leuten, dem aber mein Freund Eichwald etwas scharf und etwas erregt Worte verlieh: Wie ein hohes Gericht sich denke, wovon ein Arbeiter, dem sein Lohn nicht ausbezahlt werde, drei Monate lang leben solle, um auf den endlichen Entscheid zu warten?

Man sei doch gezwungen, andere Arbeit, vielleicht weit von hier zu suchen, man brauche das Geld, um Kost und Logis zu bezahlen, und…

"Halten Sie`s Maul" fuhr aber nun der Amtmann dazwischen. „werden Sie hier nicht frech oder ich lasse Sie abführen!" Ich sah, wie mein Freund erblasste, aber würdig und ruhig gab er zur Antwort:

„Erlauben Sie, Sie sind Beamter, ich bin deutscher Bürger, ich wüsste nicht, dass ich gegen Sie gefehlt hätte, verbitte mir also entschieden ihre ungerechte Unhöflichkeit".

Verschiedene Bravos und Zwischenrufe der Kameraden brachten den Amtierenden völlig in Wut.

„Na wartet!" Eine Klingel schrillte auf, schon stürmten verschiedene Schutzengel herein. „Sozialdemokraten! Lokal räumen!" keifte der Beamte. „Den da verhaften!" Schon waren wir draußen.

Als nach drei Tagen mein Freund nicht sichtbar wurde, erkundigte ich mich bei der Polizei nach seinem Verbleib. „Ausgewiesen, Abgeschoben", war die lakonische Antwort. „Aber wie kann…?"

„Machen Sie, dass Sie weiterkommen, Sie Holzkopf, oder es könnte Ihnen als Komplice ebenso ergehen. Mit der roten Bande wird jetzt nicht viel gefackelt, verstanden?"

Nein, ich hatte nicht verstanden, döste aber wie betäubt davon.- Ah, da stand es ja aber auch in der Zeitung: Einer der (nach eigenem Geständnis) gefährlichsten Anarchisten namens Eichwald war, nach dem er eine Gerichtsperson tätlich bedroht und dann Widerstand gegen die Staatsgewalt geleistet hatte, des Landes verwiesen worden.

Ich heulte in ohnmächtiger Wut. Heulte vor Schmerz und vor Scham über die blinde Ungerechtigkeit, mit der das Vaterland einen seiner Besten von sich stieß. Er, ein Anarchist, er, mein einziger, unersetzlicher Freund, er, der keiner Fliege ein Unrecht tat, er, der trotz seiner freien Meinung sich so wenig wie ich je am Sozialismus beteiligt hatte, er ausgewiesen? Und ich? Als Roten hatte man mich von der Polizei gewiesen, ja, und ich war rot darüber geworden, nicht nur vor Scham und Zorn, sondern erst recht aus Hass und Verachtung gegen eine Gesellschaftsordnung, die einen Teil ihrer unbescholtenen Mitglieder entrechtete, enterbte und ins Elend stieß, sie als Parias behandelte, weil sie nicht das Glück gehabt hatten, auf einem vollen Geldsack geboren zu werden.

Ich schreibe absichtlich: Gesellschaftsordnung. Ich Unerfahrener schimpfte damals über das Vaterland, weil ich noch nicht wusste, daß diese Ordnung über die ganze Erde verbreitet war. Erst später sah ich ein, daß Deutschland immerhin eins der bestregierten Länder war, wo man sich immerhin doch bemühte, die unvermeindlichen Härten des nun einmal herrschenden Mammonkultes wenigstens etwas abzuschleifen. Daß dabei das Drängen der Sozialisten viel dazu beigetragen hat, wird keiner leugnen können. Damals aber beschloss ich, ein Land zu verlassen, das solche Möglichkeiten bot, und ich bin überzeugt, daß gleich mir viele Tausende damals dem Vaterlande entfremdet wurden.

Wieder brausten die Schneestürme durchs Land, wieder war ich arbeits- und brotlos! Der kleine Meister in Wilster, der mich mit dem Versprechen eingestellt hatte, mich den Winter durch zu beschäftigen, konnte sein Wort nicht halten, hatte er doch selbst nichts zu tun und – nichts zu beissen. Schon damals litt das Kleingewerbe schwer unter der wucherischen Konkurrenz der Großbetriebe. Wohin nun, Waisenknabe?

Da – ein Weihnachtsgeschenk! Ein Brief von meinen beiden in Chile verheirateten Schwestern: „Komm zu uns, wenn Du im Vaterlande Not leidest, hier fehlt es nicht an gut bezahlter Arbeit, hier stoppt kein Winter deine Tätigkeit, hier winkt dem Strebenden Fortkommen, Ehre und Lebensgenuß. Uns geht es gut hier, und unser Haus sei dein Heim." Klang das nicht wie Gruß aus Märchenland? Mein Onkel, den ich mit Anspielung auf das Reisegeld um seine Meinung fragte, eröffnete mir nun ein neues Märchen, daß ich nämlich Anrecht habe auf ein Legat über 500 Mk. von einer guten Großtante. Das wolle er mir auszahlen, es könne gerade für die Überreise 3. Klasse reichen. Viktoria! Gern erfüllte ich ihm auch seine Gegenbitte: seinen zweiten Sohn, meinen Vetter Johannes, mit mir zu nehmen. Der Junge wolle zu Hause gar nicht guttun; er habe keine Lust zur Arbeit und seine einzige Liebe sei der Kömbuddel.[2] Ich, der Jüngere müsse ihn aber stramm halten und sein Geld verwalten. Wer war vergnügter als mein Vetter Johannes, der Müllerbursch, dass er nun wandern durfte, obwohl er doch Heimat und Familie aufgeben musste, um nun in der Fremde sein Brot zu verdienen! Dort hat er sich nicht nur gebessert, sondern sogar sein Vaterhaus schätzen gelernt, so daß er sich nicht ganz lange da draußen aufgehalten hat.

Kaum nun, der Frühlingswind das Eis brach, als wir auch schon auf der „Ramses" den Strom hinabfuhren, vorbei an der alten Mühle, die uns den letzten Gruß nachwinkte auf die hohe See, entgegen der Freiheit und einer neuen Heimat!

Tat ich recht, die Heimat zu verlassen? Ach, wer keine Eltern hat, der hat auch keine Heimat. Das hatte mir der ablehnende Stolz der reichen Bauernkinder, die doch

---

[2]Kömbuddel ist der plattdeutsche Begriff für Schnapsflasche

mit mir dieselbe Schule besuchten, fühlbar genug gemacht. Nein, die Heimat war mir fremd geworden. Aber mein Deutschtum? O, dafür bangte mir nicht, das trug ich im Herzen mit mir, und wirklich; je mehr ich die Fremde und andere Völker kennen lernte, desto höher lernte ich mein Vaterland und mein Deutschtum schätzen. Musste ich nun aber deswegen auch mit der Politik der Regierenden einverstanden sein? Sie gefiel mir damals so wenig wie heute! Das Streben des jungen, innerlich durchaus nicht gefestigten Reiches schien mir verfehlt. War denn das englische Volk glücklich oder wenigstens wohlhabend, oder stand es auf einer höheren moralischen Stufe, weil seine Lords die halbe Welt beherrschten? – weil ihre Schiffe die rechte Beute aus aller Welt heimbrachten? – weil ihre Kaufleute und Geldfürsten in gar so prächtigen Palästen wohnten? Ja, warum denn in dieser weltbeherrschenden Millionenstadt neben so viel Luxus und Protzentum so wenig behäbiges Bürgertum – warum gar nicht weit von den Prunkpalästen sogar viel obdachloses, trunkenes, hungerndes und frierendes Gesindel? Sind das die Repräsentanten eines glücklichen Volkes?

Überfahrt

Die Überfahrt verlief im ersten Teil programmäßig, glatt und schön. Die Behandlung sowohl der Schiffsleute wie der Passagiere war ungemütlich militärisch. Das Futter war, um den Skorbut zu kriegen. Umsonst hatten wir dem Steward einige Füchse zugesteckt, damit er uns die Reste vom Tisch der Kajütenpassagiere bringe. Das litt die Strenge des Kapitäns nicht, das musste über Bord.

Erst bei der Ausfahrt aus der Magellanstrasse sollten wir eine kleine Abwechslung erleben: Dort stand uns eine steife Sturmboe so direkt entgegen, daß unser Kahn sechs

Stunden mit aller Maschinenkraft zu kämpfen hatte, bis er endlich den „Stillen Ozean" gewann. Dieser empfing uns aber mit so wütendem Rollen, daß wir denn doch eine seltsame Meinung von seiner „Stille" bekamen. Während dreier Tage blieben alle Passagiere unter Deck eingesperrt. Am vierten Tag endlich zum Frühstück öffneten sich die Luken.

„Essen fassen" brüllt es hinunter. Doch von den 36 Mann, die da unten halbtot in resignierter Verzweiflung lagen, regte sich kaum einer. Erst die eindringende frische Luft erweckte die Lebensgeister. Also mal hochklettern! Immer noch schlängelte das Schiff mächtig. Auch brachen noch einzelne Wellen über Bord. Es fand sich aber nichts mehr zum Wegspülen vor. Was irgend loszubrechen gewesen war, hatte Neptun zu sich in die Tiefe gezogen unter anderen auch den gesamten Kombüseninhalt samt dem zweiten Koch. Der alte Küchenchef aber fluchte entsetzlich, denn immer noch rollte sein Geschirr in tollem Wirbel um ihn herum. Einige von uns sprangen hilfsbereit hinzu, und so gelang es, das unter so schwerem Kampf hergestellte Essen glücklich zur Verteilung zu bringen. Die von vorne kamen mit drei großen Blechgefässen. Es war aber ein Kunststück, nun mit den gefüllten Behältern nach vorn zu balancieren – und richtig: beim Überholen des Schiffes hielt sich der eine der Träger am Tau fest, während der andere gegen die Reeling rutschte. Der Inhalt der Gefässe, Salzfleisch mit Sauce wurde auf Deck entleert. Schon war auch, wie ein Hund, der auf der Lauer lag, eine gierige Spritzwelle da, die alles fortleckte.

Als zweiter kam nun mein Vetter mit den Pellkartoffeln. Er schlitterte sich ganz kühn über das schlüpfrige Deck, erreichte auch glücklich Luke und Treppe, war aber so voll Lachen, daß er die Vorsicht vergaß und da – beim

Aufstampfen des Bugs sauste er kopfüber die Treppe hinab, fiel aber glücklich, wie der König der Luft im Zirkus, in die Kanone – wollte sagen: in Bak mit den heißen Pellkartoffeln, so daß ihm Hören und Sehen verging. Um den inzwischen mächtig erwachten Appetit zu bekämpfen, blieben uns noch die gelben Erbsen. Vorsichtig schaufelte sich ein Jeder seinen Teller voll und setzte sich an den langen Tisch, um diese Gottesgabe zu geniessen. Aber – o Schicksal – plötzlich legte sich schon unser ruhiger gehender Kasten wieder mit solcher Vehemenz auf die Seite, daß alles trotz krampfhafter Gegenwehr, jeden Halt verlor und samt Geschirr und Erbsenbrei wild durcheinanderkollerte. Das war ein Knäul mit Erbsenbrei bespritzt, der sich endlich auflöste in Lachen, Prusten, Schimpfen, Schnauben, Husten!

Bald darauf wurde es ganz still und fortan hatten wir uns nicht mehr über die Stille des Ozeano pazifique [3] zu beklagen. Wir hielten ja nun auch auf die chilenische Küste zu und legten in dem lieblichen Corral[4] Anker. Wie gern wären wir nun den schönen Valdivia-Fluß hinaufgerudert bis Valdivia, wo ich meine ältere Schwester wohnen wusste, aber für solche Wünsche war unser grimmiger Schiffsführer nicht zu haben. Schon gings weiter, weit genug von der Küste entfernt, um nichts von ihrer Anmut zu sehen, bis wir am 56. Tage unserer Fahrt abends die Lichter von Valparaiso vor uns sahen. Die Ansicht der Stadt vom Schiff aus entsprach zwar nicht ganz unseren Erwartungen. Ein schmaler Küstenstreif, dicht mit Häusern besetzt, im engen Halbkreis von kahlen, vegetationslosen Bergen umgeben, war nicht geeignet, den Eindruck eines Paradiesgartens zu machen. Die Offiziere versicherten uns jedoch, daß die Stadt ihren Namen verdiene, da es ein gar lustiges Nest sei. Schon tönte auch Regimentsmusik vom Lande herüber, und

---

[3] Pazifischer Ozean wird auch stiller Ozean genannt
[4] Corral liegt an der Mündung des Rio Valdivia in den Pazifischen Ozean

12

so rüsteten wir uns denn unter freudigem Hoffen, an Land zu gehen, denn schon umschwärmten Dutzende von Booten unser Schiff.

Ankunft in Valparaiso in Chile

Bald ergoß sich eine Flut von Menschen aufs Deck, von denen uns viele in ihrem Jargon anschrieen, was uns sehr spanisch vorkam. Aber horch, da schwirrten ja auch heimische Laute dazwischen, und richtig, dort wird ja eben unser Vollbart-Mitpassagier von einem anderen mächtigen Vollbart umarmt, den er uns gleich als seinen lieben Bruder vorstellte.

„Ah, Landsleute, sehr erfreut! Sie sind also auch Tischler? Trifft sich ja prächtig, können bei mir sofort Arbeit haben. Vorerst bringe ich Sie aber zu ihrem Schwager. Werden die sich freuen! Jetzt marsch ins Boot!"

Wirklich herzlich war auch der Empfang in meiner Schwester Anna Haus. Sie war im Hause unseres Onkels erzogen worden, hatte aber bald begriffen, daß ihr dort, trotz aller Güte ihrer Erzieher, doch schwerlich ein anderes Los winken würde, als ewiger Dienst. Schulkameraden, die in der neuen Welt ein gutes Fortkommen gefunden, hatten ihr geschrieben und in ihr die Auswanderungslust erweckt.
„Du gehst in dein Unglück," hatte die gute Tante gemeint, die sie nur ungern verlor, aber sie war übers Wasser in ihr Lebensglück – in die Arme eines dieser unvergessenen Schulkameraden gegangen. Sie hatte es nicht zu bereuen; ihr herzensguter Mann hatte ihr durch sein ernstes Schaffen in seiner selbst errichteten Bäckerei bereits ein trautes Heim geschaffen, worin sie nun als sein guter Genius

13

fleißig tätig war. Ein paar reizende Kinder, die sie ihm schon geschenkt, schmiegten sich bald vertraulich an den neuen Onkel, der sich durchaus nicht genierte, hier Gastfreundschaft zu geniessen, wo er wusste, daß es ihm aus liebendem Herzen geboten wurde. Es war gut sein unter diesem gastfreien Dach, und es kamen so viele Landsleute, um die Vettern von drüben zu begrüssen, daß uns dieses Land wirklich schon viel weniger spanisch vorkam.

Ebenso empfingen mich auf der Werkstatt, wo ich fröhlich schaffte, mehrere Landsleute mit deutschem Willkommensgruß, so daß ich mich schier wie zu Hause fühlte, heimischer noch und mehr als Mensch, denn hier trat einem alles mit Höflichkeit und Achtung entgegen; sowohl der Bürger im geschäftlichen oder geselligen Verkehr wie auch der Beamte im Dienst. Keine Belästigung durch Polizei, kein Passzwang. Meine einzige Anmeldepflicht erstreckte sich auf das deutsche Konsulat. In den Hotels und öffentlichen Lokalen setzt sich der anständige Werkmann ohne Verlegenheit zum Fabrik- oder Kaufherrn an den Tisch und wird von diesem mit derselben höflichen Achtung behandelt, wie der eben eintretende höhere Beamte oder Offizier. Überhaupt der Fremde wird hier stets als „Cavalliero" behandelt, solange er sich nicht selbst durch gemeines Betragen erniedrigt. Dazu dieses herrliche Klima, das unter fast gleichmässig heiterem Himmel weder Kälte noch übermässige Wärme aufkommen lässt, was ebenso wenig die Plage der Tropen wie die Pressungen der kalten Zone zulässt, dagegen durch neun Monate im Jahr alle Arten herrlicher Früchte, Wein und Korn reift, während die kurze Regenzeit nur selten einige ungemütliche Tage bringt. Was Wunder, wenn ich mich hier bald wohl und heimisch fühlte.

Nur das Chilenentum stand mir noch fremd gegenüber, doch bemühte ich mich eifrig, die spanische Sprache zu erlernen, Land und Leute kennen zu lernen, zumal ich dies auf der Werkstelle, wo ich bald Vormann wurde, bitter nötig hatte, um den Mitarbeitern die Arbeit anzuweisen. Dabei lernte ich die Arbeiter kennen als durchaus willige, fleissige Leute, leicht von Begriff und geschickt in der Ausführung. Selbst als ich noch nicht ihre Sprache beherrschte, hielt es nicht schwer, sich verständlich zu machen. Ist auch der Chilene im Allgemeinen leichtlebig, ja leichtsinnig, ist auch sein Wort so unbeständig wie seine Prinzipien, so weiss er sich doch den Verhältnissen anzupassen. Er ist kulturaufnahmefähig und schwingt sich nicht selten, nachdem er bei den Fremden in die Lehre gegangen ist, zu forscher Selbständigkeit empor.

Der gebildete Chilene glaubt sich sogar auf einer höheren Kulturstufe stehend als der Europäer, was man ihm insofern nicht verübeln kann, als doch die meisten der von drüben Auswandernden längst nicht an seinen höflich-geschmeidigen, feinen Gesellschaftstaten heranreichen. Und nun erst der Patriot! An seinen Nationalstolz kann keiner tippen. Nicht rascher kann man sich diese Helden zu Feinden machen, als wenn man darauf anspielt, daß sie doch eigentlich keiner Rasse entstammen, sondern die Nachkommen der früheren spanischen Verbrecherkolonie sind, deren Mitglieder sich mit den wilden Araukanern[5] und anderem eingewanderten Volk mischten. Dann beweist dir der Patriot wohl mit sprühenden Augen, daß die chilenische Nation vielleicht gerade deswegen die tapferste ist. Beweis: Napoleon war der grösste Feldherr Europas; er unterjochte viele Völker, konnte jedoch die Spanier nicht besiegen. Wir haben aber die Spanier geschlagen, folglich sind wir doch mas valiente (tapferer) als die Franzosen! Wage aber ja nicht ihm dieses Argument zu widerlegen! Siehst du nicht, wie seine Hand mit nervöser Hast an seinem Corvo

---

[5] Araukaner, siehe Anhang

(Genickfänger wie unser Gartenmesser) spielt? Es ist wohl nur seine Höflichkeit gegen Fremden, was die furchtbare Waffe noch zurückhält. Wie leicht sie aber bei solchen Anlässen heraus- und dem Gegner in die Gedärme fährt, davon wurde ich später mehrfach Zeuge. Zur Charakterisierung sei hier ein solcher Fall eingestreut:

Auf einer Reise vom Hafen Iquitos ins Innere per Maultier kam ich spät abends an einer einsamen Herberge, wo ich freundliche Aufnahme fand. Mich erfreute wohl der stille Friede, der das Gehöft umspann, da er mir eine ruhige Nacht versprach. Doch mahnte mich die Einsamkeit auch zur Vorsicht, denn obgleich die herzliche Gastfreundschaft des Chilenen sprichwörtlich ist, so soll es doch schon vorgekommen sein, daß der vertrauensvolle Gast am Morgen weder Reittier noch Gepäck, manchmal gar sich selbst nicht mehr vorfand. Es kam aber sowieso anders. Als ich noch beim Abendbrot sitze, wird es draussen lebendig. Froher Gesang mit Guitarrenbegleitung ertönt, und ehe ich mich noch drücken kann, füllt sich schon das Lokal mit lustiger Gesellschaft.

„Vaya, un Gringo (Fremder)! Wo kommst du her? Bist wohl ein Beamter für eine …oder gar ein Spion?" inquirierte man mich nicht gerade freundlich.

„Nicht doch, Leute, bin euer Bruder, bin Arbeiter wie ihr und reise auf eigene Rechnung; daher freut es mich in so frohe Gesellschaft zu kommen, und ich hoffe, ihr verschmäht es nicht, ein Gläschen mit mir zu trinken."

„Bueno" hieß es, „Aber tu uns Bescheid". Schon reichte man mir eine der mächtigen Gläser mit Chicha (sprich tschitscha, Maisbier) und da heisst es schlucken, denn gar übel wird es vermerkt, wenn man das Willkommglas nicht auf einen Zug leert., Nun, ich hatte die Probe bestanden, man ließ mich hochleben, und dann durfte ich als buen amigo (guter Freund) an ihrem Fest teilnehmen. Dann gings ans Tanzen. Feurig wild, mit Leidenschaft, pikant tanzten Mädel und Burschen ihr Marineros und Zambaquecas (Nationaltänze). Zwei prächtige Burschengestalten, wie der Bildhauer sie sich als Modell wünscht, hatten es all anderen zuvorgetan. Plötzlich streichen diese Beiden dicht an meinem Sitz vorbei und ich höre, wie sie sagen:

„Du, Manuelito, ich dächte, wir hätten doch noch eine kleine Rechnung zu begleichen, eh?"

„Ah, du meinst wegen der Juanita? Lächerlich! Wenn ich sie küsste, wusste ich, daß es deine Liebe sei? Aber gleichviel bin ich zu Diensten. Jetzt gleich?"

„Como no, pues!"[6] Schon umwickeln sich die beiden den linken Arm mit dem Poncho, in der Rechten blitzt der Corvo und inmitten der Mädchen und Kameraden, die sich auf das Schauspiel freuen, gehen sie aufeinander los, wie geschulte Kampfhähne. Grausig, spannend war das Spiel. Die Gewandheit und kühle List dieser beiden schönen Gestalten rief mehrfach den Beifall der Zeugen hervor. Doch schienen die Rivalen so ebenbürtig an Kraft und Geschick, daß der Kampf nach 15 Minuten noch unentschieden war. Immer hitziger, wilder, wütender wurden die Kämpfer, keuchend der Atem, pantherartig ihre Sprünge. Ermüdung und nachgeben schien keiner zu kennen. Da – plötzlich greift sich Don Manuel mit wilder Schmerzgebärde in die Seite.

„Demonio – Du hast mich getötet!" zischte er den, ihm triumphieren gegenüberstehenden Gegner an, aber im selben Augenblick auch wirft er sich mit einem furchtbaren Sprung auf ihn und stößt dem Überraschten ebenfalls seinen Corvo durchs Herz. Dann fallen beide entseelt übereinander. Alles steht erstarrt. Totenstille – aber doch nur einige Sekunden.

„Ah! Die sind fertig miteinander," meint einer trocken und schon greifen Männerfäuste zu und schleppen die Leichen in einen Winkel, wo sie mit ihren blutigen Ponchos

---

[6] Dann natürlich

17

zugedeckt werden. Einige Mädchen heulen auf, aber schon liegen sie in den Armen anderer Burschen. Musik setzt ein und wieder dreht sich das lose Volk in ihrer Queca, als ob nichts vorgefallen wäre. Ich muss wohl ein recht dummes Gesicht dazu geschnitten haben, denn mitten im Tanz bleibt plötzlich so ein Bursche vor mir stehen und will sich vor Lachen ausschütteln.

„Propre Gringo!" meint er mitleidig, „hast dich wohl sehr erschrocken? Mira! Dabei denken wir uns nichts, das sind wir so gewohnt; bloß, wenn die Polizei sich in unsere Händel mischt, dann wird's erst lustig, dann gibt's wohl noch ein paar Tote mehr. Was will man von uns? Haben nicht die feinen Leute auch ihre Duello? Jeder verteidigt eben seine Ehre auf seine Weise."

Dagegen war nichts einzuwenden, aber mit war übel, sterbend übel, ich schlich mich fort. Doch noch im Traum verfolgte mich die um ihre Ehre Kämpfenden, schönen Bestien. Seitdem, so oft ich nur von weitem die Klänge einer lustigen chilenischen Gesellschaft vernahm, suchte ich in weitem Bogen, um sie herumzukommen.

Doch, wie gesagt, meine Kameraden an der Hobelbank waren friedliche Leute, die auch dann ruhig und höflich blieben, wenn ich sie wegen verfuschter Arbeit tadelte. Schon waren einige Jahre in ruhiger stetiger Arbeit verflossen. Ich hatte mich eingelebt und fühlte mich glücklich und zufrieden. Als ich dann eines Sonntags mit meinem mir lieb gewordenen Meister ein friedliches Pfeifchen rauchte, ließ dieser mich wie durch leichte Schleier ein noch schöneres Zukunftsbild schauen. Sein Bruder und ich hatten ihm treu geholfen, über seine kleine Werkbude hinweg ein stolzes Dreistockhaus zu bauen, in dessen unteren Räumen die neue Werkstatt, schön mit modernen Maschinen ausgestattet, installiert war. Zur Einweihung aber hatten wir den grossen Raum gar prächtig zu einem grossen Tanzsaal hergerichtet, mit einer kleinen Bühne und Musikkapelle im

18

Hintergrunde. Das wurde ein harmlos lustiges Fest, auf dem wir, dem heißen Sommertag zum Trotz, unermüdlich tanzten. Wir, d.h. ein gar gemütlicher Kreis von auserlesenen deutschen Familien, die sich nicht genugtun konnten in geselliger Fröhlichkeit.

Des Festes Seele und Krone war unsere Frau Meisterin, eine jener noch echt deutschen Frauen, wie sie die südlichen Kolonien, besonders Valdivia, noch erziehen. Ihr zur Seite stand ein jüngeres Schwesterlein, ein in gesunder Jugendglut strahlendes, fesches Kind, mit dem ich schon manchen Walzer gedreht. Als nun der Meister sein Glas gegen mich erhob, sprach er die Hoffnung aus, daß wir auch künftig, wenn möglich in noch engerer Verbindung, treu zusammen schaffen würden!

„Ja, ja, gewiß doch! Prost!" – Den Wink verstand ich wohl – Schwager – Teilhaber – wäre nicht so übel. Ich hatte nun schon meine 27 Jahre: die Kleine gefiel mir wohl. Und dann selbständig werden! Ei, da wäre ich ja fein heraus! Aber, aber, stöhnte der Junggeselle dagegen, soll ich meine Freiheit, soll ich mein zufrieden sorgloses Leben schon jetzt vertauschen gegen das Los eines kleinen Unternehmers, wie es mein lieber Meister ertragen muss? Schon arbeitet, nein schuftet er durch 20 lange Jahre, und diese haben ihn vorzeitig zum Greis gemacht. Freilich, er hat es zu etwas gebracht. Sein damals in kleinsten Anfängen unternommenes Geschäft hat sich fortschreitend entwickelt. Er schaut jetzt mit Stolz aus den Fenstern seiner selbstgebauten Wohnung auf die Straße. Neben ihm steht ein geliebtes Weib, und liebliche Kinder spielen zu seinen Füssen. Familienglück – wiegt das nicht alles Ungemach zehnfach auf?

Oh, gewiß, doch hätte nur der Geplagte ein wenig Zeit, dieses Glück zu geniessen, hätte er mindestens Zeit, sich ein wenig mit seinen Sprösslingen abzugeben, seiner Vaterpflicht nachzukommen, seine Kinder zu erziehen! Aber die Abendglocke läutet für ihn keinen Feierabend.

19

Hastig verschlingt er sein Essen und dann geht es an die Bücher, an die Kassa, ob wohl der Lohn für die Arbeiter zusammenkommt. Nun an die Pläne für den nächsten Tag. Es ist nicht leicht, jedem Arbeiter die rechte Arbeit zur rechten Zeit zu geben. Noch weniger leicht, der vielköpfigen Kundschaft zu Dank zu arbeiten. Er schafft noch bis in die Nacht, obwohl er weiß, daß sein liebendes Weib ihn sehnsüchtig erwartet. Es bleibt ihm nie die nötige Zeit zum Schlafen, denn früh muss er wieder der Erste sein, muss angeben, vorbereiten, kalkulieren, damit nur ja nicht die Tretmühle ins Stocken gerät. Zu alledem dann noch die ewige Sorge, daß all dieses so mühsam Aufgebaute durch einen unglücklichen Zufall über Nacht zusammenstürzen kann, weil immer noch die feste Basis, das nötige Kapital, fehlt. Schon hatte ich verschiedene solcher ehrlicher Aufstreber kennengelernt, die Schiffbruch erlitten, um nachher als Wrak einem traurigen Ende zuzutreiben. Nein, ein solches Zukunftsbild konnte mich nicht locken. Was aber wollte ich? Was erwartete ich eigentlich vom Leben? Das war mir wohl, wie den Meisten, überhaupt nicht klar.

Neben mir an der Hobelbank arbeitete ein älterer Herr. Er war Mitte der Sechziger und hatte sich aus dem Schiffbruch des Lebens einen gesunden Humor und einen göttlichen Leichtsinn gerettet. Er pflegte zu sagen: Dummheiten macht jeder, ich habe ihrer zwei gemacht: einmal als ich einen eigenen Herd, dann, als ich ein eigenes Geschäft gründete, beides mit zu viel Selbstvertrauen und zu wenig Kapital. Beides habe ich bitter gebüsst und nicht zum zweiten Mal gemacht, ich resignierte, jetzt bin ich glücklich.

„Ja," meinte einer darauf, „aber man hört doch nicht auf zu streben. Denken Sie bei Ihren Jahren nicht daran, sich für die alten Tage etwas zurückzulegen?"

– „Sparen, meinen Sie?" lächelte überlegen der Alte," nein, das ist auch eine von den grossen Dummheiten, die stets neue Torheiten erzeugt. Christus sparte auch nicht, hat es auch seinen Jüngern nirgends empfohlen, im Gegenteil. Ich arbeite und genieße mein Leben, ohne Überschwang, solange es noch geht. Und dann? Hm – dann sind mir immer noch drei Häuser sicher. Welche? Das Armen-, das Kranken- und das Totenhaus."

„Pfui Deibel, Alter, Eure Philosophie kann mir nicht gefallen," lachte ich ihn an.

„Vielleicht später," lächelte er bedeutungsvoll.

„Ja, wenn die Jugend vom Alter lernen möchte, würde die Welt rascher vorwärtskommen. Aber einen guten Rat lass Dir geben, junger Freund: Unternimm nie etwas in deinem Leben, wobei Dir Freiheit und Gesundheit in die Brüche gehen können, denn höhere Güter kannst Du nimmer erwerben. Und noch eins: strebe nie nach Reichtum und lauf nie der Fortuna nach. Beide sind gemeine Dirnen."

Etwas spöttisch dankte ich dem alten weisen Holzwurm. Erst später entdeckte ich, daß doch etwas davon bei mir Eindruck gemacht hatte. Jedenfalls hatte ich es nun mit dem Heiraten nicht mehr so eilig. Wohl schaffte ich, wie gewohnt weiter, aber ich fing an, müde zu werden. Etwas Unerklärliches lähmte mir die Arbeit- und Lebenslust. Das Essen schmeckte mir nicht mehr, obwohl ich aus einem Restaurant ins andere zog.

Immer verdrossener, unlustiger wurde ich; die Arbeit wurde mir zur schweren Last. So ging ich zum Arzt. Der meinte:

„Ihnen fehlt weiter nichts: Sie müssen heiraten."

So, so. Nein, das konnte nicht stimmen. Ich war bei meiner Schlappheit weniger heiratslustig denn je. Nein, das konnte kein Heilmittel für mich sein. Ein alter deutscher Arzt, bei dem ich nun Rat suchte, sah mir nur in die Augen.

„Sie leiden an allgemeiner Schwäche, die von Unterernährung herrührt."

21

„Aber Herr Doktor, ich esse nur in erstklassigen Hotels und…"

„ Ja, ja, unterbrach er mich, „wo es viel Fleisch, fast nichts als Fleisch mit fetten, scharfen Saucen gibt und dazu den famosen Tischwein. Ich kenne das, daran gehen die meisten meiner Patienten zu Grund. Es ist ein Unglück, aber keine Nahrung, die man lange ungestraft zu sich nimmt. Sehen Sie zu, gut bürgerliche, wenn möglich deutsche Kost zu bekommen und Sie werden von selbst wieder stark und gesund werden, andernfalls" – ein Achselzucken – „bis auf Wiedersehen."

Das war einleuchtend, aber gute deutsche Kost? Ich wusste wohl ein Haus, wo es das gab und wo es mir auch immer prächtig mundete, doch es war ein weiter Weg bis dorthin und die Essenszeiten der Bäckerei waren andere als die der Werkstatt. Aber die gute Schwester wusste Rat:

„Nein, das geht so nicht weiter, mein Junge, wirst ja ganz spitz und elend. Komm Du an unseren Tisch, ich werde Dich schon wieder herausfuttern und bleib bei uns im Geschäft, der Brotverkauf im Laden ist leichte Hantierung und mit meinem Mann wirst Du gut auskommen. Nicht wahr, mein lieber Nikolaus, ist es Dir nicht recht so?"

„Selbstredend, bleib nur gleich da." Ein Handschlag, und die Sache war gemacht.

So kam es, daß ich meinen lieben Hobel, wenn auch mit stillem Schmerz, an den Nagel hing und Semmelverkäufer wurde. Als Avancement konnte ich das zwar mit bestem Willen nicht betrachten, heimlich schämte ich mich. Auch finanziell stand ich mich nur halb so gut, aber das glich sich auf andere Weise aus. Im Schoße der Familie, gehegt und gepflegt von einer lieben Schwester, fast brüderlich gehalten von dem guten Schwager, umschwärmt von den herzigen Kindern, die sich keinen freien Moment entgehen ließen, um bei dem Onkel zu sein.

Bei leichter Arbeit und viel Zerstreuung zeigte sich bald, daß der Arzt wohl einen weisen Spruch getan hatte. Denn wirklich genas ich von meiner Schwäche und blühte wieder auf wie eine Pflanze, die nach langer Dürre nun reichlich warmen Regen erhält. Noch heute denke ich mit dankbarer Verehrung dieses einzigen Mannes, der mir statt teurer, unnützer Medizin einen guten Rat gab.

Valdivia

Die schon längst geplante Reise nach Valdivia[7] wurde zur besonderen Erholung jetzt gleich unternommen. Ein kleiner Küstendampfer, der allerdings scheußlich schaukelte, brachte mich, in jedem Hafen anlegend, binnen zwei Wochen dahin. Das Schiff fuhr fast immer in Sicht der Küste, was die Fahrt sehr interessant machte, da hier die Küste wunderbare Szenerien bietet. Herrliche Wein- und Kornfelder wechseln mit saftig grünen Wiesen, finstern, ewig grünenden Wäldern und wildromantischen Felspartien in bunter Reihe. So lernte ich all die kleinen südlichen Häfen kenne, die größtenteils von üppigen Fruchtgärten umsäumt, durchweg einen einladenden Eindruck machen. Wo wir an Land gingen, wurden wir aufs Freundlichste empfangen und bewirtet. Wo wir uns ein Glas des guten Landweines geben liessen, setzte man uns auch, wie selbstverständlich, einen Korb herrlicher Früchte daneben.

„Zahlen? Nicht doch! Es freut uns, wenn's Ihnen schmeckt. Unser Herrgott beschenkt uns so reichlich mit dem Zeug, daß man doch kein Geschäft damit machen kann."

---

[7] Die Stadt Valdivia erhielt ihren Namen am 9. Februar 1552 von Pedro de Valdivia, dem ersten spanischen Gouverneur Chiles.

Damals gab es in Chile noch keine Fruchtkonservenfabrik. Heute [8] erzeugt dieses Land gleich Kalifornien Tausende von Tonnen an Dörr- und Dosenobst.

Am schönsten war dann aber die Fahrt den Valdiviafluss hinauf, wo damals noch die Urwaldbäume ihre mächtigen Äste, durchwoben von allerhand leuchtenden Blumen, belebt mit seltenem Getier, von beiden Seiten über den Fluß hinausstreckten, hin und wieder unterbrochen von bebauten Feldern mit kleinen schmucken Häuschen, bis endlich ragende Schornsteine und Fabriken uns die Nähe des gewerbefleißigen Valdivia anzeigten. Wir legten an und vor den erstaunten Blicken lag eine deutsche Kleinstadt – wie gemalt. Als ich mich von unserem Kapitän verabschiedete, fragte ich ihn nach der Wohnung meines Schwagers, aber ein dunkelhäutiger Mann mit schwarzem Vollbart antwortete mir in gutem Deutsch:

„Kommen Sie mit mir, Don Juan ist mein Freund, doch da kommt er selbst."

„Ah, Sie sind Deutscher?" „Nein, mein Herr, ich bin Chilene, aber hier spricht jeder deutsch, der hier arbeiten oder Geschäfte machen will."

Das bezeugten nun auch meine Schwester und mein Schwager, die mich eben herzlich willkommen hießen.

„Freilich bist Du hier in einem guten Stück Deutschland. Schau Dich nur um, drüben auf der Insel wird Dir schon die grosse Brauerei aufgefallen sein. Nicht weit davon die grossen Holzschneidereien und Möbelfabriken. Hier flussaufwärts die berühmten Gerbereien, Schuhfabriken, Exportschlächtereien, deren Produkte bis weit nach dem Norden begehrt sind und auch nach Übersee gehen. Da, sieh hier die Firmenschilder, ist nicht alles Deutsch? Nur selten wagt es ein Hiesiger, mit uns in Wettbewerb zu treten. Das ist, was uns so gefiel hier, und deswegen hast Du

---

[8] In den Zwanzigerjahren des 20sten Jh.

hier auch eine deutsche Klempnerei: Firma Johann Wiedemann."

Wir waren an ihrem Heim angelangt, wo ich jetzt mit einfacher Herzlichkeit aufgenommen und bewirtet wurde. Hier in der sauberen Häuslichkeit, wie auch in der exakt eingerichteten Werkstatt herrschte ein einfacher solider deutscher Stil, wie ich es auch in den meisten Kleingewerbe vorfand.

Valdivia wurde um die Mitte des vorigen Jahrhunderts gegründet von deutsch politischen Flüchtlingen, die sich drüben dem Zorn ihrer Fürsten entzogen hatten, um hier im freien Lande ein neues freies Heim zu gründen. Sie hatten am Anfang viel zu kämpfen, denn das Land, das sie bebauen sollten, war eitel Wildnis und Urwald, wovon viele auch heute noch auf weite Strecken umgeben sind. [9]

Der wilden Araukaner[10] wie auch der chilenischen Räuberbanden hatten sie sich oft genug blutig zu erwehren, bis deutsche Vollkraft und Ausdauer über alle Hindernisse triumphierten, sich bei Freund und Feind in Achtung setzten und im fremden Lande ein sicheres, trautes Heim schufen. Die alten Gründer hielten noch treu zusammen, was sie gern am Stammtisch bei ihrem guten Bier zum Ausdruck brachten. Wer aber noch revoltierende Reden gegen Deutschland zu hören erwartete, der hatte sich schwer getäuscht. Im Gegenteil habe ich nirgends mehr so reichs- und kaiserfreundliche Patrioten gefunden, wie diese alten Demagogen. Wehe dem, der da etwas gegen Bismarck oder den alten Wilhelm

---

[9] Ab 1846 siedelten sich vor allem deutsche Einwanderer in Valdivia an. Die Stadt erlebte ab 1850 einen Bevölkerungswachstums.
[10] Araukaner, siehe Anhang

25

vorgebracht hätte! Das waren ihre Helden, die das fertiggebracht hatten, wofür sie selbst Gut und Blut vergeblich ein-
setzten: Das geeinte Deutschland.[11]

Wie überall im Ausland, wohin man kommt, bewährt
sich auch in Chile das Wort: Wo drei Deutsche versammelt
sind, da ist der Hader unter ihnen. Die Landsleute, die es
schon zu etwas gebracht haben, halten sich natürlich für
Aristokraten und schieben, wenn möglich, den Neuankom-
mende mit einem Almosen weiter, damit er ja nicht ihre
Kreise stört, es sei denn, er käme direkt mit guten Empfehlungen. Und was da so zugereist kommt, gewöhnlich
Schiffsdeserteure, das ist denn auch meistens darnach, und
macht dem Deutschtum keine Ehre. Wir könnten in diesem
Punkte von den Chinesen lernen. Ein armer ankommender
Chinese treibt sich nicht bettelnd und trinkend in den Straßen herum, wie es die Engländer und Deutschen machen, er
geht zu seinen Landsleuten, die ihn ohne weiteres aufnehmen und an einen Platz stellen, wo er ein nützliches Mitglied der Colonie werden kann, und wenn er brauchbar und
intelligent ist, kann man ihn bald als Inhaber eigener Geschäfte sehen. Ebenso ist jeder Japaner, wo immer auch sei,
in der Fremde stets der Soldat, der Forscher, der Spion für
sein Vaterland und wo er dann Fremden dient, da will er von
ihnen lernen. Diese Völker werden die Welt beherrschen,
denn sie sind einig.

Doch zurück nach Valdivia. Aber da bleibt nicht viel
zu sagen. Ich verlebte dort einige Wochen in dem ich, wenn
irgend der ewige Regen es zuließ, Ausflüge in die Umgebung machte, was mir stets neue Freude bereitete, obgleich
ich fast immer lehmbespritzt heimkehrte.
Auf Anraten nahm ich schliesslich ein Pferd. Das
ging anfangs recht gut, bis auf einmal der Trotter mit mir in

---

[11] Deutsches Reich ab 1871

einen Hof lief. Die Flaschen am Fenster zeigten eine Wirtschaft an. Also anstandshalber einen heben! Aber kaum 5 Minuten weiter wollte es schon wieder einkehren. Und nun hatte ich mit der Mähre bei jedem Gehöft einen Kampf zu bestehen, um glücklich an der Giftquelle vorbeizukommen und nicht immer blieb ich Sieger. Na, warte nur, Du Racker, jetzt geht's ins Freie! Wundervoll nun, an beiden Seiten dieser herrliche Wald mit seinen – Hoh! Hüh! Bestie, bleib doch auf der Straße! Doch kein Halt – nur schnell bücken bis auf den Hals des Tieres, denn das Vieh rennt wie besessen durch den Busch. Wohin? Ah, solch ein schlaues Vieh! Auf einmal hält es von selbst und fängt am lustigen Waldbach im saftigen Gras an zu schmausen. Na, da legte ich mich denn eine Weile in den Schatten. Nun aber weiter! Vorsichtig ziehe ich den Fuchs wieder auf den Weg, schon bin ich oben. Aber jetzt will er nach Hause. Nichts da! Diesmal zeige ich ihm, wer Herr ist und widerwillig trottet er weiter. Auf schmalem Pfad am steilen Berg entlang; hier kannst Du wenigstens nicht umdrehen! Es lässt mir auch keine Zeit dazu, sondern fängt an zu rennen, unaufhaltsam durch den Wald, an all den Wirtshäusern in tollem Galopp vorbei und mit knapper Not kann ich mich noch bücken, um nicht den Schädel an der Stalltür zu zerschmettern. Da stehen wir beide an der Krippe. Die Leute lachten, ich schimpfte:

„Einmal und nicht wieder!" Ohne zu bedenken, wie oft ich über die Matrosen in Valparaiso gelacht hatte, denen es regelmäßig so erging, wenn sie auch mal reiten wollten.

„Die Pferde haben aber ihre Mucken," sagt der Chilene und freut sich, wie gut er sie eingelernt hat.

Valparaiso

„Jetzt aber heim“, sagte ich, als ich mehr kotbespritzt als je ans Haus meiner Schwester kam.

„Heim?“ fragte traurig die Gute. Fühlst Du dich nicht heimisch bei uns? Magst Du nicht hierbleiben?“

Ach nein, schon hatte mich die große Hafenstadt zu fest in ihrem Bann, als daß ich mich an die allzu ruhige, allzu nasse Kleinstadt hätte verlieren können. Und sollte ich nochmals mein Handwerk wechseln? Ach, damals ahnte ich noch nicht, wie oft mich das Leben vor Wahl und Wechsel stellen werde. Wäre ich doch geblieben und Klempner geworden! Nicht gar lange, so hätte ich das schöne Geschäft übernehmen können, denn der gute Schwager starb einige Jahre darauf.

Mein Los aber bestand nicht in spießbürgerlicher Ruhe, vor mir lagen Wechsel und Unruhe und wildes Erleben. Darum ging es wieder in die Großstadt, an den Brotkorb zurück, um Millionen von heißen Brötchen durch meine verbrannten Finger gleiten zu lassen. So verbrannt, daß ich meine liebe Zitter nicht spielen konnte. Und das ging so weiter durch Jahre – das wurde langweilig. Ich hatte damals einen Kollegen, einen jungen Hamburger, der treulich, wenn auch oft schwer seufzend, neben mir arbeitete. Der klagte immer:

„Das ist kein Leben!“ und wir hatten es doch so gut – nur nicht denken, nicht denken! Das tat er aber und schrieb an seinen reichen Vater.

„Die Bäckerei ist ein gutes Geschäft hier, also sende mir Geld, damit ich eine eigene einrichten kann, ich werde sonst melancholisch.“ Der Vater aber antwortete:

„Geduld, mein Junge! Du bist noch zu jung, mehr Erfahrung sammeln!“ Der Junge aber klagte:

„Ich werde alt beim Brotzählen – schon 26 Jahre – der Alte hat Geld, er will nicht. Gut – genug!“ Dann ging er

hin und erschoss sich. „Ein Narr, der nicht warten konnte,"
war das Urteil der Leute.

Mir aber war's, als wäre die Kugel ganz dicht an meinem eigenen Schädel vorbeigegangen. Ja, man muss warten
können. Aber ich war nun schon dreißig Jahre alt. Wie mancher ist mit dreissig Jahren Familienvater und Geschäftsinhaber oder gar Bürgermeister – und ich? Wo blieben meine
Jahre und was erreichte ich? Bis 16 Jahre Volksschule, bis
20 Jahre Lehrling, bis 23 Militär, bis 25 Hobel- und Hungerleider. Dann Ausland, zwei glückliche Jahre Streben im
Handwerk und jetzt, 3 Jahre Brotzählen. Keine Aussicht für
die Zukunft und keinen reichen Vater. Ich machte mir also
Gedanken, und merkwürdig: Diese Gedanken bereiteten
mir Kopfschmerz und dieser Kopfschmerz wurde jeden Tag
schlimmer, bis – nun, bis ich nicht mehr dachte. Dafür aber
dachte der Arzt und erklärte, daß ich von den – Pocken befallen sei.

Und wieder war ich auf die Güte der lieben Schwester angewiesen, die anstatt mich ins Hospital zu schaffen,
aus dem selten jemand zurückkam, mich im Hause hielt und
lieber ihre eigenen Kinder zu Verwandten brachte. Aber gerade diese Güte und meine Hilflosigkeit quälten mich. Immer wieder zuckte durch meine Delirien der Gedanke, daß
ich ein unnützer Mensch sei, der aus eigener Kraft nie zu
etwas kommen werde, - dann tobte ich. Mein Wärter war
ein grosser, treuer Chilene, der mich wie ein Kind bewachte,
mir auch oft das Gesicht mit Salbe bestrich, wodurch er
mich vor Entstellung bewahrte. Manchmal suchte ich ihn zu
täuschen und stellte mich schlafend, damit ich, wenn er
auch schlief, entwischen könnte. Ich wollte auf das höchste
Dach steigen, um hinabzustürzen, wollte ein Messer suchen, wollte Gift nehmen. Doch kaum, daß ich mich rührte,
war der Treue wach. Ich genas langsam. Als ich aber wieder

arbeiten wollte, merkte ich, daß mein vorher so elastisches Gedächtnis stumpf und dumm geworden war und daß vorher meine gesunden Zähne schnell zerfielen. Der Zahnarzt meinte:

„Das sind die Folgen der scharfen Medizin!" Ich litt auch seitdem hauptsächlich an seelischer Verstimmung und arbeitete stumpfsinnig weiter. Schliesslich bot sich ein Ausweg: Der Inhaber einer kleinen Bäckerei war gestorben, die Gläubiger suchten einen Verwalter. Ich meldete mich, nur um Abwechslung zu haben. Da erklärte mein Schwager:

„Das ist Unsinn! Wenn Dir das Geschäft gefällt, so kauf ich es Dir." Und der Gute ging hin und kaufte es. Ja, nun war der Brotzähler auf einmal Meister und Inhaber und sucht auch den Stumpfsinn abzuschütteln und sich der neuen Stellung würdig zu zeigen. Es gelang ihm auch. Das Geschäft blühte auf, es brachte Geld ein, die Schuld war bald getilgt und das Geld sammelte sich auf der Bank. Und doch immer noch so melancholisch und nicht lebensfroh? Ich begriff mich selbst nicht. Musste ich meinem Schwager und meinem Geschick nicht dankbar sein, daß sie mich so unverdienterweise emporgehoben hatten, zu Glück und Wohlstand? Trotzdem: wenn ich mich abends in mein gutes Bett legte, hatte ich nur das eine Gebet: „Nicht wieder wach werden." – „Du bist krank", sagte mir ein Freund, „lass das Geschäft, geh aufs Land, lebe dort naturgemäß. Was nützt Dir das Geld ohne die Gesundheit?" Da erwachte in mir wie eine Erkenntnis die Sehnsucht und ich dachte im Wachen und im Traum nur noch an Wiesengrün und Vogelsang. – Aufs Land, aufs Land!

Und wieder war mir das Geschick günstig. Es sandte mir unverhofft einen Käufer, so daß ich wieder frei war. Wer mir diesen Streich am meisten übel nahm, das war meine praktische Schwester Anna.

„Da denkt man nun, er hat endlich ein gutes Geschäft, man denkt, er wird sich nun endlich verheiraten, ein anständiger Bürger werden, da hat er wieder verkauft. Warum nur?"

„Hör Schwester: wie ich damals so siech war, da warst Du es, die mir riet, mein Handwerk zu wechseln, warst Du es, die mich durch ihre liebe Pflege gesund machte. Kannst Du jetzt nicht verstehen, daß ich in gleicher Lage bin, daß ich weder arbeiten noch heiraten kann, bis ich nicht wieder gesund bin, und Du siehst, wieviel Geld ich zu den Ärzten tragen muss, und wie die weisen Herren mir doch nicht helfen."

„Ach was," knurrte sie, „bist auch schon angesteckt von den blödsinnigen Vegetariern, die nur darauf sinnen, sich auf den Rücken in die Sonne zu legen und dem lieben Gott die Tage zu stehlen. Ein Schicksal! Und was denkst Du nun zu tun?"

„Ich denke vorläufig aufs Land zu gehen und mich in der frischen Luft zu kurieren, werde aber gleichwohl versuchen, nebenbei auch was zu verdienen."

„So – na, wird nicht lange dauern, dann ist dein Geld alle und …"

Trotzdem ging ich. Mit einem gleichgesinnten Freund zog ich davon. Oh, wir würden uns schon durchschlagen, was brauchten wir denn viel!

Aufs Land

In Quillota, einem klimatisch und landwirtschaftlich günstigen Platze siedelten wir uns an und genossen nun in vollen Zügen die herrliche Natur, schwelgten in den köstlichen Früchten, taten uns gut mit Sonnen- und Wasserbädern und lebten wie im Paradies. Was Krankheit? Sie floh davon, wir blühten wieder auf, und in uns erwachte bald aufs Neue die Lust zur Arbeit, zu gesunder Tätigkeit. Unsere ersten

Versuche mit Hühnerzucht und Landwirtschaft schlugen gänzlich fehl. Unsere Unerfahrenheit und die Tücke der lieben Nachbarschaft und der lieben Arbeiter führten uns bald zum Misserfolg.

„Schadet nicht," meinte mein Kollege, „wir haben doch was gelernt, und jetzt kaufe ich mir das einzig Richtige, einen prächtigen Fruchtgarten, dann habe ich was ich brauche." –

„Ja, Du", seufzte ich, „Du hast Geld, ich kann das nicht!"

„Ei Bruder, was fällt Dir ein, Du bleibst doch bei mir! So lange nur zwei Äpfel noch wachsen, hast Du einen davon." – „Oh, über deine Güte, wie bin ich dankbar! Aber nein, ich kann nur im Selbsterworbenen zufrieden sein."

Auch ich fand einen Fruchthain, grösser, ausgiebiger noch als jener und so billig, wo man mit geringer Mühe sein Leben hatte und noch vieles verkaufen konnte. Da erwachte in mir die Idee, hier eine Fruchtkonservenfabrik anzulegen, das war günstig und Chile hatte damals noch keine. Der Überfluss der herrlichen Früchte wurde billig verkauft oder verfaulte unter den Bäumen, keine Industrie, die sich ihrer bedient hatte. Mit dieser Idee, die mir all meine Ideale verwirklichen sollte, fuhr ich nun zurück nach Valparaiso, gewiss, daß mir meine liebe Schwester und mein Schwager für die ersten Schwierigkeiten die Hand reichen würden. Ich packte also aus, schilderte in den schönsten Farben das herrliche Landgut, das in Aussicht stehende einträgliche Geschäft, wie auch ihre Familie dann bei mir einen gesunden Landaufenthalt hätte und wie der heranwachsende Arthur, doch auch immer schwach und kränklich war, dann bei mir gesunden würde und mit mir arbeiten könnte. Aber da kam ich schön an! Ein Kreuzdonnerwetter prasselte mir ins Gesicht. Ob ich denn glaube, man würde mich in meinen Verrücktheiten auch noch unterstützen? Wenn ich durchaus ein

Faulenzerleben führen wolle, immerzu, es sei meine Sache, solange es gehe. Doch dafür noch Geld herzugeben? Nein.

„Dazu haben wir zu viel dafür gearbeitet und unser Sohn soll zur ehrlichen Arbeit erzogen werden, den werden wir vor Deinem neuen Evangelium zu bewahren wissen. Mit Eurer Gesundheit – ist nicht die Cholera so gut aufs Land gekommen wie in die Stadt? Geh uns bloß weiter!"

Und ich ging. Die Bemerkung der Cholera bezog sich auf eine frühere Episode. Da hatte auch mal die Familie meines Schwagers Sehnsucht und Bedürfnis aufs Land zu gehen. Die Kleinen waren ja alle kränklich durch Schule und Stadtluft. So packte ich denn die Koffer und spendierte sie hinaus auf ein Gut. Zwei andere Familien schlossen sich an, so daß es dort draußen von kleinen blonden Kindern wimmelte, was für mich noch ein besonderes Vergnügen war. Alles war voller Leben und Freude. Die Kleinen verloren sich den Tag über in dem grossen Fruchtpark, wo sie unter Weinlaub in Feigen- Kirsch- und Aprikosenbäumen spielten und schmausten wie die Götter in Walhalla. Erklang aber die Glocke zum Essen, so wurde dieses Zeichen von den lieben bösen Engeln überhört. „Ich mag nicht!"

Ich war der einzige Sultan zwischen all den Weibern und Kindern, denn die Männer konnten nur sonntags auf ein paar Stunden herauskommen und ich gab den Müttern den guten Rat, die Kleinen gewähren zu lassen.

„Sie essen Frucht, den ganzen lieben Tag und Ihr seht, daß es ihnen nichts schadet. Zwingt Ihr sie aber auch noch am Tisch zu erscheinen, so müssen sie zu viel essen und davon werden sie krank!"

In dieses Paradiesleben aber drang plötzlich der Schreckensruf: „Die Cholera kommt!"

Chile hatte bis dahin diese furchtbare Krankheit nicht gekannt. Umso größer war die Panik. Man hatte behauptet, daß sie in Argentinien herrsche. Flugs sandte die Regierung einen Kordon von Soldaten, um in den Anden die Pässe zu sperren. Erst blieb es ruhig. Da plötzlich – in Los Andes, einem Städtchen am Fuße der Cordillera feierte man ein Fest. In einer Familie hatte man einen grossen Kupferkessel voll süßer Speise gekocht, schmauste davon, trank Chicha dazu und vergnügte sich bis in die Nacht. Am nächsten Morgen aß man den Rest, weil es so gut geschmeckt hatte. Aber nun wurden alle von einer furchtbaren Kolik befallen. Einige starben daran und ein Sterbender rief:

„Das ist die Cholera!" Sofortige Absperrung der Stadt. Die Regierung aber war noch im Zweifel, ob es nicht Grünspanvergiftung sei. Dann kamen Ärzte von der Hauptstadt zur Untersuchung, denen hatte man aber versprochen: Falls es wirklich Cholera sei, so würden sie für ihr Risiko und ihren Aufopferungsmut eine Prämie bekommen von 300 Lp.[12] Natürlich haben sich diese Ärzte die 300 Lp. Verdient! Nun war kein Halt mehr. Fast gleichzeitig, wohin auch nur die furchterregende Kunde kam, kamen Fälle der rasch mordenden Pest vor.

Es gab allerdings auch weise Männer, die das Volk zu beruhigen trachteten. Sie verneinten, daß es die wirkliche Cholera asiatica sei. Sie führten aus, daß es nichts weiter sei, als die jährlich im Anfang der Traubenernte auftretende Ruhr, nur mache sie sich diesmal etwas stärker bemerkbar; und der Schreck und die Angst vor der Cholera tue das Übrige, um ihre Folgen zu verschlimmern. Man solle sich nur nicht fürchten. Welche Schlüsse zog aber das verwirrte Gemüt des Volkes daraus? Ah, die Trauben sind also schuld? Ja, das stimmt. Immer, wenn wir den ersten, noch unreifen Traubenmost trinken und die ersten Früchte essen, gibt es eine allgemeine Ruhr. War doch auch eine alte Frau neulich mit einem angebissenen Apfel in der Hand tot aufgefunden worden! Also weg mit der Frucht! Die Regierung aber, die

---

[12] Chilenischer Peso

doch zunächst wägt, ehe sie wagt, machte erst ein hochweises Experiment, nicht an Menschen, die waren ja nicht mehr urteilsfähig, sondern an einem Trupp Ochsen, der gewiss unparteiisch war. Diesen guten Tieren warf man nun anstatt Heu Wassermelonen vor, denn die Melone ist eine Frucht und selbst ein Ochse frisst sie gern und in Chile werden Millionen davon verzehrt. Und was geschah? Ein Teil dieser gutmütigen Wiederkäuer, die wohl doch etwas reichlich von diesem stark blähenden Futter genossen hatten, legten sich hin und verschieden unter allen Anzeichen der greulichen Pest. Jetzt gab die Regierung also mit gutem Gewissen das Dekret: „Alle Frucht vernichten!"

Da zog die mutige Kavallerie mit ihren langen Säbeln aus und vierteilte sämtliche Melonen. Sie hatten harte Arbeit, weil ungeheure Strecken damit bepflanzt waren. Die Infanterie blieb auch nicht müßig; sie brach ein in die Gärten, riss alle Frucht von den Bäumen und verwüstete die Weinberge. Die Zerstörer aber sammelten die geschändete Frucht, trugen sie hinaus vor das Tor der Stadt und taten sich gütlich daran. Gaben davon auch den Armen, die gleichfalls aßen und es war eitel Freude unter ihnen, keiner dachte dabei an das große Sterben. Sonderbarerweise war aber auch gleichzeitig jeder Alkoholgenuss verboten. Es durfte kein Schnaps verkauft werden. Die Leute fürchteten sich aber doch immer noch und kauften sich Preventivmittel und vergifteten sich mit Mitteln, die sie in jedem italienischen Laden haben konnten. Auch sah ich mehrere Betrunkene in dem Hospitalwagen verschwinden, von wo es keine Wiederkehr gibt. Und solchen Wahnsinns viel!

Als die drohende Kunde auf unser Gut kam, gab es vorerst ein Aufschreien:

„Fort, nur fort zur Stadt, wir wollen bei unseren Vätern sein, mit ihnen sterben!"

Aber schon war es zu spät, in derselben Nacht wurde vom Militär der Ort umschlossen. Kein Entrinnen war möglich und das war gut. Die Weiber waren kopflos und heulten, die Kinder ebenfalls. Ich aber schloß das grosse Tor des Gutes und ließ keinen mehr ein noch aus.

„Wozu?" fragte man mich." Ja, seht Leute, wir haben hier alles, was wir brauchen. Wir haben die schönste Frucht, haben Korn, Kartoffeln, Gemüse. Wenn Ihr Fleisch haben müsst, so schlachtet die Hühner und Enten, was wollt Ihr mehr?"

Und die Gemüter beruhigten sich, die Kinder spielten weiter, aßen auch ferner von der „todbringenden" Frucht und badeten im Wasser des Flusses Aconcagua, von dem es hieß, seine Gewässer trügen in sich die Pest und den Tod. Alle wurden ruhig und froh, denn sie hörten und sahen nichts von dem Wüten der Krankheit, sahen nicht die Opfer, die ringsum fielen. Sie erhielten aber auch keine Vorbeugemittel und wurden infolgedessen nicht krank. Es fehlte eben die Ursache.

Das war eine lehrreiche Zeit. Einige haben damals etwas gelernt, die meisten nicht. Meine Schwester aber hatte nur gelernt, daß auch auf dem Lande Leute erkranken können, daß aber im Übrigen das Landleben nur ein Faulenzerleben sei und sie hasste die Vegetarier, weil diese aufs Land streben. Seltsam, sie war doch vom Lande und musste dort schwer arbeiten!

Mit mir meinte sie es aber gut, das bewies mir bald darauf ein Brief, in welchem es hieß:

„Es bietet sich jetzt eine Gelegenheit, eine große, gutgehende Bäckerei zu kaufen, mein Mann wäre nicht abgeneigt, Dir zu helfen. Wenn Du also nicht ganz verkommen bist in Deinen verrückten Bauernideen, so komme jetzt und werde wieder ein anständiger Bürger. Es ist aber das letzte Mal, daß wir Dir Hand zur Hilfe anbieten."

Lange saß ich und weinte über diesen Brief. Daß es meine Schwester war, die solche Ansichten vertrat! Und doch konnte ich es ihr nicht übel deuten, es war eben die Ansicht der wohlhabenden Kreise, in denen sie sich bewegte. Und dabei immer noch diese Güte! Heiliger Gott, musste ich denn ewig von der Güte leben? War es nicht möglich, durch eigene Kraft emporzukommen. Ich hatte es ja nun mal wieder versucht. Ich hatte nicht gefaulenzt, hatte tüchtig geschafft, musste es aber wohl wieder falsch angefasst haben. Man hörte doch immer so viel vom Selfmademan, war ich zu dumm? Und sollte ich so weitermachen, um mit dem Landarbeiter zu konkurrieren, d.h. von der Hand in den Mund zu leben? Bloß um frische Luft zu haben? Meine Mittel waren mir dabei längst ausgegangen.

Es kostete mir eine schlaflose Nacht, dann aber war ich entschlossen. Ich hatte begriffen, daß dem einfachen Arbeiter nichts übrigblieb, als stumpfsinnig sein Schicksal bis ans Ende zu tragen; hatte begriffen, daß es auf Erden nur einen Gott gibt, der alle Herzen und Schicksale lenkt, dem keiner entrinnen kann, dem man dienen muss, willig oder unwillig, durch dessen Gunst man alles, ohne den man kein Ideal erreichen kann. Gut, denn es ging nicht anders, ich beugte mich der Forderung der Schwesternliebe, die doch nur als Priesterin jenes Gottes handelte. Ich gestand ein, daß ich einem Irrtum nachgelaufen sei, daß ich davon ablassen und nun meine ganze Kraft meinem Geschäft widmen wollte: Die erste Lüge, die ich der guten Schwester sagte.

Dann bekam ich die Bäckerei. Ich war ja nun gesund und konnte wieder arbeiten Tag und Nacht, sonntags und feiertags, wie es diese Tretmühle verlangte. Es war ein gutes Geschäft, das etwas abwarf und ich wie auch alle anderen nahmen an, daß ich in einigen Jahren ein reicher Mann sein würde.

„Wenn er nur durchhält!" meinten andere und sahen in mein blasses Gesicht. Ich aber wollte nicht nur durchhalten, sondern sogar heiraten. In solchem Trubel ist es nicht gut, allein zu sein, da muss der Mensch sich eine Gehilfin suchen, die um ihn sei. Welche aber? Ah, da war ja gleich die süße Anna, die Tochter des früheren Besitzers, die kannte den Rummel schon und würde gewiss froh sein, wieder in ihr Vaterhaus als Herrin einzuziehen.

„Glauben Sie, ich möchte noch einmal mich in dem Haus abschuften wie für meinen Vater? Da danke ich!" sagte mir die süße Anna und fügte hinzu:

„Überhaut Sie als junger Anfänger, womit wollen Sie eine Frau ernähren, man hat doch Ansprüche, das kostet Geld!"

Ich war ganz perplex und gestand ihr, daß ich von meiner Frau erwarte, daß sie Freud und Leid mit mir teile, daß sie treu an meiner Seite arbeite, daß sie auf Tand verzichte, bis – nun so lange, wie es nötig ist, so etwa, wie ihre Mutter und meine Schwester es auch getan hätten. Da ließ sie mich verächtlich stehen. Süß Ännchen hat später einen Kaufmann gefreit. Als der aber auch nicht ihr Ideal eines arbeitsfreien sorglosen Lebens verwirklichen konnte, hat sie ihn so grausam behandelt, daß sich der Gute in Verzweiflung vor ihrer Türe erschoss. Ich aber ging flugs zur Amanda, die ich gern und die mich gernhatte, besonders beim Tanzen. Doch Amanda war nicht so aufrichtig, sie steckte sich hinter die Eltern, aber diese waren sehr erfreut über meinen Antrag. Auch sie waren reich gewordene Handwerker. Doch umsonst demonstrierten sie der Tochter, daß Handwerk einen goldenen Boden habe. Nein, Amanda wollte nicht und gestand schließlich, daß sie heimlich mit einem jungen Kaufmann verlobt sei.

Da begab es sich eines Tages, daß ich mein flink-fleißiges Ladenmädchen etwas näher anschaute und siehe, ich fand, daß sie schön sei. Ei, sagte ich mir, was willst du in der Ferne schweifen, liegt hier das Gute doch so nah! Sie ist arm, aber sie arbeitet; sie wäre eine gute Gehilfin. Vorsichtig geworden, suchte ich aber erst ihre Meinung zu erkunden, ein Freund neckte sie also, ob sie wohl bald Herrin hier sein werde, da legte sie los: Was? Ob man sie für so dumm halte? Wenn sie schon heirate, so werde sie nur einen Mann nehmen, der ihr auch ein anständiges Heim bieten könne, aber hier, in dem Trubel und Mehlstaub und Arbeit sich festzulegen, das sei ja ein Verbrechen gegen das Leben.

Und wieder trat mir der Gute entgegen: „Mensch, Du willst heiraten? Sei kein Narr! Und wenn schon, nimm kein Landeskind, auch keine hier geborene Deutsche, die sind noch schlimmer, die werden doch nicht zu Hausfrauen, sondern zu Hausdamen erzogen und so etwas kannst Du nicht gebrauchen, dazu gehört Geld und nicht wenig."

Das leidige Geld, es sollte diesmal nicht buttern. Ich hatte außer dem Kaufpreis noch eine nette Summe hineingesteckt, um dem arg verfallenen Haus, besonders dem Laden, ein anständiges Aussehen zu geben, wurde aber schwer dafür bestraft. Kaum, daß ich alles sauber und blank hatte, so war auch schon die Steuerkommission da, erklärte, daß jetzt die Bäckerei erster Klasse sei und nun auch Steuern erster Klasse zahlen müsse; das war ziemlich das Doppelte. Nach ihr kamen noch Gas-, Wasser- und Gesundheitskommission, die alle fanden, daß die Abgaben dem Ansehen des Hauses entsprechend erhöht werden müssten. Nichts half mein Protest und ich begriff jetzt, warum mein schlauer Vorgänger sich den Anstrich sparte. Dafür aber war ich erstklassig und durfte die Nase höher tragen.

Erdbeben, Feuerwerk, Revolution und Wirtschaftskrise

Jedoch das Unglück schreitet schnell, und der böse Tanz sollte erst losgehen. Es lag etwas in der Luft, etwas Drückendes, alle Welt war nervös, gereizt. Falb hatte für Chile kritische Tage prophezeit und schon vorher traten starke Erdbeben auf. Der 7. Dezember 1889 sollte die Entscheidung bringen. Man musste auf alles gefasst sein. Ich schloß verdrossen mein Geschäft, denn nicht ein einziger Arbeiter war gekommen. Die 60 Ztr. Brotteig im Trog vergoren, - wozu auch backen, wenn die Welt untergehen soll. Dann ging ich zu meinem Schwager, dessen Familie in Angst und Schrecken wie alle anderen dabei waren, die Wertgegenstände in Handtaschen zu packen, Kinder und Dienstboten zu instruieren, wie sie sich beim Unglück benehmen sollten. Ich schickte die Aufgeregten zu Bett, in dem ich versprach zu wachen und wenn nötig, zu alarmieren. Dann legte ich mich ins Fenster im oberen Stock und schaute auf die von Laternen und Mondlicht hellerleuchtete Straße, wo alles ruhig und friedlich war. Es war eine jener zauberischen, lauen, wohligen Vollmondnächte, wie sie Europa nicht kennt, so eigen anschmeichelnd. Und diese göttliche Macht sollte unser Verderben sein? Ich dachte nach über Falks Theorie. Ja, ja, die Stellung der Sonne zum Vollmond und zur Erde, und diese mit ihren vulkanischen Kräften, elektrischen Strömungen, dann das Meer, - freilich das Meer konnte uns gefährlich werden. Es war bald Mitternacht, fast wäre ich bei meiner Philosophie eingeschlafen – da was war das?

Ein dumpfes Geräusch drang vom Meer herauf, es schwoll an und einzelne Angstschreie waren deutlich vernehmbar. Es kam näher, und nun unterschied ich deutlich den Ruf: „El Mar, el mar viene subiendo, el mar!" (Das Meer steigt, es kommt) Rasch weckte ich nun die Schlafenden, die alle angekleidet lagen, und fast geräuschlos griff jeder nach seinem Bündel und eilte der Treppe zu. Wohin

40

sollten wir gehen? Brannte es schon? Wieder schaute ich auf die Straße, die wie durch Zauber jetzt dicht gedrängt voll Menschen war. Menschen mit angstverzerrten Gesichtern, die alle sich retten wollten auf die Berge, obgleich diese noch weit entfernt und kaum zu erreichen waren, bevor das Meer die Flüchtlinge verschlingen und zudecken würde. Sie schoben, drängten, stießen sich wie die Wahnsinnigen und kamen doch nicht vorwärts in ihrer Todesangst.

Viele hatten versucht etwas zu retten und trugen das unnützeste Gerümpel mit sich, das sie mit ihrem Leben verteidigt hätten. Andere flohen in bloßem Hemd. Ich rief meine Schwester. Sollen wir uns hineinwagen? Würden wir nicht gar bald die Kinder und unsere Habe verlieren in diesem wahnwitzigen Strom? Ja, mein Gott, da ist kein Entkommen, aber was machen, wenn wirklich das Meer kommt?

„Es kommt nicht! Wäre es eine Springflut, so hätte es uns längst alle zugedeckt. Steigt es langsam, was unwahrscheinlich ist, so setzen wir uns alle in den grossen Backtrog und fahren vergnügt los".

In diesem Moment wurde draussen der Tumult größer, aber wir unterschieden deutlich den Ruf der berittenen Polizei:

„Zurück, zurück in Euer Haus! Es ist nichts, das Meer ist ruhig wie der Mond!"

Da horchte die unglückliche Masse auf, da staute sie zurück, und die blassen Lippen, die eben noch alle Heiligen angerufen hatten, lösten sich in jauchzendem Lachen und Jubelschrei. Und was war geschehen? Einige Einbrecher, die bei ihrer Arbeit gestört worden waren, hatten, um besser fliehen zu können, den Alarmruf gegeben.

Das war der kritische Sturmtag für Valparaiso. Manche zurückkehrende Familie fand freilich ihr Heim beraubt.

Die Hyänen hatten gute Nachlese. Falks kritische Tage hatten sich in Lachen aufgelöst. Immerhin war die Angst nicht unbegründet. Das Schicksal Iquiques war noch unvergessen.[13] Dort erhob sich das Meer wie bäumendes Untier und deckte mit drei furchtbaren Wellen die Stadt zu, nahm die meisten Häuser wie Spielzeug mit sich und setzte dafür einige im Hafen ankernde Schiffe hoch aufs Berggelände aufs Trockene. War nun dieser Schreck auch bald vergessen, die Spannung, die so unheimlich in der Luft lag, war damit nicht ausgeglichen. Es war eine Unruhe und Erschlaffung in den Geschäften, es gab Meutereien, Streiks, und Krawalle. Alles wurde unsicher, schwankend, und keiner wusste warum. Es war aber die Schwüle vor dem Gewitter.

So kam die Neujahrsnacht 1891. Überall herrschte Frieden. Grosse Menschenmassen eilten zum Hafen, um sich an dem großartigen Feuerwerk, das von den Schiffen, hauptsächlich von den Kriegsschiffen und vom Strand abgebrannt wurde, zu ergötzen. Zwei Kreuzer figurierten einen Kampf mit glühenden Geschossen, bis beide in hellem Feuer standen. Es war herrlich schön und alles hatte seine helle Freude.

„Viva la patria! – Viva la patria – Viva el Ano nuevo! – Viva la marina!" Die Überfülle von Licht und Glanz erlosch längst nach Mitternacht. Das Volk zerstreute sich in die Häuser weiter zu feiern. Tanz, Trinken, Banketts gaben dieser Nacht ihr Gepräge. Auch der Admiral der Kriegsflotte, ein treuer Freund des regierenden Präsidenten

---

[13] In Iquiques, im Norden Chiles kam es am 13. August 1868 zu einem schweren Erdbeben, ebenso am 9. Mai 1877.
Valparaiso wurde mehrfach durch Erdbeben beschädigt, besonders in den Jahren 1822 und 1851. Später, am 16. August 1906 wurde die Stadt durch ein starkes Erdbeben mit Tsunami erschüttert.

Balmacedas,14 war zu einem Bankett geladen., wo er so gut bewirtet wurde, daß ihm von dem, was draussen geschah, nichts mehr zum Bewusstsein gelangte. Es geschah aber etwas Unerhörtes: Als Valparaiso am Morgen erwachte, da war die nationale Kriegsflotte aus dem Hafen verschwunden. Das war der erste politische Donnerschlag, der das Land mit heillosem Schreck durchzuckte, denn jeder begriff: Das ist Revolution. Und überall erhob die Opposition ihr Haupt gegen den Mann am Ruder, der es gewagt hatte, Maßnahmen zu treffen, das Volk von der Herrschaft der Kirche und der Oligarchie zu befreien. Leider hatte ihn das Volk noch nicht begriffen, ihn noch nicht als seinen Freund erkannt, und so ließ es sich mit fortreißen, bestochen mit Gold und hetzte zum Aufstand gegen den Einzigen, der es gut mit ihm meinte. Viel später, zu spät, hat es noch lange seinen Helden beweint.

Die Flotte hatte sich nach dem Nordhafen Iquique15 verzogen. Die Landarmee war aber nicht gewillt, mitzumachen, sondern stand treu zur Regierung. Darum musste erst eine Armee für die Opposition gebildet werden aus Überläufern und solchen, die sich bei ihnen in Sicherheit brachten. Das ging langsam. Volle neun Monate brauchten sie, bis sie es wagen konnten, vorzugehen. Wohl noch länger hätten sie gebraucht, wäre nicht ein deutscher Offizier, Major Körner, gewesen, der die Ausbildung der Truppen energisch betrieb. Von der Regierung gesandt, um die Artillerie zu formieren, hatten die Gegner es verstanden, ihn als oppositionell zu verdächtigen. Als nun der Präsident Verdacht schöpfte und ihn verhaften lassen wollte, blieb ihm nichts anderes übrig, als sich ins feindliche Lager hinüberzuretten. Dort wurde er bald zum General ernannt und zeigte dann,

---

14 Präsident Chiles von 1876-1891
15 Iquique, Hafenstadt in Norden von Chile

als er zum Treffen bei Aconcaqua und Valparaiso kam, wie sehr die von ihm eingeführte deutsche Kampfweise der bis dahin geübten überlegen war, indem er mit bedeutend schwächeren Kräften die Regierungstruppen aus ihren festen Positionen warf und der Opposition zum Siege verhalf. Damit war auch die Revolution beendet. Balmaceda erschoss sich.

Für uns Geschäftsleute aber war es eine böse Zeit. Obwohl Valparaiso nicht eigentlich blockiert war, so war doch die Schiffahrt gestört, der Handel stockte, die Waren stiegen rapid im Preise. Holz und Mehl erreichten den dreifachen Preis von früher und mussten direkt bezahlt werden. Die Arbeiter, besonders die Bäcker streikten fortwährend. Obgleich sie keine sozialistische Verbindung hatten, waren sie sich doch treulich einig. Sie machten keinen Generalstreik, sondern erklärten eine Bäckerei nach der anderen im Boykott und die Inhaber, die keine Vereinigung hatten, sahen sich einzeln gezwungen, ihren unverschämten Forderungen nachzugeben. So stieg auch der Lohn aufs Dreifache. Das Brot durfte aber nicht kleiner werden, dafür sorgte die Konkurrenz. Alte Bäckereien, wie die meines Schwagers hatten sich vorsehen können, und wie alljährlich, ihr Material zur billigen Zeit eingekauft; auch erhielten sie grossen Kredit. Das war bei einem Anfänger ohne Kapital ausgeschlossen. Was Wunder also, wenn diese Kleinen ihre Buden schliessen mussten! Ich wehrte mich, wie ich konnte, sah aber bald, daß ich auf schiefer Ebene abrutschte. Dazu kam noch, daß ich nach den Schlachten noch Brot für Verwundete liefern musste, zwangsweise, aber auf Staatsrechnung. Das ging in die Tausende, und wollte man Geld haben, so hieß es: Gewiß, aber später!

Da ging ich zu meinem Schwager und fragte: „Was tun?" – „Durchhalten," meinte er, „ich muss auch durchhalten!"

„Gut, wenn Du mir abgibst von deinem billigen Mehl und Holz, so kann ich durchhalten, anders aber nicht." –

„Das kann ich nicht," meinte er, „jeder ist sich selbst der Nächste."

„Gut," sagte ich, „wer kein Mehl hat, kann nicht backen, ich habe kein Geld mehr, um zu kaufen. Ausserdem ist keins am Platze als nur dritter Güte. Da bleibt das eine: Das Geschäft gehört Dir, Du hast es gekauft. Ich gebe es Dir zurück mit allen Verbesserungen, Du kannst es aufrecht halten, indem Du es mit dem Deinigen verbindest, oder kannst es bei Gelegenheit verkaufen. Hier ist meine Bilanz."

Eine schlimme Szene machte mir natürlich noch meine Schwester, die es so gut mit mir gemeint hatte und der ich nach ihrer Meinung nun mit dem schmählichsten Undank lohnte. Nichts galten ihr die unüberwindlichen Schwierigkeiten, mit denen ich gekämpft hatte. Sie sah nur die Schmach, sah in mir nur den Unfähigen und verfluchte und verwünschte mich. Mich mit ihr in Erklärungen einzulassen, hatte keinen Zweck. Ich sagte nur:

„Gut, Schwester, damit Du nicht noch einmal in die Lage kommst, einem Unwürdigen beizustehen, ziehe ich in ein anderes Land, morgen schon."

Neuer Schreck! „Was, fort willst Du? Wohin? Warum? – Nur, um Dir und der Welt zu zeigen, daß der Faulenzer sich auch durch eigene Kraft sein Glück schaffen kann. – Oh nein, nur das nicht, geh nicht fort, Du mit deinen Idealen, Du gehst zu Grunde ohne praktische Führung."

Fast flehentlich sahen mich die eben noch zornfunkelnden Augen an. Ich sah, wie sie sich um mich bangte. Es fiel mir schwer aufs Herz, aber es half nichts, mein Schicksal hatte gesprochen.

Naturgemäße Lebensweise

Schon vor Jahren hatten wir einen Verein für naturgemäße Lebensweise gegründet. Ich war nicht der Einzige, dem Luft und Licht in der Großstadt fehlten. Die Schriften des San. Rats Niemeier hatten uns zum Nachdenken veranlasst. Es war besonders ein deutscher Professor, Lehrer an der deutschen Schule, der die Sache studierte und, indem er die Leute zu ernsthaften Selbstkuren veranlasste und gute Erfolge erzielte, Aufsehen erregte.

Da war vor allem ein junger Mann, der in Deutschland studiert hatte und jetzt, beladen mit Wissen und Krankheit zu seinen Eltern zurückkehrte. Diese, die ihren Liebling doch wieder gesund sehen wollten, brachten den Ärzten die größten Opfer, aber keiner konnte den Unglücklichen vor dem stetig wachsenden Umsichgreifen der Krankheit schützen. Und eines Tages sollte er sogar operiert werden. Darüber verzweifelte der Jüngling, denn er wusste recht gut, daß die Operation noch längst keine Heilung bedeute. Heimlich traf er Anstalten, der Qual ein Ende zu machen. Das aber bemerkte unser Professor, der sein Lehrer gewesen und jetzt sein Freund und Nachbar war. Er rief ihn zu sich, ließ ihn hart an, führte ihm die Schmach des Selbstmordes, den Kummer seiner Eltern, den Wahnsinn seines Beginnens vor Augen und fragte ihn, warum, wenn die Ärzte ihm nicht hülfen, er sich nicht selbst kuriere?

„Ja, mit der Kugel," stöhnte er, der Unglückliche,

„gibst denn einen anderen Weg?" – „Gewiß doch," meinte der Lehrer, "nur ein paar Monate wirklich naturgemäßer Lebensweise, bei Ihrer Jugend genügt, um sie wieder gesund und kräftig zu machen." –

„Ja, wenn dies möglich wäre, ich habe die Ärzte darum befragt, aber sie sagten, das würde mein Tod sein." –

„Also Tod überall! Hier Operation, hier Kugel, hier hören Sie mal, da würde ich doch den Tod am kühl plätschernden Bach, auf grüner Wiese, im Schatten der Bäume

46

und prächtige Früchte schmausend, vorziehen. Vielleicht auch genesen Sie dabei. Wollen Sie nicht wenigstens mal den Versuch machen?"

Der kranke Knabe ließ sich überzeugen, ging aufs Land, wo ihm weder Alkohol noch Tabak, weder Medizin noch Fleisch geboten wurde, wo er von Obst und Schrotbrot lebte, wo nicht Mädchenduft noch Salonduft ihn betäubte. Kaum zwei Monate waren vergangen nach seiner Abreise, die viele Tränen gekostet hatte, denn keiner glaubte ihn wiederzusehen, da präsentierte sich derselbe Jüngling den Ärzten und fragte an, ob die Operation noch nötig sei. Die aber, als sie ihn nun untersuchten, waren erstaunt und meinten:

„Es passieren doch noch Wunder." Als er ihnen dann aber sagte, daß er dies nur durch die natürliche Lebensweise erzielt habe, da wurden sie ärgerlich und meinten, das sei noch die Nachwirkung ihrer Medizin. Auch das Publikum glaubte nicht an solche Wunder. Selten, daß jemand unseren Theorien nähertrat, noch seltener, daß man sich uns anschloss, und so blieb unser Verein auf wenige Wissende beschränkt.

Eines Tages kamen von drüben ein paar echte Vegetarier. Die schlossen sich gleich dem Verein an, machten aber auch sofort Aufruhr. Bei naturgemäßer Lebensweise, erklärten sie, dürfe man vor allem kein Fleisch essen, nur der strenge Vegetarier lebe naturgemäß. Ich warnte, ins Extreme zu gehen, wurde aber überstimmt, und so wurde der Verein vegetarisch, d.h. man musste statutengemäß dem Fleisch abschwören. Mir persönlich war das gleichgültig, weil ich nie ein grosser Freund vom Fleischessen war. Aber ich begriff, daß mancher, der vielleicht guten Lehren zugänglich gewesen wäre, dadurch abgestoßen würde, denn nicht jeder ist in der Lage, daß im Hotel oder Familie seinen Sondergelüsten Rechnung getragen wird. Auch Propaganda musste gemacht werden und wir gaben Feste, Ausflüge ins

Freie, um den Leuten zu zeigen, daß man bei Obst und Kuchen, bei Thee und Limonade auch ohne Fleisch und Alkohol gar vergnügt sein kann.

Unser Verein hatte viele Gegner, er hatte aber auch seinen Saulus, der nachher ein Paulus wurde. Er war Kunstmaler, verdiente viel Geld und hatte sich bereits mit der Tochter eines deutschen Krämers vermählt. Dieser Maler kam oft in den Verein, dann gabs immer heiße Diskussionen. Er suchte unsere Ideen zu widerlegen, verteidigte seinen lebensweckenden Kognak, seine Illusion gebende Zigarre und wies nach, daß man ohne gute Beefsteaks nicht leben könne. Diesen Saul aber erleuchtete plötzlich das Licht der Erkenntnis. Er hatte unsere Ideen auch seinem jungen Weibe vorgetragen, und diese, ein reizendes Wesen hasste instinktiv nichts mehr an ihrem geliebten Mann den Kognak- und Tabakgestank und wollte gern das Fleisch lassen, wenn er nur von seinen Lastern abstehen würde. Und siehe da, die Macht der Liebe bewirkte einen Umschwung.
Diese beiden Leute brachten es fertig, von einem Tag zum andern alle nun als schlecht erkannten Gewohnheiten trotz Spott der Freunde und Widerstand der Familie resolut über Bord zu werfen. So radikal war noch keiner gewesen, eine solche Willenskraft imponierte, und da er auch gut reden konnte, war der Kunstmaler bald der geistige Führer der Vereinigung. Er zog sofort aufs Land und schuf sich einen schönen Garten, in welchem er alles baute, was zur Nahrung und Notdurft nötig war.
Doch nicht lange dauerte dieses Glück: Es kam Regenzeit, die in Chile, wenn auch kurz, manchmal doch recht kalt und unangenehm sein kann. Seine Frau hatte ihr erstes Kind bekommen, aber es war schwächlich, hatte keine Eigenwärme und starb bald. Da erbosten sich die Eltern und schoben die Schuld dem Klima zu. Auch wuchs jetzt nichts im Garten und die beiden jungen Eheleute hatten weite, schmutzige Wege zu machen, um einzukaufen, wobei sie

immer mit niedrigem Volk in Berührung kamen, die sie ver-
höhnten, der Sitten wegen. Die Frau war von ihrer Familie
längst verstoßen worden. Nun fühlten sie sich unglücklich
und wünschten sich weit fort, wo sie nicht mehr belästigt
würden. Das Nachbarland im Norden, Peru, bot alles Er-
wünschte. Klimate vom heißen Meeresstrand bis zu den
Gletschern, in den Mittellagen aber schöne, fruchtbare Täler, wo ein ewiger Sommer die herrlichsten Früchte durchs
ganze Jahr reifen lässt. Und unser Künstler verschleuderte
seinen schönen Garten, wo er doch so glücklich gewesen
war, verschenkte seine Juwelen, verpflichtete alle Gesinnungsgenossen, die es ehrlich meinten, ihm nachzukommen, sobald er etwas Passendes finden würde, und zog dann
als Pionier in das gelobte Land.

Ich wäre gern gleich mitgegangen, aber ich hatte
doch noch keinen Abschluss gemacht, und mittlerweile
brach das Verhängnis herein.

Kriegsschauplatz Valparaiso

Valparaiso wurde von allen Seiten durch die Kriegsflotte
und Körners siegreichem Heere eingeschlossen. Man fürch-
tete, auf längere Zeit, weil es nicht so leicht sein würde, die
starke Bergfeste von Plazilla zu nehmen. Aber gleich der
erste Angriff entschied. Die Artillerie der Regierung war
von der stürmenden Kavallerie überrannt und umgedreht
worden. Ihre Kugeln mähten in den Reihen ihrer eigenen
Truppen. Die beiden Generäle, unter dem Eindruck, daß die
feindliche Infanterie zurückweiche, gönnten sich ein kleines
Frühstück, wurden dabei aber von feindlichen Truppen
überrascht und niedergemacht. Damit war der Halt und das
Kommando dem Schutzheer der Stadt genommen. In wilder
Panik warf alles die Waffen weg und floh. Schon um 10 Uhr

morgens zogen die Generäle Körner[16] und Cannto an der Spitze der siegreichen Opposition in die Stadt ein, die auf solche Weise von den Gräueln der Zerstörung verschont blieb. Sie wurden empfangen mit Hurras, mit Musik und Huldigungen. Die Truppe wurde gut bewirtet, so daß sie sich schnell mit den Bürgern verbrüderten. Alles war im Taumel des Festes aufgelöst und noch ehe die Nacht sie mit sanften Fittichen umschattete, waren die tapferen Krieger irgendwie und irgendwo mit gutem Gewissen entschlafen.

Wo aber waren die Regierungstruppen geblieben? Sie hätten doch jetzt die beste Gelegenheit gehabt, ihre Feind im Schlafe zu morden. Sie waren wie weggeblasen. Was irgend konnte, warf die Uniform ab und verkroch bei Bekannten, auf den fremden Schiffen und wer weiss wo! Ich hatte in meiner Bäckerei drei Offiziere und vier Soldaten, die sich mit Mehlsäcken bekleideten und den Bäcker markierten, doch wurden sie nicht verfolgt. Grimmig verfolgt aber wurden die politischen Gegner, die der Regierung die Treue gehalten hatten.

Heimtückisch nahte die Rache in der Nacht, als plötzlich ihre Häuser gestürmt wurden, nicht vom Militär, sondern vom Pöbel, von gedungenen Banditen, die keine Schonung kannten und in grausamer Lust mordeten, um sich dann mit dem Hausrat für ihre Arbeit bezahlt zu machen. Es war aber keine Ordnungspolizei da, die ihrem Treiben hätte Einhalt tun können, denn auch die war geflohen. Als aber die Bestie einmal merkte, daß sie schrankenlos entfesselt sei, da fühlte sie ihre ganze unheimliche Macht. Da reckte sie ihrer Glieder, wurde grösser und wuchs wie ein Brand.

Was fragte sie nun noch nach politischen Gegnern? Raub, Mord, Plünderung und Einäscherung hieß nun die allgemeine Losung. Endlich konnte man sich einmal rächen an diesen Reichen, endlich sich einmal berauschen an Blut und

---

[16] General Körner, s. Anhang

gutem Wein! Die Bestie feierte ihre Orgien und fragte auch nicht, ob das Opfer ihres Wahnsinns ein Fremder oder der eigene Bruder war. Waffen genug hatten sie zur Hand, der ganze Weg vom Schlachtfeld bis zur Stadt war besät damit. Zuerst gaben sie Freudenschüsse in die Luft und schrien:

„Viva Chile!" Aber gar bald richteten sich die Kugeln gegen die Schlösser der Türen und sie freuten sich der leichten Arbeit. Die Bürger flohen und versteckten sich, ihre Habe den Plündernden überlassend.

In meine Bäckerei hatten sich mehrere Familien geflüchtet, um Obdach bettelnd. Sie meinten, im Eigentum des Fremden sicherer zu sein. Ich ließ Fenster und Türen mit Mehlsäcken verrammeln, es passierte keine Kugel. Von dem Rest bauten wir Schanzen, um darunter zu schlafen. Auf dem Blechdach aber prasselten die ganze Nacht die Kugeln und der Himmel färbte sich rot und röter im Widerschein der vielen Brände. Durch drei Nächte und zwei Tage dauerte dieser furchtbare Zustand. Kein Bürger wagte sich auf die Straße. Die Feuerwehr, welche löschen wollte, wurde gefangen gehalten. Die Sieger waren gleich weiter auf die Hauptstadt gerückt, keine Macht war da, die der wilden Meute Einhalt gebieten konnte.

Da erbarmte sich der gefährdeten Stadt der Admiral der deutschen Kriegsschiffe. Er sowohl wie auch die Engländer setzten Marinetruppen ans Land, diese besetzten nun freilich die Staatsgebäude und die Fremdenviertel, doch reichte ihre Zahl nicht aus. Aber nun wurde jeder wehrhafte Bürger heimlich aufgefordert, sich im Zentrum zu stellen, um eine Bürgerwehr zu bilden. Im Verein mit der Feuerwehr ging diese nun gegen das Gesindel vor. Im Anfang mit Güte und mit Wasserstrahl. Als das aber nichts als Hohn und Spott erzielte, da wurde der Kampf ernst und schliesslich erbittert. Dann wichen die Massen am Tage zurück, um gleich Fledermäusen in der plötzlich wieder von allen Seiten aufzutauchen und ihre Schandtaten fortzusetzen. Bis

51

endlich von Santiago Truppen erschienen, die rücksichtslos Kehraus machten. Wieviel Leichen aber auf Karren weggeschafft wurden, wieviel Eigentum zerstört wurde, davon meldet keine Chronik etwas.

Mittlerweile war die Revolution zu Ende. Balmaceda hatte sich seinem Volk geopfert, um weitere Gräuel, weiteres Blutvergießen zu verhüten. Oligarchie aber, diese schöne Vereinigung von Kapital und Kirche hatte gesiegt, und das Volk zahlte Alles, freute sich jedoch des Friedens.

Da erscholl plötzlich der Ruf: "Auf nach dem Schlachtfeld!" Da draussen lagen ja noch die Toten der Schlacht, vielleicht noch Lebende? Wieder waren es die Ausländer, voran die Deutschen und Engländer, die mit ihren Ambulanz- und Feuerwagen hinausfuhren. Ein Schlachtfeld ist immer furchtbar, und war es hier umso mehr, weil die armen Verwundeten auf die Hilfe ihrer Brüder aus der nahen Stadt warten mussten, dafür aber dem Schrecken der Leichenräuber preisgegeben waren. Viele hatten versucht, sich nach der Stadt zu schleppen, doch waren die meisten am Wege verschmachtend liegengeblieben.

Ich möchte nichts mehr wissen von diesem Treiben, das sich als die höchste humane Kultur ausgibt mit herrlichem Aufstieg und Fortschritt und doch nichts ist als ein Antichristentum, eine allgemeine Sklaverei mit Anbetung des Mammons, einer bis ins Mark korrumpierte kranke Gesellschaft, beides keine Zufriedenheit, kein Ideal, kein Glück. Fort nur fort! Von keinem hatte ich mich verabschiedet. Allein schlich ich mich an Bord. Ich hatte genug! – Erst als das Schiff den Hafen verlassen hatte, atmete ich auf. Endlich frei!

Peru

Die Reise des Küstendampfers war glücklich, aber recht ungemütlich. Wo wir auch die Küsten in Sicht bekamen, sah man nichts als Sandwüste und traurig kahle Berge, selten unterbrochen von schmalen, grünen Streifen, wo ein Flüsschen seine Feuchtigkeit spendete. Aber die meisten dieser Wasseradern versiegen in der Glut der Trockenheit, während sie in der Regenperiode von den Bergen stürzen mit wütendem Getöse, alles mit sich fortreißend und das bisschen Grün zerstörend. Hier und da sieht man kleine Ortschaften, die zwischen Sand- und Steingeröll kaum erkennbar sind und man begreift nicht, wie es Menschen in dieser Glut aushalten und warum? Bis unser Schiff auf einmal bei solchem Nest anlegt, um Salpeter einzunehmen. Wir gehen an Land, finden aber nichts als ein paar Reihen elender roher Hütten, zwischen denen nackte Kinder fröhlich spielen. Im Übrigen nichts als Sand und Hitze, Mist und Menschen, die sich anscheinend alles Menschlichen entwöhnt haben, um hier Geld zu verdienen. Die Heizer auf dem Dampfschiff behaupten gewöhnlich, daß sie auf jeden Fall in den Himmel kommen müssen, weil sie schichtweise in der Hölle vor den glühenden Kesseln arbeiten. Doch meinte einer, der mit uns den brennend heißen Strand betrat: „Nein, wir haben es doch besser, wir haben doch unsere Ablösung, während diese armen Teufel ihrer Glut nicht entrinnen können." Ein Schwarzer aber meinte auf gut deutsch: „Alles Gewohnheit." Mir aber kam die Sache wenig Gutes versprechend vor.

Nach 10 Tagen landeten wir in Mollendo, d.h. das Schiff hielt auf hoher Reede. Einige Boote kamen von Land. Man erklärte, daß an ein Löschen von Waren nicht zu denken sei, wegen des hohen Seeganges. „Also – löschen wir auf der Rückfahrt," meinte trocken der Kapitän. „Aber ich will hier landen," rief ich nun dazwischen. „Ah, wenn Sie Courage haben, nehmen wir Sie mit," sagten die Bootsleute, „aber rasch!" Mir schien die Sache gar nicht so schlimm, denn das Meer ging in hohen, aber ruhigen Wellen. Erst als wir der Dünung nahekamen, merkte ich den Furor, aber ich dachte: Wo die Bootsleute landen, kommst Du auch an Land. Jetzt kamen wir an einem Felsen in einen kleinen Schutzhafen, aber da tobte das Wasser wie in einem kochenden Hexenkessel, dort war auch die Landungstreppe. Die Wellen schlugen jedoch mit solcher Wucht dagegen, daß kein Boot herankonnte. Nun zeigten die Ruderer mir eine senkrecht an der Mole hängende eiserne Leiter und schrien mir ins Ohr: „Eins, zwei, drei hebt!" Ich begriff, und als die nächste Welle uns hochhob, sprang ich gleich Tell mit kühnem Satz und klammerte mich an. Doch schon kam die nächste Welle und schob mich weiter hinauf, bis ich halb betäubt glücklich oben zwischen den Kranschienen lag. Von irgendwo her hörte ich Bravo rufen und schon flog hart neben mir auch mein Koffer aufs Trockene. Das war eine Landung in Peru!

Bis ich ins Hotel kam, war ich schon wieder ziemlich trocken. Das Städtchen Mollendo[17] ist, nachdem es mehrmals abgebrannt, schon ganz nett, treibt allerlei Handel und weist sogar einige grüne Anlagen und Gärten auf.

Es ist auch eine Agentur der Kosmos-Linie da, und dort erkundigte ich mich nach meinem Vorgänger.

„Ach," hieß es lachend, „Sie meinen gewiss diesen langen Verrückten in Vollbart und langem Haar, der mit einem zarten Frauchen hier durchreiste?"

„Verrückt, wieso?" – „Freilich, der Mensch hat hier so viel gefaselt vom heiligen Reich, das er gründen wolle, wo man auf den Bäumen leben, nackend auf allen Vieren

---

[17] Mollendo ist eine Kleinstadt im Südwesten von Peru; 290 km nördlich der Grenzen zwischen Chile und Peru

gehen würde, jede Kultur ausschließen wolle usw. Gehen Sie zu dem? Der hat sich über Cusco nach den Tälern von Santa Anna gewandt."

In mir kochte es, war Timm wirklich verrückt, konnte er in der Tat so ungeschickt sein, unsere erhabenen Ideen in extremer Prahlerei der Lächerlichkeit preiszugeben? Leider war es so. Wohin er gekommen, hatte er geschwatzt und ich brauchte nur nach dem verrückten Propheten zu fragen, um seine Spur zu finden. Mir aber gab es einen gewissen Widerwillen gegen sein Wesen.

Von Mollendo klettert die Eisenbahn[18] mit groteskem Zickzack an den Bergen hinan. Lange sieht man noch die weißschimmernde Dünung des Meeres und hie und da ein grünes Tal in der Tiefe, dann windet sie sich in lustigen Krümmungen durch die Berge, über eine grosse Sandebene und erreicht in 500 m Höhe die zweitwichtigste Stadt Perus, die Handelsstadt Arequipa[19]. Ich wollte sie mir gründlich ansehen. Man hatte mir gesagt, es sei eine schöne Stadt. Als ich mich aber abends zum Ausgehen rüstete, bat mich der Hotelwirt, davon abzustehen, wenigstens abends, denn die Menschen hier seien sehr fanatisch, und da ich als Fremder ihre Sitten nicht kenne, könnte es mir leicht schlecht ergehen. Dann fuhr er fort:

„Wenn z.B. die Betglocke anschlägt, muss alles, wo es geht, hinknien und beten. Wehe dem, der nicht mittut! Ich erzähle Ihnen dafür eine Geschichte, die hier kürzlich passiert ist. Logierte bei mir ein junger Engländer mit zwei Damen, die auch Land und Leute kennenlernen wollten. Eines Tages nahmen sie Pferde und ritten aus. Ritten aber zu ihrem Unglück quer über die Plazza drüben auf die Kirche zu und dort über jene kleine Steinbrücke, die über den

---

[18] Die Eisenbahnstrecke zwischen Mollendo und Arequipa wurde 1870 eröffnet
[19] Arequipa liegt 172 km von Mollendo entfernt

Abzugskanal führt. Die Brücke gilt jedoch für heilig und wer hinüberreitet, profaniert sie – so lehren die Pfaffen. Als nun die Fremden, die das noch nicht wissen konnten, drüben waren, erhob sich großes Geschrei in der Menge. Die Engländer kümmerte es nicht, sie ritten weiter. Als sie aber abends denselben Weg zurückkamen, fanden sie viel drohendes Volk auf der Brücke, die sie nicht passieren liessen. Der Sohn Albions aber, der kein Spanisch verstand und auch keinen Spaß, verlangte energisch: „Platz machen!" Als dies nicht geschah, stieg er ab und fing ohne weiteres an, in die Menge hineinzuboxen. Da gabs Platz, denn die Schreier flogen nach rechts und links in ihren heiligen Stinkgraben. Die Menge wich vor Schreck über solche Kühnheit zurück und die Fremden zogen lächelnd durch die sich öffnende Gasse. Das Ding aber sollte noch ein Nachspiel haben. Kaum waren die Fremden hier abgestiegen, so drängte das Volk in Massen gegen das Hotel und verlangte die Herausgabe der Gringos, die sie lynchen wollten. Ich rief den Präfekten an, der auch sofort mit Militär erschien, das regte die erst recht auf. Die Plazza war jetzt dicht voll, ein einziges Rachegeschrei.

„Que mueren los Gringos!"[20] Der Präfekt wusste sich nicht anders als dadurch zu helfen, daß er die Fremden offiziell verhaftete, mit dem Versprechen an das Volk, sie schwer zu bestrafen. Da ließ man ihn hochleben. Daß über Nacht die Fremden flohen, dafür konnte er nichts," schloss lachend der joviale Wirt und ich sagte ihm dagegen, daß ich von Chile käme, wo jetzt freilich der Fanatismus am Erlöschen sei, daß es aber früher dort ebenso schlimm hergegangen wäre. So durfte am Karfreitag keinerlei Lärm gehört werden, keine Züge, keine Kutschen und Karren durften fahren, die Reiter mussten die Hufe ihrer Tiere umwickeln, nicht mal die Klingeln der Haustüren durften den Besucher anzeigen, usw.

---

[20] Daß die Ausländer sterben

Ein komisches Gegenstück, das mich heute noch zum Lachen reizt, sei hier eingeflochten: Ich geriet in Valparaiso einmal in ein Volksgedränge auf der grossen Plazza de la Intendencia, und es war kein Durchkommen.

„"Que hay?" fragte ich unwirsch einen Chilenen. „Oh, Senor, siehst Du nicht, es ist doch grosse Prozession, dort kommt sie schon. Corpus Christi – seht da ist der Hauptaltar." Richtig, aus einer der Straßen quoll es hervor, leuchtend, bunt und goldgestickt, eine ganze Reihe aufgeputzter Holz- und Gipsgruppen, die auf den von ernsten Männern getragenen Bahren wackelten. Gravitätisch feierlich schritten die mit Purpur und Gold behangenen Geistlichen unter ihrem goldverbrähmten Baldachin, bis sie zu dem Hauptaltar gelangten. Jetzt ein schrilles Klingelzeichen, und plötzlich lag die ganze aufgestaute Menschenmasse auf den Knieen, den Hut in der Hand. Noch einmal schrillte die Klingel, der Gottesdienst sollte beginnen. Aber – da ragte noch, nicht weit vom Altar die Gestalt eines baumlangen Engländers in die Lüfte, der noch zum Überfluss ein hohes Angstrohr auf dem Haupte trug. Diesen Sohn der Fremde kümmerte nicht das Zischen und Rufen um ihn:

„Nieder, Hut ab!" Nicht das gebietende Winken seiner Eminenz, des Bischofs nützte.– Old England stand unentwegt. Da eilte über die Köpfe der Knieenden hinwegsteigend, ein kleiner dicker Gottesmann auf ihn zu, rüttelte ihn, schrie, gestikulierte, bis dem langen Laban doch wohl endlich etwas wie Erkenntnis wegen seines Hutes aufblitzte. Gespannt war das Publikum dem Vorgang gefolgt. Als nun aber der Lange seinen Hut mit höflichster Gebärde gegen den kleinen Dicken abnahm, eine tadellose steife Verbeugung machte, um dann sein Rohr wieder aufzusetzen und so straff wie vorher zu stehen, da war es mit Andacht, Ehrfurcht und Ernst des frommen Publikums vorbei. Da

57

erscholl ein vieltausendstimmiges Lachen und ein Hände-
klatschen und ein Bravorufen ohne Ende. Der alles beherr-
schende Sohn Albions fühlte sich plötzlich aufgehoben und
unter Hochrufen durch die Menge getragen. Das Volk johlte
und schrie hinter ihm her und die Prozession wurde nicht
mehr gesehen, sie war zerstoben.

Doch zurück nach Arequipa. Anstatt auszugehen,
legte ich mich still zu Bett. Mit dem Schlafen wollte es
trotzdem nicht recht gehen. Die ganze Nacht läuteten die
Glocken, bald von hier, bald von dort, das war ich nicht gewohnt. Mit dem nächsten Frühzug fuhr ich weiter. Ich hatte
Arequipa nicht gesehen.

Die Fahrt ging zunächst bis Juliaca, einem kleinen
Städtchen unweit des Titicaca-Sees,[21] von wo auch die Bahn
nach Bolivien abzweigt. Ziemlich langweilig war die Reise,
da man nichts sieht als kahle Berge und wüste Ebenen mit
zusammengewehtem Sand, nur selten unterbrochen von
schmalen, grünen Oasen, die sich in einem feuchten Tale
hinabziehen. Nicht weit von Arequipa liegt Bad und Mine-
ralquelle Jura, deren Heilwirkung, besonders gegen Rheumatismus, gerühmt wird. Lange noch grüßte der Vulkan
Misti mit dünnen Rauchfahnen hin und wieder zu uns herüber. Am dritten Tage erst wurde es interessanter. Da gab
es grüne Berge mit grasendem Vieh, bebaute Flächen, wenn
auch nur mit Kartoffeln und Gerste bestanden. Vorbei an
blitzenden Seen, über reißende Flüsse. Doch es ging bergan,
immer höher. Kühler und kühler wehte die Luft und dort –
Schnee, bis wir endlich bei Aguas calientes (Heiße Quellen)
die höchste Stelle erreichten.

Der Zug hält, Alles steigt aus, um das Wunder anzu-
staunen. Hier in Höhe von 4800 m, zwischen Eis und

---

[21] Der Titicacasee liegt ca. 3.820 m über dem Meeresspiegel und
ist der höchstgelegene kommerziell schiffbare See der Erde

Schnee, quillt an zahlreichen Stellen kochend heißes Wasser aus dem Boden. Wir stehen in Dampf eingehüllt, aber schon geht's weiter. Langsam abwärts von der frostigen Höhe und wieder lachen uns gleich Fata morganen lieblich grüne Täler von unten herauf entgegen. Die Gegend wird lebhafter, bewohnter und bearbeitet. Es mehren sich die Stationen. Auf einmal heisst es:

„Siquandi – Endstation – Aussteigen!"

„Geht nicht der Zug bis Cusco?" –

„Nein, Herr, suchen Sie nur rasch Unterkunft und ein Reittier für morgen. Sie haben noch drei Tage zu reiten." Ich eilte nach dem kleinen Hotel und kam gerade noch rechtzeitig, einen Pfarrer auszustechen.

„Sehen Sie," sagte der Wirt zu ihm, „da ist der Herr, der telegraphisch das Zimmer bestellte, weiter keins da – tut mir leid."

Schon schob er mich vorwärts und flüsterte: „Mag keine Schwarzen nicht im Hause haben, zahlen nicht." Blieb die Pferdefrage, die war schwieriger, doch hatte ich Glück, indem ich die Bekanntschaft eines jungen Mannes aus Cusco machte, der wusste Bescheid und verlangte bald drei Tiere, auch für einen spanischen Theaterfritzen. Nun konnten wir ruhig schlafen.

Zeitig um vier Uhr wurden wir geweckt. Auf nach Cusco! „Wir haben dreißig Leguas vor uns (150 km) erklärte der Cuscueno [22] können heute bloß 8 davon machen, da wir sonst kein Unterkommen finden."

Am anderen Tag ritten wir Drei los – anfangs gar lustig und guter Dinge, denn der Theatermann war ein lustiges Heft und unerschöpflich an Witzen. Als aber die Sonne hochstieg und uns unbarmherzig sengte, hörte aller Witz auf, denn die Miettiere hatten harten Tritt und waren träge,

---

[22] Einwohner der Stadt Cusco

so daß uns trotz der schönen Landschaft langweilig war. Erst gegen Abend kamen wir ans Ziel. Aber vergeblich fragten wir um Herberge an. Es war ein großes Indianerdorf, wo kein Unbekannter aufgenommen wurde. Nur ein stattliches Haus hob sich ab, aber da war niemand zu Hause. Was tun? Da erleuchtete unserm Cuscueno eine prächtige Idee. Wir waren nämlich im vorigen Ort ein Stück mit dem neuernannten Präfekten von Cusco geritten, dem dort von der Bevölkerung gehuldigt wurde. Mich hatte man für einen Pater gehalten, weil ich einen weißen Staubmantel anhatte, während dort alles in Poncho reitet. Die Bauern küssten mir immer die Hand, wofür ich sie dann segnen musste. Darauf baute der junge Mann seinen Plan. Wir ritten nun froh ans Haus, trommelten, bis der Majordomo,[23] ein alter Indianer, erschien, der erst mächtig angefaucht wurde. Dann wurde ihm eröffnet, daß wir Vorreiter vom Präfekten seien und daß sein Herr, der Haciendado,[24] bei ihm sei. Der habe uns geschickt, hier zu übernachten.

„Verstanden – Si, Patron." sagte demütig der Alte, schloss die Zimmer auf, sogar das Schlafzimmer der Herrschaften. Er brachte Futter für unsere Pferde und sattelte ab. Darauf kochte er uns ein recht gutes Essen, was uns besser mundete als gestern im Hotel. Nun schmausten wir, was wir nur konnten, machten noch in übermütiger Stimmung einen Spaziergang durchs Dorf und schliefen gottvoll in dem guten Bett.

In aller Herrgottsfrühe standen wir auf. Aber schon fanden wir unsere Tiere gesattelt vor und den Kaffee fertig. Der Mann war gut eingelernt. Als er aber von jedem von uns einen blanken Sol in die Hand gedrückt bekam, da stand der gute Alte noch lange in starrem, andächtigem Staunen und schaute uns nach. Wir aber waren neu gestärkt und das war nötig, denn heute mussten wir gute 12 Leguas

---

[23] Haushofmeister
[24] Besitzer der Hazienda

überwinden und unterwegs gab es nichts als Wasser zum Trinken. Wir mussten uns mächtig anstrengen, um die Tiere vorwärtszubringen und erreichten erst in sinkender Nacht die Station, das Dorf Oropesa. Schon lagen die gräulich gepflasterten, unbeleuchteten Straßen in unheimlicher Stille vor uns, und wieder war der Ruf nach Herberge vergebens. Mit viel Mühe erfragten wir das Haus des Gobernadors,[25] wo aber niemand zu leben schien. Dann zum Cura (Pfarrer), sagten wir uns. Auch da wurde uns nicht aufgetan. Der Herr sei krank. Wieder zurück ins Dorf, wo den müden Tieren schier die Beine brachen.

„Ihr sucht den Gobernador?" lachte ein Weib, „in jenem Haus dort ist er." Da klopften wir an. Als die Tür aufging, sahen wir inmitten trunkener Weiber einen wüsten Kerl mit der Guitarre drohend, der aber zu betrunken war, als daß er uns hätte Rede stehen können. Umso mehr kreischten, drohten und schimpften die Weiber, so daß es geraten schien, schleunigst zu retirieren. Ha, was nun? Weiterreiten in der stockdunklen Nacht war ausgeschlossen. Unschlüssig hielten wir auf dem Markt. Da kam ein anständiger Mann daher, der verriet uns, daß es hier doch einen Tambo (Herberge) gäbe und daß der uns aufnehmen müsse. Auch wies er uns zurecht. Nun hielten wir vor einem grossen Tor, klopften und klopften, aber niemand erschien, der uns aufgemacht hätte. Da erfasste mich die Wut. Ich donnerte anhaltend mit den Absätzen gegen die Tür und drohte mit Gericht und Hölle. Das half. Plötzlich sprang das Tor wie durch Zauberhand auf. Wir blickten in eine gähnende Finsternis: „Hallo!" Keine Antwort, kein Licht, nichts regte sich.

Teufel! Vorsichtig, mit gespanntem Revolver dringen wir schliesslich ein. Triumph – da liegt ein Haufen Stroh, unsere Pferde fallen darüber her; nun haben doch die

---

[25] Gouverneur

Ärmsten wenigstens Futter. Dann untersuchen wir, rütteln an verschiedenen Türen, bis schliesslich eine nachgibt. Beim Scheine einer Talgkerze sitzt da ein Mann, dessen Augen uns grimmig entgegenleuchten, der aber nichts sagt.

„Pardon, sind Sie der Tambero?" – Si, Senor." „Aber was ist das für ein Benehmen, warum empfangen Sie nicht ihre Gäste?" – „Si," höhnte er, „erst reitet man hier stolz vorbei und dann…" „Aber Mensch, wir sind Fremde, wie kann man wissen…??" – „Weiss hier ein jeder."

Wir mussten lachen. „Hören Sie, wir haben Hunger und Durst, schaffen Sie mal was auf den Tisch!" – „Tisch - Tisch? Ich habe keinen, habe auch nichts darauf zu schaffen."

„Gut, hier haben Sie Geld, kaufen Sie ein, aber schnell!" Jetzt lachte der andere. „Was glauben Sie? Hier, wo man am Tage nichts kaufen kann, wieso in der Nacht?"

Was nun? Wir werden vor Hunger nicht schlafen. Da untersuchte ich meine Satteltasche und siehe, es fand sich ein Schrotbrot mit Frucht darin, die ich mir noch selbst gebacken hatte und als eisernen Bestand mit mir führte. Das verteilte ich. Ei, wie das schmeckte! Es erregte allgemeines Lob, aber auch Trauer, da es rasch verschwand.

„Also wo schlafen wir?" – „Wo sie wollen, Betten gibt es nicht." Da nahmen wir unsere Sättel als Kissen, legten uns auf den Lehmboden und deckten uns mit den durchschwitzten Pferdedecken zu. Trotz allem schliefen wir den Schlaf des rechtschaffen Ermüdeten, bis uns der erste Hahnenschrei mahnte, die arg gerüttelten, jetzt auch noch steif gefrorenen Gebeine zusammenzusuchen, um sie aufs Neue der Rüttelmaschine zu überantworten.

Heute griffen die Tiere besser aus. Sie schienen die Nähe ihrer Futterkrippe zu ahnen. Die Reiter suchten unterwegs eifrig nach Essbarem, fanden aber nichts als altes Brot und ranzige Sardinen – auch das musste schmecken. Ich konnte nicht die boshafte, aber harmlos gestellte Frage an den Cuscueno unterdrücken, ob dieses Land noch zur Zivilisation gehöre, oder schon Chunchada (Wildnis) sei. Aber ruhig gab er mir zur Antwort:

„No, Senor, hier, bis noch weit in die Täler ist alles romanisch-katholisch und daß wir inmitten der Zivilisation wohnen, werden Sie bald in Cusco sehen." Eben hatten wir eine Anhöhe erstiegen. Ich sah, wie die Landleute und auch meine Begleiter den Hut abnahmen und zu beten schienen, das Antlitz nach der Richtung gewendet, wo in einiger Entfernung die heilige Stadt der Inkas vor uns aufgetaucht war, beglänzt von der sinkenden Sonne. Wirklich machte sie mit ihren vielen ragenden Türmen und schimmernden Kuppeln einen imposanten Eindruck. Das schien auch ein junger Engländer zu empfinden, der uns eben einholte. Er nahm zwar nicht den Hut ab, fing aber an, die Stadt laut zu loben. Er hatte Völkerkunde und Altertum studiert und soviel von Cusco[26] gelesen, daß er eine lange und kostspielige Reise unternahm, nur um diese einzige Stadt, das heilige Rom von Südamerika, zu sehen.

Wir kamen auf einem äußerst holperigen Pflaster der Stadt langsam näher. Schon war es nicht mehr schön. Als wir nun aber durch eine lange, schmale Straße kamen, die mit Unrat überschwemmt war, als uns von beiden Seiten finstere Häuser ohne Fenster das Licht kürzten, als wir überall durch die Türen nur schwarze Höhlen und darin auf dem Boden hockend die schmutzigen Einwohner sahen, da war die Enttäuschung groß! Diese wich auch nicht, als wir über den Hauptplatz ritten, der auch zu Marktzwecken diente. Auch hier Schmutz und Gestank. Das Hotel war leidlich. Es hatte übergroße Räume, aber kleine, unbequeme Betten. Am nächsten Tag ging ich mit dem Sohn Albions aus, um

---

[26] Cusco war ab 1200 n. Chr. die Hauptstadt des Inkareiches; siehe Anhang

die Altertümer zu suchen. Auf einer Liste stand vor allem der Sonnentempel der Inkas. Dieser sollte inwendig ganz mit Goldplatten belegt sein, und eine mächtige goldene Sonne, mit Diamanten besetzt, sollte sich dort befinden. Wir fanden jedoch auf dem Platz, wo nach dem Plan der Tempel stehen musste, nichts als ein katholisches Gotteshaus, errichtet auf den Grundmauern des einstigen Tempels. Diese Grundmauer ist aber noch heute eine Sehenswürdigkeit. Sie ist aus unregelmäßigen Steinen so fein und künstlich zusammengepasst und gefügt, wie nur ein Tischler sein Holz zusammenleimt.

„Vandalismo," knurrte der Engländer. Dann kletterten wir hinauf zum Sassahuhaman, der großen vorzeitigen Festung. Man glaubt, daß diese noch vor der Inkazeit gebaut worden sei. Sie ist aufgeschichtet aus kolossalen Steinquadern. Ich maß eine davon, die 28 Fuß Höhe hatte bei 14 Fuß Breite und 5 Fuß Tiefe.[27] Auch diese Steine sind so genau gefugt, daß keine Messerklinge in die Fuge gezwängt werden kann. In der Nähe gibt es kein derartiges Gestein; die Kolosse sind von weit her aus einem Bruch hergeführt worden. Bedenkt man, wie wenig technische Hilfsmittel diesen Leuten zu Gebote stand, so muss man staunen über solche Werke. Das konnte nur ein starkes, geeintes Volk schaffen. Im Übrigen fanden wir nichts mehr vor von dem, was alles auf des Engländers Liste stand. Zum Überfluss begann es auch noch zu regnen, tagelang goss es und mein Engländer fing an zu toben, schrie nach all seinem verreisten schönen Geld, schrie nach einem Pferd, um nur fortzukommen von der „größten Stinkstadt der Welt," mit der man ihn so gemein betrogen habe.

Daß es mir gefiel, kann ich auch nicht gerade behaupten. Doch machte ich die Bekanntschaft eines Deutschen, der im Begriff stand, eine Expedition auszurüsten, um in

---

[27] 1 Fuß hat eine Länge von 30,48 cm

den Wäldern der tropischen Täler Kautschuk zu suchen. Er war gesandt vom Haus Zitzolt aus Arica, hatte schon eine Anzahl junger Leute aller Nationen angestellt, und es fehlten nur noch die Kepiros (Träger). Ei, das war für mich etwas! „Kann ich Sie nicht begleiten?" – „Hm, hab schon Leute genug, wenn Sie aber als Volontär mitwollen, kann ich Sie mitnehmen."

Heissa, wer sprang höher vor Vergnügen als ich! Schnell wurde gerüstet und schon nach einigen Tagen war die Kolonne fertig zum Abmarsch.

Indianerland

In aller Frühe um vier Uhr wurde gesattelt, aber fast wäre ich jetzt zurückgetreten, als ich mein Reitpferdchen sah, das mehr einer grossen Ziege glich und beim Aufsteigen zusammen zu knicken drohte. Bald aber war ich belehrt, daß diese Tierchen außerordentliche Ausdauer haben und Bergpfade gewandt wie Gämsen erklettern. 70 km mussten sie uns heute weiterschaffen, bergauf und bergab, bis zum Indianerdorf Paucartampo,[28] wo die Gepäckträger angeworben wurden. Das war nicht so leicht, denn der Eingeborene fürchtet den Wald. Er weiss, daß ihm dort Gefahren drohen und daß er in der Regel krank wiederkehrt. So musste denn die Obrigkeit in Anspruch genommen werde, und nun wurden die Leute für geringen Lohn einfach kommandiert.

Wir bildeten jetzt mit Macht von 15 Bewaffneten, die, soldatenmäßig ausgerüstet, immerhin ihre 50 Pfund Gewicht trugen, während die eigentlichen Träger mit 75 Pfund Gewicht beladen waren, aber außerdem noch ihr eigenes Gepäck tragen mussten. Denn von hier aus gabs nichts mehr

---

[28] Paucartambo liegt nordöstlich von Cusco

zu reiten, nur schmale Pfade, denen wir noch einige Tage folgten.

Hatte uns der erste Tag mit allen möglichen Tücken der Bergwitterung bekannt gemacht, so wurde es jetzt stetig und wärmer, bis wir eines Tages 50 Grad Celsius feststellten. Solange man aber im Walde marschiert, ist auch solche Temperatur noch erträglich, weil die Feuchtigkeit der Luft sie mildert. Außerdem war man stets in nassen Kleidern, denn man genießt den häufigen Regen immer dreimal: einmal direkt, dann weil es noch lange von den Bäumen tropft, und schliesslich, indem noch länger die üppigen Kräuter einem das Nass um die Beine schlenkern. Zudem muss man sehr häufig den Fluss, dem wir stetig folgten, durchqueren.

Längst hat der Weg und Steg aufgehört und der Fluß bietet an seinen Ufern noch die freieste Straße. Aber nicht überall, häufig kommt man an Strudel und Untiefen, oder die Berge treten mit schroffen Felsen an den Strom. Da heißt es: „Rin in den Busch!" Das aber bedeutet: Kampf bis aufs Messer, indem jeder Schritt vorwärts erst mühsam freigehauen werden muss. Mir machte die Geschichte Spaß. Urwald – Urwald – wirklich echter, vollsaftiger, lebender Urwald. Der Traum meiner Jugend greifbar, bezwingbar – ich schwelgte darin. Fehlten bloß noch die Indianer, die wilden Tiere und die Abenteuer. Das ging ja alles so friedlich, so ereignislos hier her. Aber herrlich war es darum doch, dieses unendliche Meer von strotzendem Grün und immer neuen Bäumen und verwunderlichen Pflanzen und Blumen. Und eigentlich hatte ich doch auch schon ein paar kleine Abenteuer erlebt, gleich am Anfang.

Streng verboten hatte es unserer Führer jedem, allein in den unbekannten Wald zu gehen, und jeder begriff, daß es gefährlich wäre. Leicht geht man hinein, schwer findet man heraus. Ist es doch später der ganzen Expedition einmal passiert, da sie in einer großen Ebene einen ganzen Tag im

Kreise herummarschierte und abends wieder auf den Weg kam, den sie morgens eingeschlagen hatte. Das war aber Schuld des Führers gewesen, der den Kompass dicht neben seinem Gewehrlauf getragen hatte. Die Ableitung durch das Eisen genügte, uns so an der Nase herumzuführen. Einen Kompass aber hatte ich nicht bei mir. Wir waren den Tag 40 km stramm bergab gelaufen, als wir eine tropische Pflanzung mit Mais, Coca, Kaffee und Zuckerrohr erreichten. Das musste ich mir doch mal ansehen.

„Oh, gewiß," sagte mein Chef, „nur nicht in den Wald!" – „Ah, nein, kein Gedanke!" Aber unbemerkt ging ich von der Pflanzung ein Pfad weiter, der in den Wald führte. Na ja, solange man einen Weg hat… und – riechen darf man doch mal an dem Speck – sagte das Mäuschen. Weiter bummelte ich bergauf, ergötzte mich, staunte und freute mich. Wie herrlich hier diese kleine Fläche, ganz übersponnen von allerhand Gerank und seltsamen Blumen – ein richtiger Naturblumengarten. Und die Bäume, wie sie ihre Zweige so schützend und schattend darüber hielten, eine herrliche Laube. Da oben ein wundervoller Vogel, den ich natürlich für den Paradiesvogel ansah, ach, es war ja alles so paradiesisch hier. Unwillkürlich, um besser zu sehen, hatte ich noch einige Schritte vorwärts gemacht. Da – plötzlich fühlte ich den Grund unter meinen Füßen weichen und nun ging es auch schon senkrecht hinunter in eine finstere Tiefe. In meinem Schreck griff ich um mich und erhaschte eine taustarke Liane, die aber auch noch ein Stück nachgab; dann hielt sie straff. Ich sah mich um und fand, daß ich in einem Kessel mit steilen Wänden steckte, dessen Grund ich noch nicht definieren konnte.

Mein erster Gedanke war, wieder nach oben zu klettern, aber die noch vor Schreck zitternden Glieder versagten. Dann ließ ich mich vorsichtig nieder auf den Grund, der sehr nass, aber doch fest war. Ich begriff, daß ich in eine sehr schmale, wohl an 60 Fuß tiefe Schlucht geraten war und es blieb mir keine Wahl, als dieser nachzugehen, um wieder nach der Pflanzung zu kommen. Es war ja nicht weit, ich hatte sie oben noch gesehen. Doch alles war dicht bewachsen und es kostete mir einem harten zwei Stunden dauernden Kampf, bis ich endlich erst in der Dunkelheit, äusserst erschöpft, das Quartier erreichte. Ich konnte nichts verhehlen, denn ich sah aus, daß mich allgemeines Gelächter empfing.

„Como un soldato derrotado,"[29] meinte ein Witziger, und ein neues Gelächter erscholl. Mich aber erinnerte dieser Fall an eine Episode aus meinem Militärleben., die ich nun den Kameraden erzählte: Da wurden wir eines nachts in der Kaserne aus dem Schlaf durch Alarm geweckt. In zehn Minuten muss das Bataillon stehen, eilt Euch, Kerls! Schon in achteinhalb Minuten, wie der Major befriedigt konstatierte, war alles im Glied. Nun ging es ohne weiteres hinaus zu einer rigorosen Nachtübung. Es regnete – das schadet nichts – der Soldat muss alles gewohnt werden. Es ging über schlammige Wiesen dem Walde zu. Da ließ sich der Major vernehmen: „Unsere Aufgabe ist, eine feindliche Abteilung zu suchen, die sich in diesen waldigen Bergabhängen versteckt hat. Sie wird markiert durch eine Patrouille mit weißer Binde. Das ganze Bataillon schwärmt also aus in einer langen Schützenlinie, die die Hänge absucht. Wird der Feind gefunden, so soll dies durch einige Schüsse angezeigt werden. Das Gelände ist schwierig, aber der deutsche Soldat muss überall wissen, durchzukommen. Marsch!"

Und die Schützenkette zog sich lang aus, so daß sie bis an den Höhenrücken reichte. Dann ging sie vor, hinein in den Busch, mit vorzüglicher Fühlung. Hinein in die Schluchten, hinauf auf die Höhen. Die Kunst bei der dunklen Nacht war, den Nebenmann nicht zu verlieren und durch Busch zu kommen, der immer dichter, immer dorniger wurde. Man kroch im Lehm unter den Zweigen weg, oder

---

[29] Wie ein besiegter Soldat

drückte die zähen Äste mit dem Gewehr nieder, um drüber wegzurutschen. Aber immer blieb man hängen und ein Fetzen der Uniform ging flöten. Tut nichts, Kerls, die Losung heisst:

„Durch!" Wieder nun wir kamen an eine Schlucht und der Aufstieg an den steilen Hang des jenseitigen Berges war eine furchtbare Arbeit. Endlich sind wir oben und merken, daß links von uns die Linie sich füllt. Aber vor uns knackts und krabbelts auch im Busch. Das muss der Feind sein und schon blitzen einige Schüsse auf, die aber aus nächster Nähe erwidert werden: Kaum vergeht auch eine Minute, da hat sich ein fernalisches Feuergefecht entwickelt und die Pfropfen der Platzpatronen fliegen so herum, daß einem Hören und Sehen vergeht.

„Hahn in Ruh", tönt es fortwährend dazwischen, wird aber vorerst überhört im Eifer des Schießens, bis auf einmal mitten hinein der Major springt, brüllt und schimpft, daß alles totenstill wird.

„Teufelskerle, Schlummerköpfe, Rindsviecher, das ist ja Selbstmord, seid ihr verrückt geworden?" Der Scheinwerfer spielt und verdutzt schauen wir in die geschwärzten Gesichter unserer Kameraden der anderen Kompagnie. Die uns so heftig beschossen hatten, wie wir sie. Da lag es klar zu Tage, womit die stockdunkle Regennacht uns betrog. Diese Teufelsschlucht zog sich im Halbmond um den steilen Berg und wurde so die Veranlassung, daß die Schützenlinie einknickte und die beiden Flügel naturgemäß gegeneinander marschierten, was die ganze Täuschung verursachte.

„Ich hätte die deutschen Soldaten für gescheiter gehalten, meinte der Mexikaner, doch wurde er selbst am nächsten Tage Ursache uns zu zeigen, welch tapfere Soldaten unser Chef sich erwählt hatte:

Wir hatten die Pflanzung Cosnipata, wo wir nur einige Wilde vom Stamm der sehr kriegerischen

69

Huatschipaires bewundert hatten, verlassen, und da wir uns dem Gebiete des Stammes der Matschiganas näherten, mit denen wir noch keine Fühlung hatten, so war es streng verboten, einen Schuss abzugeben. Wir marschierten im Gänsemarsch. Der Führer, Herr Reimers war selbst an der Spitze. Ein Hamburger und ich bewachten die Mitte. Den Schluss machte der Mexikaner. Die bewaffneten Mozos waren entsprechend verteilt. Alles bemühte sich, möglichst wenig Lärm zu machen.

Eben hatten wir wieder den Fluß durchquert, da fällt hinter uns ein Schuss. Allgemeinde Aufregung. Wir eilen zurück, es war der Mexikaner, der auf einen Tapir geschossen hatte. Natürlich wurde er angehaucht. Aber als wir nun zurück gehen – wer beschreibt unseren Schreck: Von unserer ganzen Kolonne samt den Bewaffneten ist nichts zu sehen. Alles Rufen ist vergeblich, bis wir schliesslich in den Busch kriechen und einen der zitternden Helden nach dem anderen hervorholten und wieder auf die Socken stellten.

„Was Demones[30] fällt Euch denn ein?" „Oh, Herr, wir haben geglaubt, die Wilden kommen."

„Sapri und wenn! Dafür habt ihr doch die Waffen, um Euch zu wehren und zu was hab ich Euch hier?" Es stellte sich außerdem heraus, daß keiner von den Braven, von denen doch einige Soldat gewesen waren, mit ihrer Waffe umzugehen wusste. Wir aber begriffen, daß wir im Falle eines Streites mit den Wilden einfach verlorene Leute seien. Es ist aber auch sowieso unnütz, mit Feuerwaffen im Wald gegen diese Krieger zu kämpfen. Längst, ehe noch der Eindringende eine Ahnung hat, ist er umgeben von ihren Patrouillen, die neben der Truppe sich lautlos durch den Busch schlängeln, ohne gesehen zu werden und längst die Zahl, die Stärke und die Waffen erkundet haben, um ihrem Stamm Nachricht zu geben. Ist dieser nun feindlich, so stellen sie sich an einem strategischen Punkt versteckt auf.

---

[30] Teufel, Dämon

Nichts verrät dem harmlos Herkommenden ihre Gegenwart, bis plötzlich ein Hagel von Pfeilen in ihre Reihen fährt, ja, nun schießt nur wütend in den Busch, ihr seht keinen Feind und daher, wo die Pfeile kommen, erst recht nicht, denn längst hat der Waldsohn diese Stelle verlassen, um weiter vorwärts euch aufs Neue zu erwarten, mit seinen sicheren Pfeilen, die gar böse Wunden reißen und nicht selten töten. Was Wunder, wenn wir alles taten, um mit diesen Überlegenen ein friedliches Abkommen zu treffen.

Und siehe, am sechsten Tage unseres Waldmarsches empfängt uns plötzlich dicht vor ihrem Dorfe eine Gruppe mit Wilden, vollkommen friedlich, ohne Waffen. Sie führten uns ohne weiteres in ihre Wigwams, wo die Weiber uns mit Papagayen- und Affensuppe vorzüglich bewirteten. Sie mussten sich darauf vorbereitet haben, denn es war genügend da für unsere Truppe. Wir begriffen aber auch, daß sie uns durchaus nicht fürchteten, denn sie hofften, mit uns Geschäfte im Tausch zu machen.

Darin hatten sie sich insofern getäuscht, als wir keine Händler waren. Aber sie erhielten trotzdem viele Geschenke von uns, Wald- und Taschenmesser, Äxte und tausend kleine glänzende Sachen für die Weiber, so daß uns bald alles dankbarer Freundschaft umschwärmte.

Diese Wilden, die dem Stamm der Tampas angehörten, waren sehr sanft in ihrem Wesen und sprachen in einem leisen singenden Tonfall. Aber es waren kleine Gestalten mit dicken Bäuchen, die mich sehr enttäuschten, bis ich merkte, daß diese Grenzwilden nicht blos leidenschaftliche Fresser, sondern auch schon bekannt waren mit den Leidenschaften der Weißen, wie Schnaps und Tabak, folglich auch viel Krankheit und Sterben unter ihnen war. Auch trugen sie wollene Kleidung. Der Kazike (Hauptmann) erklärte uns, daß dies früher nicht so war, und daß sie uns eigentlich hassen müssten, weil die Weißen ihnen Gift und Krankheit

71

gebracht hätten. Der alte Herr begleitete uns mit Dreien seiner Leute drei Tage lang durch die Wildnis, um uns dann dem befreundeten Nachbarstamm zu empfehlen. Die drei Burschen aber nahmen auch ihre Weiber mit, welche ihnen abends das Zelt richten mussten, ihnen Essen bereiten und die Nacht durch das Feuer schüren mussten. Am Tage aber sah man die Schönen nicht. Unsichtbar gingen sie mit uns. Aber wo wir an eine Haltestelle kamen, waren sie sicher schon da.

Eines Tages waren wir durch einen tiefen, reissenden Fluss gewatet, wo wir die Träger mit ihrer Last, zu zweit sich stützend, nur mit Mühe durchbrachten. Als wir nun am anderen Ufer weitermarschierten, erscheinen am verlassenen Ufer auf einmal die Frauen, stellen sich händeringend am Fluß auf, als ob sie zweifelten, da hinüberzukommen. Unser Chef rief nun ihren Männern zu, sie möchten ihren Weibern durchhelfen, aber die kümmerten sich nicht darum. Nun schickte er einige von uns zurück, um die drei Grazien durch den tobenden Fluß zu führen. Aber was geschieht? Ehe sichs einer versieht, stürzen sich die drei Schönen von einem großen Stein kopfüber ins Wasser. Mit Eilzugschnelle reisst dies sie fort durch Strudel und Felsblöcke. Wir sehen nichts wie das flutende, aufgelöste Haar, stehen erstarrt und geben die Tollkühnen verloren. Nicht doch, weit unten entsteigen die Najaden gleichmässig den Fluten, schütteln ihre Mähnen, zeigen uns lachend ihre weissen Zähne und schon sind sie wieder im Busch verschwunden.

„Die Weiber sind doch überall des Teufels," knurrt unser Chef und wir marschieren weiter. Abends kroch ich unbemerkt an das Palmzelt der Wilden, wo diese mit ihren Weibchen tollten und spielten. Nie habe ich so etwas Geschmeidiges und doch Kraftstrotzendes wieder gesehen. Selbst bei Zirkusleuten nicht, wie das sanft neckende Spiel dieser dunklen, bronzenen Glieder als höchstens bei jungen Tigerkatzen.

Wir hatten uns auf einer Sandfläche neben dem Fluss gelagert, aber mitten in der Nacht weckten uns eiligst die Wilden mit dem Ruf:

"Avalancha!"[31] Ein Brausen und Heulen des Flusses ließ uns bald die Gefahr begreifen und nun hieß es: „Rette, was zu retten ist!"

Kaum auch hatten wir mit wahnsinniger Hast unsere Sachen an den Berg hinaufgeschleudert, da deckten auch schon mindestens 10 Fuß hohe Wassermassen das Ufer, wo wir eben noch friedlich geschlummert hatten. Diese plötzlichen Schwellungen der Flüsse sind vielleicht hoch oben durch Wolken oder Dammbrüche verursacht und stürzen dann mit Donnergetöse, alles unterwegs mit sich reißend, lawinenartig in die unteren Täler und wehe allem Lebendem, was seine Furie erreicht. Ohne die treuen Waldkinder, die das Herannahen einer Gefahr eher fühlen, bevor sie ein Fremder hört, wären wir wahrscheinlich wohl durch die rollenden Fluten begraben worden.

Und doch hätten wir es wissen können, waren wir doch schon ganz im Anfang durch denselben Fluß, dort noch ein Bach, gewarnt worden. Dort marschierte auch die ganze Kolonne in dem seichten Bach, ihn als Straße benutzend. Gerade waren wir zwischen zwei steil abfallenden, hohen Ufern in einen schmalen Kanal gezwängt, als der Ruf erscholl: „Das Wasser steigt!" Na, ja, es ging uns schon bis an die Kniee, aber was tuts" „Senor, es steigt rapid und wenn es eine Avalanche (Sturzwasser) ist, müssen wir hier alle ersaufen, weil wir nicht hinauskönnen."

„Kerls, schwatzt nicht, eilt Euch, weiter unten kommen wir hinaus." Das war ein Hasten auf Tod und Leben. Das Wasser steigt und steigt, schon geht's uns bis an die Brust, schon fängt es an zu reißen, daß sich die Träger mit

---

[31] Lawine

ihren Lasten nicht mehr halten können – Miseria cordia. Und die steilen Ufer hören nicht auf – alle Heiligen helft! Da, in höchster Not öffnet sich in der steilen Uferwand eine Seitenschlucht – flugs hinein – eilet! Ja, das war Rettung in letzter Minute. Gerade passten wir alle hinein in diesen Seitenkessel, waren dann aber auch gefangen, denn auch hier waren die Wände so steil und hoch, daß kein Entrinnen war. Ja, und wenn dann das Wasser im Fluss noch höher steigt, so wird es uns auch hier zudecken wie in einer Falle.

„Jesus Maria!" Wie die Sünder jetzt beten konnten. Aber Maria war gnädig. Nach 5 Stunden Wartens konnten wir weiter. Die Wasser hatten sich verlaufen. Es dunkelte aber schon, bis endlich die hohen Ufer nachgaben und wir unser Biwak auf einer trockenen Fläche aufschlagen konnten. Flugs wurde der Platz von Gestrüpp gesäubert, trockenes Holz gesucht und Feuer gemacht, was oft nicht gerade leicht war bei der alles durchdringenden Feuchtigkeit. Längst versagten die Streichhölzer, trotz dichter Blechdose. Die Zündapparate versagen ja auch gewöhnlich dann, wenn man sie sehr nötig hat. Bleibt nur Stein und Schwamm und blasen, blasen. Endlich gelingts doch.

Die Wilden helfen sich leichter. Stets führen sie ein paar Hölzer trocken bei sich, von denen ein rundes hart ist. Dies wird nun auf ein flaches, weicheres mit der Stize aufgesetzt und schnell zwischen den Händen gedreht. Dadurch sondern sich vom weichen Holz bald feine Späne und Mehl ab, was sich bald durch die jähe Reibung entzündet. Dies kleine Glühen nun verstehen die Waldgänger rasch zu heller Glut zu entfachen. Bald sind Suppe und Kaffee fertig und mundet den Marschierern gar herrlich. Nun werden die Hängematten ausgespannt und unbeschreiblich ist das Wohlgefühl, mit dem man, das hohe Laubdach schauend, einschläft.

Wer aber sein Bett auf dem Waldboden suchen muss, der ist seiner Ruhe nicht so sicher, denn Ameisen und allerhand sonstiges Erd- und Laubgewürm kommen, um sich den fremden Gast recht intim zu besehen. Auch darf nicht das Feuer erlöschen, denn es ist der sicherste Schutz gegen etwaige Raubtiere.

Im Anfang auch geniert es den Neuling, all die mannigfachen Stimmen der Nacht zu vernehmen. Ein Konzert von unerklärlichen, unheimlichen Lauten. Überhaupt die Überraschungen! – Da marschieren wir nächsten Tages friedlich wieder den gestern so gefährlichen Bach hinunter, der jetzt hübsch breit mit seichtem Wasser kein Hindernis bot, als wie große Steine.

Mit einem Nebenmann schwatzend, hebe ich gerade den Fuß, um einen solchen Stein zu übersteigen, als mich plötzlich der Führer beim Arm fasst und mich zurückschleudert. Gleich darauf sehe ich sein starkes Waldmesser durch die Luft blitzen und auf den vermeintlichen Stein niedersausen, der nun auf einmal lebendig wird. Was wars? Ja, aufpassen, diese Kaimans sind ja ziemlich harmlos, aber wenn man sie durch Draufsteigen belästigt, können sie einem doch mal in die Waden knipsen, daß kein Fleisch auf dem Knochen bleibt. Kaiman ist eine etwa 4 Fuß lange Eidechse, ganz wie ein Krokodilküken, die oft regungslos im Schlamm liegen. Erst weit unten in größeren Flüssen und Sümpfen trifft man seinen 3–4-mal größeren Vetter, der ein unliebsamer Geselle ist.

Also nach diesem kleinen Rückblick gehen wir wieder vorwärts, d. h. weiter abwärts zu unserem Cosnipata-Fluss, dem wir jetzt folgten, bis er sich mit einem größeren, dem Pinopine, vereinigt. Hier nun machten unsere braunen Freunde halt und kehrt, hier war die Grenze ihres Gebietes.

Schon löst sich vom jenseitigen Ufer ein Canoe. Vier nackte Männer treiben es mit raschen, kräftigen Schlägen ihrer kurzen Schaufelruder schnell durch den Strom. Nun springen sie gewandt ans Land und grüßen zu uns herüber. Dann legen sie ihre Waffen vor sich auf den Sand, zum Zeichen des Friedens. Unserer Drei gingen einige Schritte vor, legten ebenso umständlich die Waffen in den Sand, dann kamen die Leute heran. Wetter noch mal, das waren andere Kerle wie unsere bisherigen Freunde. Hoch und schlank gewachsen sah man am Spiel ihrer Broncemuskeln, daß sie nicht von schlechten Eltern waren. Sie nannten sich Sireniros, d. h. Messerhelden, und wirklich trug jeder des Stammes sein blankes Messer an einer Schnur um den Hals hängen. Sie sprachen mit tiefer Stimme, sehr ernst aber doch freundlich. Oh, sie wüssten schon, wer wir seien und was wir wollten und sie würden unsere Freunde sein und uns helfen, so wie auch ihre Brüder, ein anderer Stamm, den sie Tunyuneris nannten.

Auf ein Zeichen von ihnen kamen von der anderen Seite noch mehr Boote mit Männern und Weibern. Sie brachten uns einen Haufen Yucas (Manioca), von denen die größte auf 25 Pfd. geschätzt wurde, ferner Ananas und verschiedene Waldfrüchte. Als sie dann auch von uns ihre Geschenke erhielten, da war alles eitel Freundschaft und Zutrauen. Sie liefen durch unser Lager wie neugierige Kinder, bestaunten alles, rührten aber nicht an. Unsere Waffen imponierten ihnen nicht, weil sie meinten, ihre Pfeile träfen sicherer und sie gaben mehrere Proben von ihrer Spannkraft und Treffsicherheit.

Da wollte es der Zufall, daß sich auf einen kahlen, mindestens 50 m hohen Baum ein Fasan niederließ. Lüstern schauten die Wilden hinauf, aber der Vogel saß zu hoch für ihre Pfeile. Da legte ich mit meiner Mauser an und rauschend fiel der große Vogel ihnen zu Füssen. Da waren sie zuerst sehr erschrocken. Dann schauten sie mit Ehrfurcht auf meine Waffe, dann auf mich, verbeugten sich und nannten mich Huaire, das ist Mann. Doch geben diese Leute nur ihren hervorragenden Leuten diesen Titel. So sind ihre Anführer Huaire, der Hauptchef aber, der über die vereinten Stämme gebietet, ist der Matschuhuaire.

Nachdem also nun die Freundschaft geschlossen war, luden sie uns ein, sie in ihrem Dorf zu besuchen. Dann kehrten sie über den Strom zurück. Ich sage Strom, denn dazu hatten sich schon die bis dahin vereinten Flüsse ausgewachsen. Dieser Strom floss aber so friedlich und ruhig dahin, daß unser Chef dadurch auf einen kühnen Gedanken kam. Er rief seine Soldaten und sprach:

„Auf Leute, lasst uns Flöße bauen, denn der Strom ist schiffbar. Wir brauchen dann die so lästigen Träger nicht mehr, brauchen nicht mehr Pfade durch den Busch zu schlagen, nicht mehr Flüsse zu durchqueren, sondern fahren gemütlich und schnell abwärts, wohin wir wollen." – „Bravo, das ist gescheit," hieß es einstimmig und mit großem Eifer ging es sofort ans Werk. Wie zum Zweck wächst dort häufig ein Baum, der Palo de balsa genannt. Sein Holz ist so leicht wie Kork und schwimmt mit schwerer Last. Die Rinde gibt einen vorzüglichen Bast und damit werden 5 oder 6 Bäume fest aneinander gekuppelt, dann ein paar Querbäume darüber und schon ist das Fahrzeug fertig. Wir bauten gleich drei Flöße, Ruder und Stangen, luden unsere Bagage schon fest verschnürt darauf und – schon kann unsere Fahrt beginnen. Die Wilden, welche dazu kamen, schauten zweifelnd drein, halfen dann aber mitarbeiten. Unsere Träger, die Indianer, aber tanzten vor Freude, umkehren zu dürfen. „Wer versteht aber zu schiffen, so ein Floß zu leiten – eh?" Ich bekannte mich als unfähig, denn wenn ich auch von der ‚Elbkant‘[32] war und als Junge schon mit den Eisblöcken geschippert hatte, wollte ich es doch auf dem unbekannten Wasser nicht riskieren.

---

[32] Ufer der Elbe in Brokdorf

Desto mutiger war der rote Hamburger: „Oh, sicher!" – „Gut," entschied der Chef, „ich nehme Floß 1, Ihr beide Floß 2, und der Mexikaner (der Fährschiffer war) Nr. 3." Schon auch sprang er mit kühnem Schwunge auf sein Fahrzeug und stieß vom Ufer. Wir hinter ihm her. Und sieh mal, das geht ja herrlich, besser und rascher wie einer gedacht. Huhu, und mitten im Strom mit Eilzugsgeschwindigkeit gings fort. Plötzlich macht der Fluss eine kurze Kurve, die wir kühn und elegant nehmen. Dort liegt aber Floß 1 am Ufer und man winkt uns heranzukommen. Vergeblich aber waren unsere Anstrengungen, aus dem Strom zu kommen. Unser Ungetüm legt sich quer zum Strom, saust unentwegt weiter. Jetzt aber wird der Fluss weiter und ruhiger. Wir atmen auf.

Da aber vernehmen wir ein stetig wachsendes, dumpf brüllendes Tosen vor uns, eine Cascade, ein Wasserfall! Jetzt sind wir erledigt! Aber mit vereinter, übermenschlicher Anstrengung gelingt es nun der Angst, das Floß aus dem Strom nach links in seichtes Wasser zu bringen. Gerettet, aber aufgesetzt! Derweil aber fährt, dicht am rechten Ufer sich haltend, Floß 1 anstandslos vorbei und winkt und winkt. „Aha," schließen wir, dort ist das Fahrwasser, in der Mitte liegt Gefahr, also hinüber. Ja, wenn das so leicht ginge, hilft aber nichts. Also alle Mann ins Wasser, die Brigg klar machen und dann erst 1 km weit aufwärtsschieben

– Hoi ho! Ei, das kostet Schweiß. Jetzt aber Kerls neue Stangen gezupft und nun, wir müssen quer über die Strömung, um die andere Stromseite zu gewinnen. Gewinnt uns der Strom, so sind wir verloren. Also fest in die Riemen! Ja, die Geister waren willig, doch die Strömung war zu stark. Schon hat sie uns wieder beim Wickel, schon überbrüllt das Getöse jedes Kommando.

„Jungs holt fast!" schrei ich noch. Alles klammert sich an die Stricke. Miserie – ei – Jesus Maria! Schon kippt die Balsa hinunter die weißschäumende zischende, brausende Fahrt und hinein in den unten tief brodelnden, gurgelnden Trichter. Dort erwarte ich den Todesstoß – aber Spaß – das war ja nicht der Knochenmann, da unten saß ja in weißflutendem Kleide eine lachende Nixe, die fing uns wie ein Spielzeug auf, drehte uns lustig wohl ein Dutzend Mal in dem wirbelnden Trichter rum, dann ein leichter Stoß – „Fahr wohl" und schon waren wir draußen und sausten weiter. Von den Leuten aber, obwohl sie totenbleich starrten, fehlte keiner.

Alle hatten festgehalten und unsere gute Verschnürung auch. Selbst das Floß erwies sich noch fest und sicher. Ja, die gute Nixe! – Es war keine Loreley, welche die armen Schiffer auf den Fels laufen lässt – oder war es wieder die Maria gewesen? Ja, aber was nun? Die letzte Steuerstange hatten wir verloren und dort liegt wahrscheinlich wieder Floss 1, ja, wahrhaftig und winkt und winkt. Wir aber zeigen unsere Ohnmacht. Schon aber kommen die Retter angeschwommen. Die wilden Freunde ergreifen unsere Taue und ziehen uns, bis wir an der Seite von Nr. 1 verankert liegen.

„Ja, was machen Sie für kopflose Streiche," schreit uns unser Chef an. Doch ruhig erwiderte der rote Hamburger. „Tja, das ging sogar kopfüber. Die Elbe hat solche Tücken nicht. Kopflos ist es aber, auf einem unbekannten Fluss tollkühn loszufahren."- „Mir nicht zu viel. Wo aber bleibt Floß 3? Wir sahen es nach uns flottmachen, dann aber nichts mehr."

Schon aber waren einige unserer roten Freunde flussaufwärts gegangen, um auch da zu retten. Na, da saust es ja um die Kurve, dicht am Ufer, den Wasserfall vermeidend. Der Mexikaner verstand sein Fahrzeug zu handhaben. Mit elegantem Schwung legte er sich zur Seite. „Nun? Was wars denn?" – „Ja Herr, Ihrem Beispiel folgend, legten wir in der ersten Kurve an. Von da sahen wir Floß 2 mit der Strömung vergeblich kämpfend und dann wie es in der tobenden Flut verschwand. Wir glaubten es verunglückt. Darüber sind meine Leute so in Schreck geraten, daß sie schleunigst das Floß verließen, sie waren auch nicht mehr zu bewegen, die Fahrt fortzusetzen. Besonders der Batschitscha (Italiener) erklärte, lieber in der Wildnis zu sterben, als dort elend zu ersaufen. Er ging wirklich fort in den Wald. Dann erst konnte ich langsam die übrigen überreden, weiterzufahren aber – bis hierher und nicht weiter!" „Was?" brauste der Chef, Don Alvino auf, „aber jetzt sofort fahren wir weiter, Zeit genug ist schon vertrödelt; seid Ihr Männer? Ihr seid mir verpflichtet! Ich bin Euer Chef und wer mir nicht folgt, bei Gott, ich schieße ihn totsicher nieder! Dem weggelaufenen Feigling überlassen wir seinem Schicksal, er wird nicht mehr aus der Wildnis entkommen. Und jetzt marsch, die Sachen auf die Flöße und los!"

In diesem Moment brachten zwei Rothäute den vermissten Italiener, über den sich nun der Zorn des Führers in kräftigen Worten ergoss. Der aber hielt ruhig stand und meinte schließlich trocken: "Wenn Sie, Don Alvino, mich erschießen wollen, so tun Sie das, mir liegt nicht gar viel an meinem Leben, aber Ihre Tollheiten, die uns alle in sicheres Verderben führen, mache ich nicht mehr mit."

Der Chef war bleich geworden bei diesen Worten, seine Hand krampfte sich um den Revolver. Dann aber drehte er sich kurz um zu seinen Leuten und schrie: "Sind noch mehr solcher Feiglinge unter Euch, so sollen sie sich melden, ich kann solche nicht in meinem Dienst brauchen, sie sind auf der Stelle entlassen!" Doch keiner meldete sich, alle machten sich zu schaffen, die Bagage auf die Balsas zu verladen. Aber ein neues Hindernis stellte sich der Weiterfahrt entgegen.

Wiederholt schon hatten uns die Wilden aufgefordert, ihre Gastfreundschaft anzunehmen. Als sie nun die Vorbereitungen zur Weiterfahrt sahen, traten sie energisch dazwischen und ihr Huaire hielt eine eindringliche Rede, deren Worte wir zwar nicht verstanden, doch begriffen wir aus seinen Gesten, daß er es nicht verantworten könne, uns ziehen zu lassen, da es sicherer Tod sei. Er wies auf den in der Ferne schäumenden Wasserfall, den er für eine kleine Gefahr erklärte. Dann wies er nach unten nach einem hochragenden Felsen, dort sei eine große furchtbare Gefahr, dort sei der Tod, der uns die Flöße zermalmen würde.

Lange wehrte sich unser eigensinniger Chef, schliesslich, als auch seine Leute wider ihn murrten, gab er nach. Da führten die Wilden jauchzende Freudentänze auf. Doch nicht lange, dann griff alles zu und im Nu war unser Gepäck aufgenommen und nun führten sie uns im Triumph nach ihrem Dorf, wo sie uns in dem grossen Hauptwigwam verstauten. Alle waren so übermütig lustig, daß wir fast Misstrauen schöpften, ob sie uns nicht in eine Falle gelockt hätten, aber nein, ihre Freude und Freundschaft waren so ehrlich, so zutraulich, daß kein Verdacht bestand. Sie versorgten uns mit allem, was sie uns bieten konnten und zündeten abends das übliche grosse Feuer an. Es war ein Zelt aus leichtem Bambusrohr erbaut und mit Palmblättern eingeflochten und eingedeckt. Es machte einen sonderbaren Eindruck, da man doch durch solches Dach überall hindurchsieht, während selbst bei starkem Tropenregen, der wolkenbruchartig niederstürzt, selten ein Tropfen durchschlägt.

Bald hatte der ganze Stamm, dessen Zahl wir auf einige Hundert schätzten, uns umringt. Ungeniert traten sie zu uns ins Zelt, besahen, betasteten uns und unsere Gegenstände sehr genau, doch nicht das Geringste kam abhanden. Fanden sie eine Sache, die ihnen besonders gefiel, so fragten sie wohl: „Amico mancui?" (schenkt mein Freund mir das) und wenn man es ihnen gewährte, so tanzten sie jubelnd damit ab. Es genügte aber ein verneinendes Zeichen, so standen sie sofort davon ab. Mir ward Gelegenheit, ihre Ehrlichkeit noch besonders zu prüfen: Ich hatte einen hellfarbigen, leichten Poncho. Darin verliebte sich einer der Kerle, der mir durchaus keinen sympathischen Eindruck machte. Ich wies ihn ab. Er kam aber wieder und bat, ich möchte ihm das Kleidungsstück für 24 Stunden leihen, er wolle sich verheiraten. Da er gar so komisch rührend bat, gab ich schließlich lachend nach, obwohl es mir leid tat um den Mantel. Aber o Wunder! Genau nach 24 Stunden nach diesem Abkommen steht der Mann vor mir, doch nicht allein, neben ihm steht ein junges weibliches Wesen und die – hatte meinen Poncho an. Er stellte mir seine Frau vor, indem er sich mehrmals herumwirbelte.

Volle 10 Tage lagen wir im Quartier bei diesem gar glücklichen Volk. Ihr gewöhnliches Leben bestand darin, daß die Männer jagen und fischen gingen, während die Weiber alle häuslichen Arbeiten, selbst Brennholz machten. Sie kochten die von den Jägern erbeuteten Stücke neben Mais und Yucas auf eine eigene recht praktische Weise. In Tontöpfen, die sie selbst herstellen, wird alles mit gut berechnetem Wasser, jedoch ohne Salz halbgar gekocht, dann in die Glut der Feuerstelle gestellt. Nun werden die Tondeckel aufgelegt und dicht mit Lehm belegt, so daß kein Duft mehr entweichen kann, schliesslich wird alles mit Glut und Asche bedeckt. Ob nun die Männer früh oder spät zurückkommen, immer finden sie ein warmes, schmackhaftes Essen vor, dessen herrliches Aroma beim Öffnen der Töpfe mächtig den Appetit steigert. Jedenfalls sind diese Leute praktischer als unsere heimischen Kunstköche, die durch Waschen, Kochen und Brodeln erst den Speisen jedes Aroma und oft auch jeden Nährwert abtreiben, um es nachher wieder mit Salz und giftigen Gewürzen mundrecht zu machen.

Die Waldgänger sind aber nicht blos Jäger, sie legen sich auch Gemüse und Obstgärten, tief versteckt im Walde an, und zwar so, daß sie eine Fläche abholzen und dann bepflanzen. Dabei fangen sie im unteren Tale an und legen dann bis an die Höhen welche an. Dann fangen sie am unteren an abzuernten, wo sie gleich wieder pflanzen, um sich immer weiter nach oben zu verziehen, immer erntend, immer pflanzend. So haben sie immer Vorrat, denn die Jagd wird immer geringer und oft führt das Überschreiten ihres Gebietes zu blutigen Kriegen.

Keineswegs aber waren wir müßig gewesen. Täglich gingen unter Führung der Einheimischen Expeditionen nach allen Seiten aus, um die Gegend nach Kautschuk und Gummibäumen abzusuchen, welche uns die Wilden willig zeigten. Das Ergebnis aber war, daß diese Bäume zu vereinzelt vorkamen, um eine ernste Ausbeutung lohnend zu machen. An einem Tage kamen zwei der Jäger sehr geheimnisvoll zu mir und bedeuteten mir, meine Mauser mitzunehmen und fort gings in den grünen Wald. Aha, sie hatten die Spuren einer Vacaanta (Tapir) gefunden, dessen schmackhaftes Fleisch sie sehr schätzen, und nun gings immer diesen Spuren nach durch dick und dünn, durch Sumpf und Dornengestrüpp. Wie die Schlangen glitten die schlanken nackten Leiber unter den Büschen fort, wo ich mir mühsam einen Durchbruch erzwingen musste. Immer wieder musste ich rufen, denn jeden Augenblick waren sie mir entschwunden und ich in Gefahr, mich in dem Wald zu verlieren, aus dem ich ja niemals mehr hinausgefunden hätte. Schon hatten wir so stundenlang gepirscht, ohne Erfolg, die Spuren oft verloren. Aber der Scharfsinn der Spürer fand sie stets wieder, bis wir an einen Fluß kamen, wo sich jede Spur verlor.

Missmutig gingen wir zurück, nach anderer Beute ausschauend. Plötzlich fasste mich einer meiner Begleiter hart an die Schulter und drückte mich hinter einen Baum, während er sich auch hinduckte. Dann zeigt er verstohlen auf einen etwas 30 Schritt vor uns aufragenden Baum, der mit mächtig ausladenden Zweigen eine Lichtung beschattete. Ich konnte dort nichts entdecken, während der andere vor Aufregung zitterte, ich lugte, sah aber nichts. Da plötzlich sah ich auf einem der kolossalen Äste des Baumes einen Tiger liegen, hingestreckt in unbeweglicher Ruhe, aber doch hinschielend nach unserem Versteck. Ihn sehen und meine Mauser an die Backe reißend, war eins. Doch wurde mir die Waffe im selben Moment niedergedrückt von meinem mich flehend ängstlich anschauenden Begleiter.

Mich empörte das. Was, mein erster Tiger, auf die Entfernung ein todsicherer Schuss! Unwillig bäumte ich auf. Da legte mir der zweite Indianer die Hand auf den Kopf und bog sich dicht an den Stamm. Mit geübter Hand straffte er die Sehne seines Bogens und legte einen lächerlich kleinen Pfeil mit grüner Spitze auf. Dann straffte sich sein ganzer Körper wie die Sehne – er zielte – jetzt wollte ich ihn hindern, er würde doch nur die Bestie reizen, doch schon schwirrte der Pfeil und saß gleich darauf dem ruhenden Tier in der Schulter. Kaum merklich zuckte dieses das Fell, ohne sich auch nur umzusehen. Jetzt wollte ich aber zeigen, wie eine Mauserkugel doch besser arbeitet. Doch – da bewegt sich der Tiger – nein, er fällt wie ein Sandsack quer von dem Ast herunter und bleibt im Kraut regungslos liegen. Nanu? Vorsichtig warteten die Jäger noch einige Minuten, dann gingen wir heran – in Totenstarre lag bereits der gefährliche Räuber. Der kleine Pfeil war mit seiner Spitze kaum 1 cm durch die Haut gedrungen, aber die grüne Spitze enthielt ein blitzartig tötendes Gift. Gern wollte ich näheres darüber erfahren, aber die schmalen Lippen verrieten das Geheimnis der furchtbarsten Waffe nicht.

„Es hilft nicht, wir müssen weiter stromabwärts", erklärte unser Chef, „bis wir Kautschuk genügend finden. Unsere ganze Reise wäre ja sonst zwecklos und unnütz. Aber diese feige Bande führe ich keinen Schritt weiter, mögen sie umkehren oder hier liegen bleiben, mir ist es gleichgültig. Ich aber gehe morgen los, wer aber unter Euch ein tapferer Kerl ist, der mag mich begleiten. Ich will nur freiwillige Männer." Sechs Mann traten vor, lauter Ausländer, schliesslich auch noch der Bolivianer, der ja sein eigentlicher Leibbursche war.

Nun gab er unseren Gastgebern seine Absicht zu verstehen. Diese schüttelten zwar traurig die Köpfe, erklärten aber doch, daß sie uns führen würden. Die Frühe des nächsten Morgens fand uns 8 Mann hoch, wohlbewaffnet, gut verproviantiert und ziemlich schwer bepackt auf dem Weg zum Fluss, während sich die Zurückbleibenden in Aussicht auf schöne Ruhetage wohlig reckten.

Mittlerweile waren wir an den Fluss gekommen. Rasch war ein Floss flottgemacht und von den geschickten Ruderern der Wilden geleitet, trug es uns willig quer über den breiten Strom. Warum nicht stromabwärts? Am jenseitigen Ufer ging der Marsch weiter durch eine Ebene, dann aufwärts einen steilen, gar hohen Berg hinan. Schon waren wir, furchtbar schwitzend, stundenlang gestiegen und noch war kein Ende abzusehen. Da wurden wir verdriesslich und wollten wissen, wohin die Fahrt ginge; wir wollten doch am Fluss abwärts reisen und nicht in die Wolken steigen. Als die Guias (Führer) unseren Unmut sahen, änderten sie die Richtung und führten uns am Berg entlang in der Richtung des Flusses. Dann hielten sie an und zeigten in die Tiefe. Und wir schauten hinab und sahen in einen Hexenkessel, gebildet von den beiderseitig schroff an den Fluss tretenden Bergen, die nur für den breiten Fluss einen schmalen Kanal liessen, in den sich die Gewässer in einem gigantischen

Wasserfall tosend in die Tiefe stürzten, wo sie mit furchtbarer Wucht gegen die Felsen tobten, alles in weißen Gischt, Schaum und Nebel hüllend. Schaudernd sahen wir in dies furchtbare Grab.

Dabei ward es uns klar, warum unsere Freunde sich so energisch der Fortsetzung unserer Fahrt widersetzt hatten. Sie waren wirklich edle Menschen. Ohne ein Wort zu verlieren, wandten sich jetzt die Guias und schweigend folgten wir. Auch das hatten wir begriffen, daß es flussab nur diesen Weg über die Kuppe des eisernen Tores gab. Und immer höher gings, wir hatten uns nass und wieder trocken geschwitzt und waren vollkommen ausgedörrt, da uns an dem steilen Berg nirgends eine Quelle labte.

Vollständig erschöpft kamen wir nach 5 Stunden stetigen Wanderns oben an. Die Wilden waren so frisch wie zu Anfang. Wir hatten ja schon früher, noch in Begleitung unserer Träger, gar manchen Berg übersteigen müssen. Es war aber immer ein Martyrium gewesen, konnten wir den Leuten kein Wasser beschaffen.

Alle halbe Stunde mussten sie ausruhen, dann stopften sie sich das Maul voll von den Cocablättern, was ihre Leidenschaft ist, wie dem Matrosen der Kautabak. Kräfte soll es ihnen geben und Ausdauer, Durst und Hunger soll es hinhalten. Ich fand, daß es arge Täuschung sei, denn die Ausländer, die doch gleichfalls bepackt, mit ihnen Schritt hielten, ihnen auch noch die Hindernisse aus dem Wege räumten, leisteten ohne die Coca ganz entschieden mehr an Ausdauer als diese arbeitsgewohnten Indianer.

Oben legten wir uns in den Schatten und wollten frühstücken, doch brachten wir nichts über den brennenden Gaumen hinunter. Ah – da unten, weit unten glitzert es wie schmales Silberband – der Strom! Also auf – hinunter! Zu unserem Erstaunen fanden wir auf dem hier sanft abfallenden Bergrücken eine breite Schneise eingehauen. Als wir den Guia danach fragten, nahm dieser eine militärische Haltung an und machte die Bewegung des Abschlagens. Also Militär war hier gewesen? Als wir dann unten auf der Plaiya (Flussufer) ankamen, sagten die Führer sehr ernst: „Plaiya de la Torre." Dann erzählten sie uns eine Geschichte, die wir leicht verstanden, weil wir sie schon kannten, wenn auch etwas anders. Vor einigen Jahren hatte der Präfekt von Cusco eine Expedition Soldaten ausgerüstet, hatte denselben Weg gemacht wie wir, bis zu dieser Plaiya, war aber nicht mehr zurückgekehrt, wohl aber seine Soldaten. Diese erzählten, ihr Coronel sei von den Tschuntschos (Wilden) ermordet worden durch Pfeilschüsse aus dem Hinterhalt. Der Wilde aber beteuerte, daß die Soldaten selbst ihren Anführer ermordet hätten, weil sie in ihrer Feigheit nicht hätten weiter in die Tschuntschada (Gebiet der Wilden) hinein wollen. Wir trauten den Worten des Wilden.

An der Plaiya war es so heiß, daß wir uns an den Steinen die Füsse verbrannten. Das Thermometer zeigte über 50 Grad Celsius. Wir lagerten uns deswegen wieder im Schatten, um erst später zu marschieren. Wer beschreibt aber unser frohes Erstaunen, als eine Anzahl Canoes bei uns anlegten, von den Freunden geleitet, die uns nun in ihre Boote packten und uns stromab führten. Voll frohen Mutes liessen wir uns diesen neuen Liebesbeweis gefallen, der uns rasch ans Ziel brachte.

Als wir wieder Land unter die Füsse bekamen, war es schon spät abends. Stand da am Ufer ein kleiner, dicker, alter Herr, den alle mit grosser Ehrfurcht grüssten. Was? Das also war der Fürst? Er sah so gar nicht aristokratisch aus, daß er eher unsere Lachlust als Ehrfurcht erregte. Er blickte aber gar grimmig drein und als wir ihm nun Gruss und Geschenke boten, hauchte er uns zornig an, ohne etwas anzunehmen. Dann fing er an, mit unseren Huaires zu krakelen,

87

indem er mehrfach auf uns wies, die er anscheinend zu allen Teufeln wünschte. Das war ein netter Empfang! Unsere Freunde waren ganz still und klein geworden. Sie wiesen uns noch ein offenes Schutzdach, dann waren sie in ihren Booten spurlos verschwunden. Uns blieb nur die ungemütliche Gesellschaft des knurrigen Alten, der sich uns grad gegenüber, nur durch einen Bach von uns getrennt, in einer Palmhütte niederließ. Dort lag er die ganze Nacht am Feuer, das drei Weiber schürten, als müsste er uns bewachen.

Wir wachten auch, abwechselnd, denn die ganze Geschichte kam uns wenig vertrauenswürdig vor. Warum war der alte Häuptling so erbost? Eigentlich passte er zu unseren großen, edelgewachsenen Freunden wie der Harlekin zum Zirkusreiter. Warum war gerade er der Befehlshaber? Vielleicht weil er eine fast weiße Hautfarbe hatte? War auch er ausländischen Blutes? Es war uns bei den Sireneros schon aufgefallen, daß einige, wenn sie aus dem Bad kamen, eine auffallend helle Hautfarbe aufwiesen. Hatten sie sich dann aber wieder mit ihren Farben bemalt, ich möchte sagen bekleidet, so sah man wenig Unterschied.
In Cusco wurde behauptet, daß schon mehrfach Europäer sich dem Stamm angeschlossen hätten. Wir konnten aber den eigentlichen Grund des Phänomens nicht feststellen.

Bei Tagesanbruch kam der Alte zu uns herüber, jetzt vollkommen ruhig, und machte uns klar, daß wir hier umkehren müssten.
„Ach was, umkehren! Wir reisen abwärts, bis wir genügend Kautschuk finden, und wo man uns nicht im Guten durchlässt, da brauchen wir unsere Waffen!" Geringschätzig schaute der Fürst auf unsere Pusterohre, dann bedeckte er eins davon mit Sand und gab uns zu verstehen, daß da unten so viele Feinde wären wie Sand und daß diese uns rasch begraben würden, da sie gerade Krieg führten. Liefen

wir wieder einer grossen Gefahr entgegen? Wir mussten es glauben, denn was konnte der zornige Alte, durch dessen Gebiet wir nun schon hindurch waren, sonst für einen Grund haben, als das edelmütige Bestreben, uns vor Untergang zu schützen? Es wurde unserem Chef unendlich schwer, so ohne Erfolg zurückzugehen. Doch was halfs? Als er nun aber nachgab und entschlossen stromaufwärts zeigte, trat helle Freude in das Gesicht des Häuptlings. Dann liess er einen gellenden Pfiff hören und – heiliger Schrecken! Schon stiessen eine Menge Canoes von der anderen Seite des Flusses zu uns herüber, der ganze Fluss war im Nu belebt. Allen voran unsere Freunde, die uns mit Jubel begrüßten, die im Nu unsere Sachen gepackt und in ihren Booten verstaut hatten. Erst beim Abschied liess sich der edle, uneigennützige Fürst einige Geschenke aufdrängen, noch einmal zeigte er auf den dunklen Wald da unten, wobei er die Gebärde des Halsabschneidens wiederholte. Er wies auf die aufgehende Sonne und wünschte gute Fahrt.

Dann pullten die kleinen, runden Ruder die schwergeladenen Einbäume, die so leicht kippen, mit einer grandiosen Geschicklichkeit dicht am Ufer den Fluss hinauf. Oft mussten sie der Felsen oder Stromschnellen halber den Strom durchqueren, wobei es uns jedes Mal schwül zu Mut wurde. Oft auch mussten wir aussteigen, um starke Strudel zu umgehen. Dann schleiften die Canoes über Land, oft über höhere Bodenwellen, um oberhalb des Strudels wieder flott zu machen. Nur die äußerst geschickten Eingeborenen, die ihre Wasserläufe genau kannten, konnten mit Erfolg solches Reisen unternehmen. Wo wären wir mit unseren Flössen geblieben?

Zwei Tage dauerte dieses zweifelhafte Vergnügen, dann hörten wir wieder den dumpfen Donner der großen Cascade. Vor uns lag wieder das eiserne Tor und der hohe Berg, den wir wieder übersteigen mussten. Diesmal waren wir am rechten Flussufer. Als wir den Berg erklommen hatten, bat mich Alvino, mit dem Hamburger einen Richtweg zu nehmen, auf unser zurückgelassenes Lager, damit sofort gepackt und abgerüstet würde; er wollte nun keine Stunde mehr verlieren. Gut, wir steigen den Berg hinab. Es war ja ein prächtiger Spaziergang, aber die Sonne sank und die rasch einfallende Nacht hemmte unseren Lauf. Da spannten wir unsere Hängematten und schliefen traum- und ahnungslos bis zum Morgen.

Als ich die Augen aufschlug, blickte ich in die herrlich aufgehende Sonne, die mit rosigen Nebeln die Spitzen der Bäume einhüllte. Gleich darauf sah ich eine Bewegung im Busch. War da nicht eine Rothaut? Da – jetzt wieder – hinter jenen dicken Bäumen, und als ich nun den Blick in die Runde schweifen ließ, sah ich überall gedeckt bewaffnete Wilde. Vorsichtig weckte ich den Kameraden.

„Ruhig, wir sind umstellt." „Ja, was heisst denn das?" – „Nur ruhig Blut!" Gemächlich krabbelten wir uns heraus, legten unsere Gewehre auf den Boden und winkten gebieterisch den Führer der Truppe heran. Auch er legte seinen Bogen nieder und kam näher.

Es waren aber lauter Fremde, die uns nicht kannten. Umsonst redeten wir ihnen von Tuyeneres, von Huaires und Amigos vor. Sie begriffen nicht, schlossen uns in einen engen Kreis, setzten sich in Marsch und zwangen uns, mit ihnen zu gehen. Sie schlugen aber eine andere Richtung ein, als uns lieb war, und wir protestierten aufs Neue, was aber nur zur Folge hatte, daß sie immer ernster wurden, immer schneller marschierten. Wir waren Gefangene. Wohin nun die Fahrt? Da – ein unerwarteter Halt. Uns entgegen trat ein anderer Trupp von 6 Mann, unter denen wir zu unserer großen Freude den Gemahl Santussas erkannten. Nun entspann sich eine lebhafte Debatte, wobei es schien, als wollte es zu Tätlichkeiten kommen. Dann hatte man sich aber geeinigt, zu unseren Gunsten. Wir wurden unseren Freunden ausgeliefert und befanden uns einige Stunden später im Lager.

„Auf, - vorwärts – packen!" erklang der Befehl. Das gefiel den Leuten nicht sonderlich, sie hatten gute Tage gehabt. Um so mehr den Gastgebern, die längst mit Unmut auf die Unordnung und Schmutzerei der Peruaner sahen. Die Eingeborenen, die selbst peinlich ordnungs- und reinlichkeitsliebend waren, gaben uns zu verstehen, daß wir ihnen stets willkommen sein würden, daß wir aber die Peruaner nicht mehr mitbringen sollten.

Also heimwärts! Die ersten Tage konnten wir für unsere Bagage noch die Flösse benutzen, die wir mit großer Mühe am Ufer entlang flussaufwärts zogen. Dann mussten wir alles, was nun noch da war, auf den Buckel schnallen, aber wir hatten doch offenen Weg, so daß wir zur Rückreise kaum die Hälfte der Zeit brauchten wie zum Einmarsch.

An der letzten Pflanzung vor dem Aufstieg über die Cordillera machten wir einen Rasttag. Dort hatten wir ein junges Rind gelassen, das nun geschlachtet wurde. Die ganze Zeit hindurch hatten die Leute nur Trockenfleisch gehabt, das ich natürlich nicht anrührte. Meine Nahrung war Frucht, wo ich die haben konnte. Sonst tat ich mich gütig an Yucas, Mais und Schrotmehl. Dabei war ich gesund und stark geblieben, zur großen Verwunderung der Peruaner, bei denen sich manchmal trotz des vielen Schwitzens ihr unreines Blut in Fieber, Anschwellungen und offenen Wunden zeigte. Heute aber waren alle fröhlich gestimmt, es gab ja nach so langer Entbehrung frisches Fleisch – köstlich! Auch das tat ich nicht mit und wurde ausgelacht. Am anderen Morgen hatte ich schon Ursache, die Schlemmer auszulachen. Es war aber nur zum Weinen, wie die Kerle sich da wälzten. Die meisten hatten heftig Kolik, anderen war der Kopf schwer vom reichlich genossenen Canjasso (Zuckerschnaps). Der Chef war am Verzweifeln. Er hatte Nachricht vorgefunden, daß seine Lieblingstochter in Arequipa erkrankt sei und nun litt es ihn nicht, er musste fort. Aber die Leute erklärten, nicht marschieren zu können.

„Wer begleitet mich freiwillig, ich muss nach Hause?" Ich war dabei, auch der Hamburger und sein Bursche. Schon war es Mittag. Eiligst brachen wir auf, wir würden die Höhen noch erreichen. Aber der Weg war durchweicht, es regnete. Bis wir den Aufstieg erreichten, empfing uns die schwarze Waldnacht. Kein Schutz, kein Lager, kein Feuer – und nichts zu essen.

„Verfluchter Bursche, wo ist das Fleisch, das Du mitnahmst?" – „Ach Herr, bei dem raschen Marschieren und der Übelkeit, die ich hatte, konnte ich es nicht mehr tragen und warf es fort." – „Na, macht nichts, dafür haben wir gestern geschlemmt. Auch mir ist noch übel. Es ist gut, wenn wir nun fasten!" Jeder suchte sich einen Platz zwischen den Baumwurzeln, um zu dösen, bis der Tag anbrach. Es war hier ja noch leidlich warm.

Beim ersten Grauen gings dann weiter. Mit letzter Kraft wurde der 7 Stunden während Aufstieg genommen – dann sanken wir schlapp ins Gras. „Kerls, wir müssen weiter, hilft alles nichts!"

„Ja, Herr, aber wir haben seit dreissig Stunden nichts gegessen und Sie laufen wie besessen – halt der Teufel das aus!" Da schnürte ich meinen Tornister auf und entnahm ihm eine Dose Schrotmehl mit Zucker gemischt. Es war meine eiserne Ration, die ich mit mir trug auf allen meinen Zügen. Ich lud nun die Kameraden zu dem frugalen Mahl ein. Hei, wie das schmeckte! Es war nicht genug für Vier, um satt zu werden, trotzdem fühlten sich alle so wunderbar gestärkt, daß wir nach kurzer Rast fröhlich aufsprangen und weiterliefen. Wir liefen, es ging ja nun bergab, und wir hatten noch einen weiten Weg bis nach Paucartambo, das musste aber geschafft werden. Bald ging es trotzdem langsamer – Don Alvino konnte nicht mehr mit. Als dann wieder die Sonne zu Rüste ging schlug ich vor, in einer Hütte zu nächtigen.

„Um Gotteswillen – nein – hin müssen wir, und wenn wir die ganze Nacht marschieren, denkt an mein Kind!" Aber unerbittlich hüllte uns die schwarze Regennacht wieder ein. Dichte Finsternis. Wir kraxelten an einem steilen klitschigen Bergabhang, ohne Pfad, wo jeder Fehltritt uns in die gähnende Tiefe stürzen konnte. Auf einmal setzte sich Don Alvino und stöhnte.
„Ich kann nicht mehr." Dann fing der starke Mann, den wir bei aller Gefahr, bei den schlimmsten Strapazen keinen Moment schwach gesehen an zu weinen und zu schluchzen: "Mein Kind, mein Kind!" Ergriffen umstanden wir ihn, aber das war ja mehr Wahnsinn. Der Brief war schon 2 Wochen alt, mindestens 1 Woche brauchte er noch, bis er heimkam. Konnte die Kranke bis dahin nicht längst gesund, oder auch schon tot sein? Sich selbst und uns aber brachte er durch seine übermässige Eile in schwere Lebens- oder Krankheitsgefahr. Doch sagte keiner ein Wort. Alle setzten wir uns dicht neben ihn, mit dem Rücken fest gegeneinander, um Wärme zu halten, denn wir hatten keinen Schutz in der eisigen Höhe, wo der Schneewind uns den Regen eindringlich durch die Kleider peitschte.

Als aber endlich der Morgen graute, erkannten wir erst die ganze Gefahr unserer Lage: Wären wir nur noch wenig weiter getappt, so wäre ein Absturz unvermeidlich gewesen. Unsere Glieder waren dermaßen erstarrt, daß es eine Weile brauchte, bis wir wieder gehen konnten. Dann aber gings wieder schnell bergab. Mehrere eiskalte Flüsse mussten wir noch durchqueren. Endlich, um 7 Uhr morgens, ausgehungert und verfroren, kamen wir ins Dorf. Rasch etwas Heißes! In Tassen wurde uns etwas Dampfendes aufgetragen. Es wurde hastig getrunken. Ah, das tat gut! Ein

Hohngelächter beglückwünschte mich, daß ich nun doch Wasser mit Schnaps getrunken hatte. Dann gabs auch etwas Warmes zu essen und ohne zu fragen, aß ich mit. „Mein Herr, das war vom Schwein." „Einerlei, der Hunger treibts hinein."

Schon aber stampften die Reittiere vor der Türe. Auf nach Cusco in vollem Trab! Jesus Maria – da habe ich aber ein Vieh erwischt, das kann nicht mit; zu Fuß wäre ich weitergekommen. Bald blieb ich weit zurück. Keiner sah sich nach mir um. Schritt um Schritt nur kam ich weiter. Die Ungeduld ließ mich absteigen. Wollte ich aber das Tier ziehen, so stemmte es sich zurück, trieb ich es vor mir her, lief es in Feld- und Seitenwege. Es war zum Verzweifeln. Erst am nächsten Tage erreichte ich halbtot Cusco. Don Alvino war längst weiter – ich sah ihn nie wieder.

Idealstadt

Als ich von meiner Urwaldreise zurückkam nach Cusco, war der erste, der mich erwartete mein Freund Tim, der Begründer der Idealkolonie. Vorläufig bestand diese allerdings erst aus Adam und Eva, die sich in einem idealen Tal ein Stück Land von einem Landsmann erworben und sich dort angesiedelt hatten. Tim empfing mich mit Vorwürfen, daß ich nicht gleich zu ihm gereist sei.
„Denn," meint er „von unseren Gesinnungsgenossen darf keiner verloren gehen. Alle müssen sich in der neuen Idealheimat fest vereinen, um unsere herrlichen Ideen, die das Christentum weit überragen, in glorreiche Wirklichkeit zu verkörpern. Besonders darf dabei mein Freund Juan als heller Kopf und tatkräftiger Mann nicht fehlen." Schon hatte er ein paar tüchtige Maultiere angeschafft und einen

Treiber verpflichtet, dann ging es ohne Aufenthalt dem Lande der Verheissung entgegen.

Freilich hatten wir vorerst die Cordillera zu übersteigen und das Wetter bot uns keineswegs freundlichen Willkommgruß. Je höher wir stiegen, desto schlimmer setzten uns Regen und Schnee zu, so daß wir bald auf unseren Reittieren durchnässt vor Kälte klapperten. Endlich hatten wir die Höhe erreicht. Da überließen wir die Tiere ihrem Führer, um uns im Gehen zu erwärmen. So gelangten wir denn gegen 4 Uhr nachmittags aus der gänzlich unbewohnten Höhenregion an eine Indianerhütte, wo wir uns dankbar an heißem Kaffee und Pellkartoffeln labten. Wo aber konnten wir schlafen? Unser Hotel bestand aus einer Rohrhütte mit Strohdach und einem einzigen Binnenraum, wo aber der Landmann mit seiner Familie und seinem ganzen Hausrat hauste. Blieb also für die Gäste lediglich nur die Veranda, die nur einen schmalen Erdstreifen vor dem Regen schützte. Einige schmutzige Schaffelle bot uns zwar der mitleidige Indianer zur Unterlage an, unsere Decken aber lagen auf den Reittieren unter dem Sattel und waren zudem nass, und die ermüdeten Tiere waren weit zurück geblieben mit dem Knecht. Das waren bei unserem durchweichten Zustand ungemütliche Aussichten; es fror uns jämmerlich.

„Ach, was, gehen wir weiter," schlug Tim vor. „weiter abwärts wird es wärmer, den Weg kenne ich." – „Aber es wird dunkel," warnte der Indianer, „der Weg ist schlecht und gefährlich." Doch schon hatten wir uns ein paar kräftige Stöcke geschnitten und stapften vorwärts.

Es ging auch ganz gut, so lange wir noch an den Grashängen hin marschierten, doch nahm uns bald der Wald auf in seinen dunkler und schwärzer werdenden Schatten. Tim hatte mutig die Führung übernommen. Er kannte ja den Weg, aber mehr als einmal verlor er ihn unter den Füssen und krabbelte dann zwischen den heller scheinenden Kieseln in die Bäche herum, bis er verzweifelt rief:

„Mensch, ich glaube, ich bin nachtblind. Ich merke, Du siehst besser, übernimm Du die Führung." Nachtblind war ich freilich auch, d. h. ich sah bald in der pechschwarzen Finsternis nicht mehr die Hand vor Augen, geschweige den Weg, aber ich tastete mit dem Stock den schmalen Pfad ab und setzte den Fuß nach Schall, worin ich bald so sicher wurde, daß wir doch leidlich vorwärtskamen und Tim, der mich am Rockzipfel hielt, verwundert fragte:

„Ja, siehst Du denn den Weg?" Unmöglich! Doch es kam noch besser. Bald sah ich wirklich vor mir einen helleren Streifen schimmern, dem ich, ohne noch den Stock zu brauchen, getrost nachging. Sah ich wirklich etwas? Nein, denn wenn ich die Augen schloss, erschien der helle Streifen nur um so deutlicher in meinem Bewusstsein, so daß ich selbst höchst erstaunt darüber war. Was das aber für ein Weg war, den wir da gingen in tiefer Nacht, an welch furchtbaren Abgründen und tiefen Sümpfen entlang, über welch schmale Stege und Dämme, welche halsbrechende Felsenstiege wir hinauf- und hinabgeklettert waren, das sah ich erst, als ich später denselben Weg zurückritt und an hellen Tagen mehr Angst verspürte als an jenem Nachtmarsch.

Dass wir uns einmal total verirrt glaubten, sei auch erwähnt. An unserer rechten Seite begleitete uns ein ziemlich stark rauschender Wildbach. Auf einmal fiel es mir auf, daß nun das Rauschen von links an unser Ohr drang. Demnach müssten wir ja umgekehrt sein. Die Lösung des Rätsels aber fand sich, als wir noch eine Zeitlang stark bergab vorwärts tappten. Da fanden wir uns nämlich im Winkel zwischen 2 Flüssen, hatten nun also das Rauschen an beiden Seiten. Aber wo blieb unser Weg? Eine Brücke war nicht da. Durch welche der beiden brüllenden Bäche mussten wir waten?

Wir wählten auf gut Glück den von links. Sehen konnten wir nichts. Unsere Streichhölzer waren so nass wie wir selbst. Tim wollte Licht schiessen, mit seinem Pistol, dessen Blitz aber nichts erkennen ließ. Also durch! Glücklich fanden wir drüben auch unseren Weg wieder und tappten weiter ohne gewiss zu sein, nicht in ein falsches Tal zu geraten. Als endlich der Morgen graute, sahen wir uns auf einer wankenden Holzbrücke, die uns über den großen Bach führte. Dort hätten wir nun gern ein bisschen geruht, doch war die nasse Kälte noch zu schneidend, so daß wir bald weiterliefen. Gegen 10 Uhr fanden wir endlich wieder eine Hütte, deren alte Bewohnerin wir um etwas Warmes bestürmten. Vergeblich – sie konnte oder wollte nichts geben. Schliesslich fanden wir in ihrem Garten ein paar unreife Ananas, über die wir heißhungrig herfielen. Nun hatten wir noch einen festen Marsch vor uns, der uns bei unserem durchweichten, schiefgetretenen Schuhzeug recht beschwerlich wurde, denn nun wurde es wirklich warm und wärmer. Endlich, am Abend des dritten Marschtages langten wir bei der Eva unseres neuen Paradieses an.

Diese Eva war ein liebenswürdiges, sanftes Geschöpf. Die Tochter eines reichen deutschen Krämers in Chile, sie hatte ihre Familie verlassen, um ihrem Ehegemahl durch dick und dünn zu folgen, all seine oft recht verwunderlichen Ideen zu den ihren zu machen und schliesslich hier, an der Grenze der Wildnis, auf diesem allerdings gut ausgesuchten Erdenfleck zu landen und mit ihm glücklich zu sein. Jetzt hatte sie uns seit 14 Tagen allein gelassen, mit der ganzen Sehnsucht eines liebenden Weibes erwartet und war überglücklich, als wir angehumpelt kamen. Die ersten Tage verstrichen auch in glücklichem Frieden unter Erzählen von Erlebnissen, wobei wir unsere arg zerschundenen Füsse wieder gesundpflegten.

Dann wurden Exkursionen auf dem kleinen Eigentum unternommen, welches eine fruchtbare Ebene, geeignet für etwas Garten und Berggelände mit ein wenig Wald und einem hellen Flüsschen aufwies. Auf dem Hügel war das neue Schloss, das heißt eine Rohrhütte nach Landesart errichtet. Von der aber nur Regenschutz verlangt wurde, da das herrliche Klima den Aufenthalt im Freien sowohl bei Tag als bei Nacht äußerst angenehm machte. Witterungsexstreme, wie grosse Kälte oder Wärme, Sturm, Hagelschlag, Erdbeben, selbst die Plagen der intimeren Tropen, waren hier fast ausgeschlossen. Wer wollte hier nicht freifröhlich aufatmen, besonders wo man gleichzeitig dem Banne der Geldzivilisation entronnen war! Wenn man sich da in warmer Sonne oder im Schatten des Baumes so wohlig ausstrecken konnte, mochte man sich leicht einreden, wirklich im Paradies zu schwelgen. Auch die Kost war für Vegetarier ideal. Für wenig Geld kauften wir in der Nachbarschaft die wohlschmeckendsten Früchte wie Bananen, Paltas, Cheremoyas, Granadillas u.a. Hatten wir Lust auf Gekochtes, so standen uns gar mancherlei Korn- und Knollenfrüchte zur Verfügung. Kurz, wir lebten wie im Schlaraffenland.

Jedoch konnte das immer so bleiben? Es würden mehr und mehr unserer Gesinnungsgenossen nachkommen. Wovon sollten sie alle leben? Wenn auch alles billig war, musste doch der Zeitpunkt kommen, wo unsere Gelder verbraucht waren. Konnten wir bis dahin nicht selbst genügend produzieren auf eigenem Boden, so drohte Mangel und damit der Zerfall unseres Unternehmens. Ich teilte den Freunden meine Sorgen mit. Die aber lachten und meinten, das würde sich schon finden. Wenn wir in Zukunft nach unseren Grundsätzen leben würden, so würde es uns sicher an nichts fehlen. Das war mir wieder nicht ganz klar. Waren unsere Grundsätze auch ideal, so waren es doch eben vorläufige Ideale, die erst mit der Zeit in die Wirklichkeit umgesetzt werden konnten... Tim aber glaubte sich längst sicher, glaubte vor allem mit sich selbst fertig zu sein, hielt sich für einen vollkommenen Menschen, dessen Tun und Reden jetzt vorbildlich für jeden Nachkommenden sein musste.

Unsere Grundsätze, wie wir sie im Verein in Valparaiso formuliert hatten, waren in den Hauptzügen folgende:

Wir wollten in möglichst günstigem Klima, möglichst unabhängig vom Treiben der sogenannten Zivilisation eine Kolonie gründen, wo wir in Freiheit, Harmonie und geistiger und leiblicher Gesundheit ein naturgemäßes Leben führen konnten.

Unsere Aufgabe wollte sein, die Naturgesetze zu erforschen und unser Leben und Handeln damit in Einklang zu bringen.

Da wir den erniedrigenden, die höchsten Ideale des Menschen korrumpierenden Einfluss der Geldmacht erkannt hatten, wollten wir bestrebt sein, uns der Macht dieses Metallgötzen zu entziehen.

Wir erkannten an, daß es unwürdig eines Menschen wäre, einem anderen für Geld zu dienen oder seinem Mitmenschen für sein Geld zum Arbeitssklaven zu erniedrigen.

Wir wollten daher darnach streben, innerhalb unserer Gesellschaft durch eigene Arbeit alles zu erzeugen, was eines einfachen Lebens Notdurft und Wohlbefinden erheischt.

Jedes Mitglied war verpflichtet, seine ganze körperliche und geistige Kraft in den Dienst der Gesellschaft zu stellen, wofür diese ihm alles geben sollte, was ein gesundes, frohes und tatkräftiges Leben an Bedürfnissen erfordert.

Eine Nachkommenschaft sollte herangezogen werden, die nach allen praktischen, naturgemäßen Regeln erzogen, unsere hohen Ideale in für sie nun selbstverständliche

Taten und Sitten umsetzen und zu schöner Vollendung führen sollte, um den Grundstock zu neuem menschenwürdigem Dasein zu bilden und später durch ihr Beispiel andere zu belehren.

Die aufstellten Sätze sollten weder Dogmen noch Gesetze sein, sondern nur die einzuschlagende Richtung angeben, die ja nach Umständen unter das eherne Gesetz der Notwendigkeit gestellt, zu vervollkommnen wäre.

Auch ich hatte diese, allerdings hochfliegenden Ideen als würdige Ziele eines würdigen Menschentums anerkannt und war von ganzem Herzen bereit, mit aller Kraft für die Verwirklichung dieser Ideale mich einzusetzen. Ich verhehlte mir jedoch nicht, daß wir, die in allen Bräuchen und Übelständen unserer Zivilisation Erzogenen, mit ungeheuren Schwierigkeiten kämpfen mussten.

Schon längst hatte ich mir, als arbeitsgewohnter Mann, Werkzeuge zur Bearbeitung des Bodens zugelegt und arbeitete, wie Tim sich ausdrückte, für 7 Wilde, während der arbeitsungewohnte Professor der schönen Künste und seine Frau mich herzlich wenig unterstützten. Bald einsehend, daß mit meiner Kraft allein nichts getan war, schlug ich vor, einige Indianer als Arbeiter einzustellen, um das Land wenigstens so weit zu kultivieren, daß wir es besäen und das Nötigste produzieren konnten. Da reckte sich der Prophet hoch auf und zieh mich der Rückständigkeit, weil unsere Grundsätze doch verbieten, andere Menschenbrüder für Geld arbeiten zu lassen und noch dazu mit eisernen Werkzeugen, deren Erzeugung in Fabriken mit Qual und Sklaverei anderer bedeute. Etwas unwirsch machte ich ihm klar, daß, wenn auch dies unser Ziel sei, uns doch die Notwendigkeit gebiete, vorerst Mittel zum Unterhalt zu schaffen.

„Unser Ziel ist auch, kein Geld zu dulden, und doch musst Du täglich welches gebrauchen, um Nahrung für uns zu beschaffen. Vergiss doch über die Ideen nicht die Wirklichkeit!" Da hatte ich es mit dem Propheten verdorben, er fing an, mich zu hassen.

Mittlerweile war ein neuer Gesinnungsgenosse, Don Teo aus Chile zu uns gestoßen und es galt jetzt diesem Freunde das Leben so angenehm zu machen, daß er sich in der neuen Umgebung wohlfühlen konnte. Teo, ein ruhiger, bescheidener Mensch, fand auch alles wunderschön. Nur die Rechthaberei unseres Propheten wollte auch ihm nicht behagen. Und schon in Kurzem kam es zu Meinungsverschiedenheiten, nicht wegen grosser Ideen, sondern um eine Kleinigkeit. Teo hatte Blumensamen mitgebracht und wollte diesen nun auf einem von mir hergerichteten Beete aussähen. Da fiel ihm Tim ins Werk, führte ihn an ein anderes Beet, wo eben die von ihm gepflanzten Krautbohnen aufgingen und belehrte ihn, daß so wie diese Bohnen alle in mathematisch genauen Linien und Abständen gesteckt seien, alles in unserem Garten in harmonischen Linien angelegt sein müsse, um den Schönheitssinn zu pflegen.
„Gut," meinte er dagegen, „bei deinen Bohnen ist das nicht nur schön, sondern auch praktisch, doch bei den Blumen soll man je nach der Art doch mehr die Phantasie walten lassen, um Schönheitseffekte zu erzielen." Nach ärgerlichem Hin und Her rief man mich als Schiedsrichter an. Ich aber entschied:

„Der Teo hat doch den Samen gebracht, so lassen wir ihm auch die Freude, ihn nach seiner Idee auszusäen. Macht er dabei Fehler, so wird ihm sein eigener Erfolg eines Besseren belehren." Da aber wallte der Zorn des Propheten wild gegen mich auf. Ich sei ein schlechter Verfechter unserer heiligen Grundsätze. Er redete sich so in Wut, daß er mich schliesslich einen abtrünnigen Ketzer nannte. Teo wie auch Tims Frau waren entsetzt über diesen ganz unbegründeten

101

Wutausbruch und suchten ihn zu beruhigen, was ihn nur noch mehr reizte. Ich aber hatte es längst kommen sehen, weil ich wusste, daß unter der zur Schau getragenen Freundesmaske verletzter Herrenstolz und Eigendünkel einen fanatischen Groll hegten, der nun so elementar zum Ausbruch kam. Als er sich ausgetobt hatte, reichte ich ihm die Hand und sagte:

„Tim, lass gut sein. Ich will deine Vorwürfe nicht gehört haben! Du weißt recht gut, daß im Brennpunkt unsere Ideen zusammentreffen. Über die Mittel und Wege zum Ziel werden aber bei Jedem die Meinungen verschieden sein. Es muss also Jedem die Freiheit gelassen werden, nach seinen eigenen Ideen und Kräften für das Gedeihen unseres Unternehmens zu wirken. Keiner aber darf das Recht beanspruchen, seine Ideen seinem Nächsten gewaltsam aufzudrängen." Da schäumte er aufs Neue auf:

„Was? Er sei der Vertreter der von allen als Ideale anerkannten Ideen und werde sie durchführen so oder so, und wer nicht mit ihm sei, der sei wider ihn, mit solchen Antichristen könne er nicht leben. Unvermittelt fragte er dann Teo und seine Frau: „An wessen Seite steht Ihr?" Beide erklärten ihm aber, daß er sich ganz unnötig aufgeregt habe, da doch nichts vorliege, was zu so scharfen Äußerungen berechtige. „Schön, ich stehe allein, habe Unrecht, also gehe ich!" Damit sauste er auch schon in langen Schritten den Berg hinunter, Richtung Hacienda Utuma, wo er dann von dem Eigentümer Karl Buchwald, ein weiteres Stück Land erstand und sofort anfing, sich eine Hütte zu errichten, um nur nicht mit uns, den Abtrünnigen, verkehren zu müssen. Natürlich packte sein getreues Weib nächsten Tages ihre Sachen, denn ihr Platz war doch an der Seite ihres geliebten Mannes.

Nun war ich mit Teo allein, der aber sehr betrübt war über den Bruch. Zumal er nicht an meiner Seite im Garten schaffen konnte, weil er wunde Füsse hatte, so daß er es vorzog, in der Hütte zu bleiben und sich zu pflegen. Heimlich war er aber doch dem geschiedenen Freund nachgegangen und hatte sich von ihm belehren lassen, was ich doch für ein gemeiner Mensch sein müsse, der gegen unsere heiligsten Grundsätze fehle, während er (Tim) doch nur für die erhabene Reinheit unserer hohen Ideen kämpfe. So dauerte es nur einige Tage, bis Teo mich, von der Arbeit kommend, zornig und aufgeregt mit den Worten empfing, daß er nun eingesehen habe, an welcher Seite das Rechte sei und daß Tim doch ein wahrhaft edler Charakter wäre.

Ich gab mir keine Mühe, diesen beschränkten Geist vom Gegenteil zu überzeugen und sagte ihm nur, daß es nun an mir wäre auszuscheiden, da ich mir nicht zutraue, gegen Wahnwitz und Dummheit zugleich zu kämpfen. Ich prophezeite ihm aber ach, daß der edle Charakter Tims den Untergang unseres Unternehmens rasch genug herbeiführen werde. Dann ließ ich den nun völlig Verblüfften stehen und ging meinerseits zum Landsmann, um ein Stück Grund zu kaufen. Ich wollte die Entwicklung der Dinge und meine Rechtfertigung abwarten.

Karl von Buchwald war schon vor längeren Jahren in Peru eingewandert. Er hatte ein Vermögen von 40 000 Mark mitgebracht in der Absicht, die dortigen Wälder auf Chinarinde auszubeuten. Dabei hatte er aber sein Vermögen verloren, weil er einem stärkeren Nebenbuhler ins Gehege geriet, der es nicht nur verstand, ihn von seiner Arbeit im Walde zu vertreiben, sondern ihn noch dazu in Anklagezustand versetzte. Wenig konnte es dem guten Landsmann dann nützen, daß er nach einigen Prozessjahren sein gutes Recht nachweisen konnte. Sein Kapital war hin, die Erzeugnisse seiner Arbeit gestohlen, während sein Gegner, ein verwegener Spanier, mittlerweile sich bereichert hatte und heimging.

Buchwald hatte dafür die Gunst einer Landesschönen gewonnen, die ihren Stammbaum auf die alten Incas zurückführte, jedoch nichts mehr von deren Geld besaß. Vereint mit dieser sehr tüchtigen arbeitssamen Prinzessin gelang es Don Carlos, sich mit Hilfe der Landwirtschaft wieder emporzuarbeiten und nun auf eigenem Grund und Boden zu schaffen. Zufrieden aber war er keineswegs, und als ich ihn um Überlassung einer Parzelle anging, meinte er, am liebsten würde er die ganze Farm verkaufen, da er es übersatt hätte, sich mit den widerwilligen, stumpfsinnigen Arbeitern herumzuschlagen und mit den Nachbarn fortwährend in Händeln und Prozessen zu liegen.

Daß ich nicht mit Tim auskäme, begriff er sehr gut, denn er hätte schon viele Überspannte und Verrückte kennen gelernt, aber so einer wäre ihm doch noch nicht vorgekommen. Unsere Idee, meinte er, wären ja an und für sich nicht übel, doch nicht von dieser Welt. Wenn aber einer den Boden der Wirklichkeit unter den Füssen verlöre, so blieben doch nur Luftschlösser übrig.

Von jetzt ab waren Buchwald und ich gute Freunde und seine Achtung stieg, als er sah, wie ich mein Grundstück eigenhändig kultivierte und mit allem Nötigen praktisch bepflanzte, während das Koloniegut ebenso rasch verwilderte. Dort war mittlerweile der Schullehrer Frank mit seiner Frau, einer sympathischen, kräftigen Person, angekommen. Natürlich behandelten mich auch diese, von Tim gestempelt, anfänglich als Luft oder als ein verächtliches Wesen, dessen nahe Nachbarschaft unangenehm wirkte, da sein schlimmes Beispiel doch eine stete Gefahr für die Kolonie bildete, so daß Tim wirklich schon vorschlug, weiter in die Wildnis zu ziehen. Teo war während dieser Zeit nicht nur ein getreuer und devoter Nachtreter und Nachbeter Tims geworden, er machte ebenso den gehorsamen Diener des Propheten.

Frank aber und besonders seine aufgeweckte Frau fanden denn doch dieses Verhältnis nicht würdig und erlaubten sich, gleich mir, dem Rebellen, eine eigene Meinung zu haben. Da war dann überraschend schnell der Krach wieder da. Der gute Teo, sich wieder zwischen zwei Feuer stehend, fand nun die Sache doch unleidsam, packte eines schönen Tages sein Bündel und – reiste von dannen. Die Übrigen, die beiden Ehepaare, aber teilten das Land unter sich, damit jeder seiner eigenen Meinung leben könne. Nun kamen Frank und seine Frau auch zu mir, um sich mit mir auszusprechen und das Resultat war, daß sie den edlen Charakter Tims, der mich arg verleumdet hatte, erkannten. In der Folge wurden wir die besten Freunde, während Tim mit seiner Ella finster, von allen gemieden, von seinem Berg auf uns herabschaute. Franks waren ja auch nicht praktische Landarbeiter, um sich auf der Scholle ernähren zu können. Auch sie zogen bald davon. Das Paradies war verödet!

War nun Tim wieder Alleinherrscher, so schwur er doch, die Fahne des Propheten hochzuhalten. Es würden schon andere kommen, meinte er, die ihn besser verstehen würden. Es kamen aber keine mehr. Die Gesinnungsgenossen waren abgeschreckt durch das Vorgefallene und gewarnt durch die Zurückkehrenden. Eines Tages kam Tim ganz unvermittelt zu mir, bat mich, zu vergessen und zu verzeihen und ihm zu helfen! Sein kleiner Hans sei so sehr krank. Ich ging mit und fand das Kind mit elendem schwachem Körper, der den überschweren Kopf nicht tragen konnte, an Diphterie erstickend vor. Da war nicht mehr zu helfen. Wahnsinnig vor Scherz über den Verlust seines einzigen Lieblings beschuldigten sich nun die armen Eltern der Ursache des Todes. Was ich aus dem Streit entnahm, war, daß man in überspannter Idee ein echtes, rechtes Natur- und Sonnenkind heranziehen wollte, das dann wie ein Wunder- und Musterkind vor die Welt treten sollte. Das Kind musste also abgehärtet, nur nicht verweichlicht werden und darum ließ man den kleinen zarten Wurm stundenlang ohne Schutz in praller Sonne liegen, während die Mutter ihre schönsten Lieder sang. Ich reichte den Betrübten die Hand und sprach die Hoffnung aus, daß das Ende dieses kleinen sonnenverbrannten Gehirnes auch das Ende ihrer eigenen hirnverbrannten Idee bedeuten möchte.

„Du bist grausam," fuhr mich Tim an. „Aber leider Gottes hat er recht," heulte sein Weib auf. Dann begruben wir gemeinschaftlich die kleine Leiche. Seit dieser Zeit waren wir wieder Freunde. Auf die aufs Neue vorgeschlagene Verbindung ging ich zwar nicht ein, aber gar oft wurde von da an mein Rat in praktischen Sachen erbeten.

Ich bekam ein Grundstück für wenig Geld, und zwar zum Ärger Tims, in direkter Nachbarschaft der Kolonie. Eine Hütte brauchte ich mir nicht zu bauen, da Buchwald mir Raum in seinem Hause bot, wofür ich ihm anderweitig gefällig war, so daß wir recht gute Freunde wurden. Eines Tages freilich drohte mir auch hier Schande und Vereinsamung. Der sonst so freundliche Landsmann trat mir auf einmal schroff und misstrauisch entgegen und meinte, er habe sich in mir geirrt. Als ich in ihn drang, mir doch zu sagen, was ihn so verstimmt habe, legte er los: 300 Taler habe er gehabt, in einem Fässchen, in einer Ecke habe er sie seit Monaten aufgehoben, versteckt unter altem Gerümpel, weil er glaubte, daß es da keiner suchen würde. Jetzt sei das Geld gestohlen.

„Ah, hm – und kein anderer kam in ihr Haus als ich, nicht wahr? Folglich halten Sie mich für den Dieb!" – „Ich habe das nicht gesagt," meinte er unwirsch, „aber" – „ganz recht, der Verdacht! Hören Sie mal Don Carlos: Ich werde nicht eher ihr Haus verlassen, bis die Sache aufgeklärt ist. Wo stand das Fässchen?"

Schweigend führte er mich in einen Raum voll Gerümpel und zeigte dort in einer dunklen Ecke auf das Fass.

„Es ist leer!" meinte er bitter. Ratlos hob ich das Fässchen auf: Der Boden fehlte. „War das Fass an beiden Enden verschlossen?" fragte ich. – „Freilich," knurrte er, „der untere Boden ist herausgebrochen, das Geld herausgenommen und dann schön wieder auf seinen Platz gestellt!" Herausgebrochen, das wohl nicht, überlegte ich.

„Sehen Sie, das ist entschieden herausgefault, sieht aus wie herausgefressen." Da blitzte auf einmal das helle Licht der Erkenntnis in den wetterharten Zügen des alten Freiherrn auf, mit einem Satz sprang er in die Ecke, schaufelte wie wahnsinnig die Erde auseinander und siehe da, nicht lange dauerte es, da gab es einen hellen Klang und in kurzem lagen 300 Silbertaler wohlgezählt auf dem Boden. „So - so," sagte ich etwas sarkastisch, „Sie hatten wohl vergessen, daß Sie das eingescharrt hatte?"

„Mensch, nicht doch," schrie der Alte und fiel mir vor Freude um den Hals. Nicht ich, die Termiten haben es vergraben. Sehen Sie, sie hatten ja recht! Rausgefressen haben die Viecher den Boden, unterhöhlt das Fass, dann ist der Schatz in die Erde versunken samt dem Fassboden, und dann haben die Luder alles wieder mit Erde zugedeckt. – Demonio! Entschuldigen Sie bloß, lieber Landsmann, daß ich…"

„Schon gut Herr Buchwald, daß Sie überhaupt einen solchen Verdacht haben hegen können, das ist was uns scheidet. Jetzt kann ich freilich ihr Haus verlassen. Also auf Wiedersehen!" – „Was denn – nicht doch! Ich werde Ihnen zeigen, daß ich zu Ihnen unbegrenztes Vertrauen habe. Sie können mir einen großen Gefallen tun, Landsmann. Ich muss verreisen. Sie bleiben derweil ruhig da und verwalten mir so lange mein Gut und meine Interessen, bis ich mit meiner Familie von Cusco zurückkomme. Dann werden wir hier gemütlich leben, und Sie haben eine Heimat in meinem Hause."

So vieler Güte konnte ich nicht widerstehen, und so wurde ich Verwalter auf des Freiherrn Gutes. Zu verwalten gab es da zwar herzlich wenig und zu verdienen erst recht nicht. Arbeiter waren nicht da. Die Pflanzungen waren gereinigt und noch nicht reif. Die Lebensmittel waren rein aufgezehrt, und ich sah mich darauf angewiesen, wochenlang von Maisbrot zu leben, außer wenn ich Bananen kaufen konnte.

Als Buchwald endlich zurückkam, brachte er einen jungen Hamburger mit, der ihm das Gut abkaufte. Dieser war vermögend und hatte hochfliegende Pläne mit großartiger Landwirtschaft und deutscher Kolonisierung. Mich behielt er als Verwalter. Außerdem brachte er Scharen von Indianer zum Arbeiten mit und nun begann ein fröhliches Schaffen. Urwald, der noch 9/10 des ausgedehnten Gutes bedeckte, wurde gerodet, Schuppen und Arbeiterhäuser aus den gefällten Stämmen gebaut, Zuckerrohrpflanzungen angelegt und für Lebensmittel gesorgt. Dann wurde eine Zuckermühle aufgestellt und Gärkeller sowie Destillierblasen eingerichtet. Alles dies mit ungeheurem Aufwand an Kosten und Arbeit, denn wir waren drei Tagereisen zu Pferde von Cusco entfernt und die Transportwege waren elend und gefährlich. Manches Maultier stürzte mit seiner Last an steilen Abhängen ab, oft auch die Treiber. Es wurde aber alles mit deutscher Ausdauer überwunden. In den folgenden Jahren wurden auch Kaffee- und Tabakpflanzungen mit ihren Einrichtungen angelegt.
6 Jahre hatten wir so mit Urwaldelementen und anderen Schwierigkeiten gekämpft, oft auch behindert von eifersüchtigen ortsangesessenen Nachbarn, die mit scheelen Blicken das Aufblühen unseres Gutes beobachteten. Dann waren wir aber obenauf!

Hermann Büsing, so hieß der junge Hamburger, hatte mit der Zeit meine Arbeit schätzen gelernt und wenn er mir auch nicht viel Gehalt zahlte, so gab er mir doch als Entgelt zu meinem kleinen Grundstück viel angrenzendes Land. Als dann schliesslich Tim vereinsamt und verärgert die Fahne in den Busch warf, kaufte ich ihm auch das Koloniegut ab, und so hatte ich denn auch einen ansehnlichen Teil des Gutes als Eigentum in Besitz. Leider, wie es damals noch Gebrauch war, ohne gerichtlichen Titel, und das sollte mir später schlecht bekommen. Büsing erklärte mir eines Tages: Was wir jetzt geschaffen hätten, wären für ihn nichts weiter als Vorstudien gewesen. Jetzt wolle er nach drüben gehen, die Erbschaft seines Vaters holen, sich verheiraten, moderne landwirtschaftliche Maschinen kaufen, eine grosse Zahl deutscher Arbeiter mitbringen und dann:

„Oh! Ich werde hier ein Neu-Deutschland schaffen!" Umsonst war meine Warnung, umsonst auch mein Rat, doch lieber ruhig, aber sicher so weiterzuarbeiten. Jetzt, wo sich das Gut doch schon rentiere, wo wir nach einigen Jahren sicheren und reichlichen Verdienst haben würden.

„Ach was, das ist mir zu kleinlich, mein Flug geht höher!" Er trug mir noch auf, eine hübsche Villa für seine Zukünftige und genügend anständige Wohnhäuser für die deutschen Arbeiter zu bauen und frohen Mutes seine Rückkehr abzuwarten. Dann erst würde er mir meine treuen Dienste gebührend belohnen. Prächtige Zukunftsmusik, wenn nur nicht immer alles anders käme!

Und - es kam anders! Schon der erste Brief klang missmutig. Mit dem Aufnehmen seiner Erbschaft war es nichts. Da unter den 9 Geschwistern verschiedene Leichtfüße waren, hatte der Vater bestimmt, daß, solange die Mutter lebe, den Kindern nur die Zinsen ausgezahlt werden sollten. Das verdross den Hermann über die Maßen, denn damit fielen all die hochfliegenden Pläne ins Wasser und er schrieb mir, daß er nun überhaupt nicht mehr mittue. Ob ich nicht das Gut übernehmen wolle. Oh, gewiß, ich würde doch nicht unsere erfolgreiche Arbeit im Stiche lassen! Gewiss, ich würde kaufen, aber ich hatte kein Geld. Auf Abzahlung recht gern, aber er sollte sich es doch noch überlegen und wiederkommen. Aber er kam nicht mehr. Im nächsten Brief teilte er mir mit, daß er vorläufig nach Mexiko gehe, wo er einen Schwager habe. Vielleicht käme er später zurück, ich sollte nur weiterarbeiten.

Dann kam mal wieder eine Revolution, woran damals Peru litt, wie an einer chronischen Krankheit. Möglichst wenig hatte ich mich darum gekümmert, solange ich nicht direkt hineingezogen wurde. Das geschah aber nun, als eines guten Tages plötzlich eine Horde der Aufständischen mir auf die Bude rückte. Es schien nicht schlimm. Meistens waren es sogar gute Freunde und Bekannte, die mir ja nichts zu leidtaten. Aber essen mussten sie doch und ihre Pferde mussten Futter haben. So war es schon selbstverständlich, daß ich sie so gut bewirtete, wie mir möglich war. Sie zogen nach einigen Tagen weiter talabwärts, denn eine Soldatengruppe von 200 Mann war im Anmarsch zu ihrer Verfolgung.

Da traf mich der zweite Streich. Auch die Soldaten kamen auf mein Gut und fraßen nun wie ein Schwarm Heuschrecken alles Essbare fort. Obendrein traten sie mir feindlich entgegen, beschuldigten mich des Einverständnisses mit den Aufständischen, die ich gut bewirtet hätte, während ich ihnen nichts anbiete. Meine Revolver und Jagdflinten wurden als Waffen konfisziert und wenig fehlte, so hätten sie mich noch gefangen mitgeschleppt. Schliesslich mochten sie begreifen, daß sie von mir als Verwalter nichts herausschlagen konnten und zogen weiter, dem Feinde nach.

„Gott sei Dank!" räsonierte ich – aber was nun? Keine Lebensmittel mehr, kein Schlachtvieh, kein Korn! Womit sollte ich meine Arbeiter beköstigen? Um neue Lebensmittel herbeizuschaffen, würden 14 Tage vergehen.

Es sollte noch schlimmer kommen. Kurz nach Abmarsch der Soldaten kommt atemlos einer meiner Leute herbeigestürzt: „Senor, die Cana brennt!" ich renne hinaus und schon streift ein heißer Luftzug mein Gesicht. Die Zuckerrohrpflanzung, wo eben die Soldaten durchmarschiert waren, stand in hellen Flammen, die, vom Winde getrieben, mit rasender Geschwindigkeit um sich griffen, und auch die Gebäude bedrohten. An ein Bekämpfen des Brandes war nicht zu denken. Kaum, daß wir die Wohnungen retteten. Alles andere lag binnen kurzem in Asche.

Ja – was nun? Ich ließ alles liegen und reiste nach Cusco, wo ich bei dem Präfekten, der mein persönlicher Freund war, vorstellig wurde. Er bedauerte sehr, fragte dann aber, ob ich beweisen könnte, daß die Soldaten die Cana absichtlich angesteckt hätten. „Beweisen? Viele meiner Leute sind Zeuge gewesen, wie die Pflanzung beim Durchmarsch der Truppen aufloderte." – „Ja, mein Lieber, aber einmal können die Leute, die von Ihnen bezahlt werden, nicht als Zeugen vor dem Gesetz auftreten, dann müsste festgestellt werden, ob wirklich die Brandstiftung durch die Soldaten herbeigeführt wurde. Der Fall ist schwierig." Trotzdem wurden die Offiziere gerufen, die aber sofort den Spieß umdrehten, mich als Regierungsfeind bezeichneten und behaupteten gesehen zu haben, wie ein Indianer vom Brandherd geflohen sei. Nur der Freundschaft des Präfekten verdankte ich es, daß ich nicht obendrein noch eingesperrt wurde, aber von Schadenersatz war keine Rede mehr. Auch der Herr Konsul wagte nicht für die Sache einzutreten.

Nun wandte ich mich an die Landsleute und Kaufherren um Unterstützung, um den Schaden zu beseitigen und das Gut zu halten. Man zuckte die Achseln. Das sei kein Geschäft, hiess es. Ebenso unnütz war es, an den deutschen Patriotismus zu appellieren! Meine Einwendungen, daß es doch gälte, hier im fremden Lande einen deutschen Pionierposten zu halten, den wir durch 6 Jahre harter Arbeit und mit deutschem Gelde erkämpft hätten, wurde als sentimental belächelt.

Zu allem Unglück erfuhr ich auch noch, daß Büsing gestorben sei. Ich dachte, mich sollte der Schlag rühren! Was sollte ich jetzt beginnen? „Ja," meinte der Konsul, „Sie würden im Interesse des Verstorbenen handeln, wenn Sie das Gut so lange verwalteten, bis Entscheid von der Familie anlangt, und ich werde sehen, was sich tun lässt, damit Sie weiterarbeiten können."

Mit dieser zweifelhaften Hoffnung und reichlicher Enttäuschung ging ich nun wieder ins Tal. Aber die Freude am Schaffen war dahin. Auch fehlte zu sehr der Impuls: das Kapital! So vegetierte ich noch einige Monate, dann erschien eines Tages unvermittelt ein junger Italiener und eröffnete mir, daß er die Hazienda gekauft habe für 8000 Soles, also den dritten Teil von dem, was mein Freund hineingesteckt hatte.

„Das Ganze?" fragte ich, „auch mein Teil?" – „Erlauben Sie," war die Antwort, „keiner, auch der Konsul nicht, der mir doch das Gut verkaufte, hat mir gesagt, daß Teile des Gutes ausgeschlossen seien. Haben Sie Titel?" – „Gewiß, meine Besitztitel müssen von Büsing hinterlegt auf dem Konsulat liegen." „Gut, wenn dem so ist, so bin ich betrogen, bringen Sie Beweise."

Ich ließ mir zwei Pferde satteln, denn mein Angelito, ein Mischling von 18 Jahren, den ich dort aufgezogen hatte, erklärte energisch, daß er nicht bleibe, wenn ich gehen würde. Der Käufer meinte freilich, die Tiere gehörten zum Gut, das er mit allem Zubehör gekauft habe. Und so musste ich noch gute Worte geben, um nur fortzukönnen. Das war der Erfolg meiner 6jährigen Arbeit!

Wutschnaubend kam ich nach Cusco zum Konsul. „Was wollen Sie?" meinte er trockenen Tones. „Ich erhielt Vollmacht von Büsings Familie, das Gut um jeden Preis zu verkaufen. Von Ihnen und Rücksichten war darin keine Rede." – „Aber Sie Herr Konsul, als Freund Büsings, kannten meine Rechte. Sie wissen, daß Büsing in Anerkennung meiner Dienste außer den von mir käuflich erworbenen Grundstücken mir andere Ländereien schenkte, und er hat mir immer gesagt, daß er die Besitztitel für mich auf dem Konsulat niedergelegt habe!" „Ach was," fuhr er auf, „nichts weiss ich und nichts existiert an Papieren." – „Oh," sagte ich, „das ist bitter! So bin ich also um mein Eigentum und um die Früchte meiner, unter harten Entbehrungen und Gefahren ausgeführten Arbeit betrogen. Ich bin aber sicher, daß dies nicht im Sinne des Verstorbenen gehandelt ist, denn er war ein edler Mensch, der mir dankbar und gut war." – „Tut mir herzlich leid," hieß es, „da ist nichts zu machen, oder wollen Sie prozessieren gegen den abgeschlossenen Verkauf?"

„Obendrein noch Hohn, Herr Konsul? Ich wundere mich ja nur, daß ich an der Stelle, wo ein Reichsdeutscher im Auslande doch Schutz erwarten dürfte, so abgefertigt werde. Noch dazu von einem Landsmann, den ich für meinen und Büsings Freund hielt." – „Na, nun werden Sie man nicht bissig," meinte der Gestrenge. – „Ich will Ihnen was sagen: Wenn Sie anständig sind, werde ich versuchen, von der Familie Ihnen das Gehalt für ihre Arbeit herauszuschlagen. Ich kann das, da in den Büchern Büsings ein Konto geführt worden ist, woraus Ihre Gehaltsansprüche hervorgehen." Ich war stark geneigt, dieses Anerbieten stolz und schroff zurückzuweisen. Dann aber sagte mir die Überlegung: Du hast hier mit Leuten zu tun, die deine Sentimentalität höchstens belachen. Rette, was zu retten ist! Deswegen sagte ich nur:

„Ich danke Ihnen, Herr Konsul, aber hier ist noch ein Knabe, der war, wie Sie wissen, Büsings Zögling und Leibdiener. Wir haben sogar unsere Betten im Stich lassen müssen, auch unsere eigenen Pferde und Sättel wurden uns nur

113

leihweise überlassen, da doch der Italiano alles in allem gekauft hat. Wunder nur, daß er nicht auch uns in Person als Sklaven mitgekauft hat!"

„Nicht doch, Ihr persönliches Eigentum muss er Ihnen doch herausgeben." – „Schön, aber mit welchen Urkunden kann ich dem eigennützigen Käufer beweisen, daß dieses Pferd, jene Flinte, dieses Bett mir oder dem Knaben gehört, wenn er doch das Gut mit allem Zubehör kaufte?" – „Hm, wollen sehen, was sich machen lässt!" Es wurde gedrechselt. Ich bekam 1200, der Junge 300 Soles als klägliche Entschädigung für unser versunkenes Paradies.

Meinem Schützling besorgte ich dann noch eine Stellung in einem Kaufhaus. Er ist später ein tüchtiger Kaufmann geworden, und als er schon ein eigenes Geschäft hatte und Familienvater war, zeigte er mir noch seine Dankbarkeit, indem er mich einlud, jetzt den Rest meiner Tage bei ihm zu verbringen. Und – seltsames Zusammentreffen!

Gleichzeitig erhielt ich auch von einem anderen jungen Peruaner namens Esteban, der es gleichfalls zum Wohlstand gebracht hatte, dieselbe Einladung mit der Begründung, daß er sein Lebensglück auf meinen Lehren aufgebaut habe.

Wieder war ein Abschnitt meines Lebens abgeschlossen.

Gerechtigkeit

Als ich mich nun nach anderer Beschäftigung umsah, traf ich eine frühere Gutsnachbarin. Diese lud mich sofort in ihr Haus. Sie behauptete, mir sehr viel schuldig zu sein und bedauerte sehr meinen Verlust. Sie bot mir an, mit ihr wieder ins Tal zu gehen und die Verwaltung ihres Gutes zu übernehmen. Das Angebot war für mich ehrenvoll, denn die

Frau kannte mich und zeigte, daß sie mich schätzte. Es war aber auch verlockend, denn die reiche Witwe gab mir zu verstehen, daß ich so nebenbei auch Herr des Gutes werden könne. Trotzdem überlegte ich mir noch die Sache, und während dessen tauschten wir Erinnerungen aus, da wir manches zusammen erlebt und erlitten hatten.

Ihren Mann hatte die Walddame bei einer früheren Revolution verloren. Er war Gobernador und hatte als solcher von der Regierung den Auftrag bekommen, im Einvernehmen mit einer Militärtruppe eine Bande Aufständischer abzufangen. Dabei war er aber selbst in die Falle gegangen. Er wurde gefangen, an ein Pferd gebunden und zu Tode geschleift. Wir erinnerten uns an einen lustigen Karneval, den Büsing und ich auf ihrem Gut erlebten und an dessen Schluss die Leiche ihres Mannes, auf dem Schlachtfelde ausgegraben, herbeigebracht und in der Kapelle des Gutes gleich einem Faschingsprinzen, beigesetzt wurde. Sein im Leben schlimmster Feind hielt ihm dabei eine rührende Leichenrede. Die bezahlten Heulweiber machten herzzerreissenden Lärm, brachen aber plötzlich ab, als der Schnaps auf sich warten ließ. Keiner hatte den Toten im Leben geliebt, weil er ein roher, ranksüchtiger Patron war. So war diese Trauerfeier ein würdiger Abschluss des Karnevals.

Dann kamen wir auf ihren Schwager zu sprechen, der saß ja nun auf Nummer Sicher! Ein Bandit, wie er im Buche steht. Bei Lebzeiten seines Bruders hatte er von diesem abgegangen, der ihn als Flüchtling aufnahm und versteckte, als er in seiner Heimat den Subpräfekten ermordet hatte. Er hatte dann Arbeit gefunden auf einem Nachbargut, wo er bald der vertraute der Herrin wurde.

Der Gutsherr war ein starker Trinker und er wurde auf originelle Weise abgetan: Als er so eines Tages besinnungslos dalag, meinte der Knecht zur Frau, der Patron hätte die blauen Teufel im Leibe, aber jetzt könnte man ihn leicht kurieren. Man brauche ihm jetzt etwas Alkohol in den Mund zu schütten, dann sehe man die blauen Teufel aufsteigen, und wenn man sie dann anzündete, dann wäre der Kranke von ihnen befreit. Die gute Frau, die ihren Mann liebte und ihn gerne gesund sehen wollte, beeilte sich, diesem höllischen Rat zu folgen und hatte einen durchschlagenden Erfolg, indem es ihr gelang, nicht blos die dummen Teufel zu verbrennen, sondern auch den Ehegemahl mit Bett und allem im Nu in Asche zu verwandeln. Das Verbrechen blieb gerichtlich ungesühnt, denn wo in Peru kein Kläger ist, da ist auch kein Richter. Das arme Weib aber hat schwer dafür büßen müssen, denn ihr schlauer Mitschuldiger wusste sie zu ängstigen und seinen Plänen gefügig zu machen, so daß er bald Herr von Hof und Weib war.

Aus erster Ehe waren drei heranwachsende Töchter da. „Ja," sagte meine Wirtin, „und mir wirft dieses Ungeheuer öffentlich Unsittlichkeit vor, weil ich nach meines Mannes Todes meinen Vetter als Verwalter einstellte, was er nachher als Vorwand nahm, mich durch rohe Gewalt zu vertreiben. Wie hat er mich drangsaliert!"

Freilich, davon war ich ja Zeuge, denn mehr als einmal war das arme Weib nächtlicherweile bei uns angekommen und hatte um Schutz gebeten gegen die gewaltsamen Überfälle ihres lieben Schwagers. Wir wollten uns nicht in den Familienstreit mischen, aber es war genug, der Verfolgten Obdach zu geben, um den Zorn des Gewalttätigen auch gegen uns zu entfachen. Dies zeigte sich allerdings nicht in offener Feindschaft, sondern hinterlistige, versteckte Angriffe zeigten seine niedere Gesinnung.

So wurde Büsing einmal durch den Witz seines Pferdes gerettet, das sich plötzlich in Galopp setzt, während gleich hinter ihm eine wuchtige Steinwelle auf den Weg

116

stürzte. Sein Weg führte durch des bösen Nachbarn Gut und als er sich umsah, machte er die Entdeckung, daß es keineswegs ein Bergrutsch war, der ihn bedroht hatte, sondern eine richtige Steinfalle, eine sogenannte Gallia, wie sie hier oft als Waffe gegen einrückende Feinde aufgestellt werden. Mein Büsing geriet darüber in Wut und rückte, unbesonnen genug, dem Paiba (so hieß der Bandit) auf die Bude, fand dort aber auf einen sehr höflichen Mann vor, der sehr sein Missgeschick bedauerte und zugleich versicherte, daß nur ein zufälliger Bergrutsch die Gefahr herbeigeführt haben könnte, da er unser Freund sei.

Ein andermal begleitete ich einen Richter in Amtstätigkeit. Wieder führte uns der Weg durch das feindliche Gebiet. Wir waren über eine Holzbrücke geritten, über den reissenden Ocabamba-Fluss, die wir aber vollständig sicher befanden. Als wir, zurückkehrend in tief dunkler Nacht, die Brücke wieder passieren wollten, scheute mein Pferd zurück. Ich stieg ab, ging vorsichtig tastend auf die Brücke, und siehe da: die Bohlen waren teils abgehoben, teils so aufgelegt, daß man beim Auftreten damit in die Tiefe stürzen musste. Verfluchter Fallensteller! Unser Reiseziel aber lag jenseits des Flusses vor uns, wir mussten nun einen Umweg von drei Meilen auf schlechten Wegen in der schwarzen Nacht machen.

Alles dies konnte jedoch den Herrn Ersten Richter nicht bewegen, gegen die Canaille vorzugehen, um ihn zu bestrafen. Er mochte sich keine Ungelegenheit auf eigene Kosten machen. Die Witwe, eine energische Frau, ließ sich aber keineswegs so leicht verdrängen. Wiederholt war sie nach Cusco gereist und hatte beim Präfekten geklagt. Dieser stellte ihr dann Militär zur Verfügung mit dem Auftrag, das Gut zu säubern und den Übeltäter zu verhaften. Der war aber natürlich verschwunden und belächelte sie aus seinem Versteck. Kaum waren die Schützen wieder abmarschiert, so war auch der Usurpator mit seiner Verbrecherbande, die er sich zu diesem Zwecke hielt, wieder da und trieb es ärger als zuvor. Er wurde der Schrecken des ganzen Tales, so daß keiner mehr gegen Raub und Überfall sicher war.

Da warf sich der bedrängten und vertriebenen Frau ein Retter auf. Eines Abends spät kamen bei mir ein paar Reiter an, die aber zusammen nur drei Beine hatten und baten um Nachtquartier. Da sie mir gesittet erschienen, hatte ich keine Ursache, dies abzuschlagen. Beim Abendbrot erzählten mir die Burschen, sie kämen im Interesse der Witwe Paiba, und würden versuchen, die Banditen vom Gute zu vertreiben. Ich lächelte zweifelnd. Wie wollten die drei Beine eine Bande von 24 Beinen vertreiben? Am nächsten Tage gingen sie zeitig zum anderen Gut hinüber, ganz friedlich, so daß mir Zweifel kamen, ob sie im Ernst gesprochen hätten. Den ganzen Tag hörte ich von dort schießen, und als sie endlich abends zurückkamen, erzählten sie frohlockend, daß sie dort ein Wettschießen veranstaltet und nicht eher Frieden gegeben hätten, bis alle Munition verschossen war.

Am zweiten Tage hatten sie die Leute unter sich entzweit und gegen ihren Herrn aufgewiegelt, so daß sie schon am dritten Tage es wagen konnten, mit dem Paiba Streit anzufangen. Dieser sah dann zu seinem Schrecken, daß seine Leute gegen ihn standen und ihn bedrohten. Da zeigte er sich in seiner Heldengrösse. Er lief davon. Erst in der Nacht kehrte er mit seinem jüngeren Bruder zurück, als er glaubte, die Friedensstörer seien fort. Alles lag anscheinend in tiefem Schlaf, doch kaum war er eingetreten, so sah er sich auch schon umringt. Er wurde mit seinem Bruder gebunden auf ein Pferd gesetzt und heidi! gings auf den Weg nach Cusco. An meinem Hause machten sie halt und stärkten sich an einem guten Frühstück, um gleich weiterzureisen.

Derweil, als ich auch dem Gefangenen einen warmen Kaffee brachte, beschwor dieser mich bei unserer Freundschaft, ihn doch laufen zu lassen. Er bot mir ein gutes

118

Reittier als Entgelt an. Doch war meine Freundschaft nicht groß genug, um ihm den Gefallen zu tun; meine Schadenfreude war grösser. Er musste weiterziehen, der Gefangenschaft entgegen.

Wer aber beschreibt mein Erstaunen, als er am selben Nachmittag schon wieder an meiner Türe stand! Höflich und freundlich meinte er, es täte ihm leid, daß ich mir das Pferd nicht hätte verdienen wollen. Jetzt reite es der Einbeinige nach Cusco. Seinen Bruder, den kleineren Spitzbuben ließ man jedoch nicht laufen, er wurde aber auch nicht gehangen. Man steckte ihn unter das ehrenwerte Militär. Paiba war aber doch gestraft durch seine eigenen Leute, die sich jeder auf eins seiner Reittiere gesetzt hatten, um dann unter Mitnahme alles Verwertbaren sich nach allen Seiten zu zerstreuen. Er versprach mir, nun wirklich mein Freund zu sein; auch würde er jetzt die Witwe ungeschoren lassen.

Er hielt sich auch eine Zeitlang ruhig, sann aber dabei auf neue Tücke und Vermehrung seiner Macht. Bald verkündete er auch triumphierend, daß er zum Gobernador für das Tal ernannt sei. Staunend hörte es die Mitwelt, aber erschrocken zog man jetzt den Hut noch tiefer vor dem Emporkömmling. Auch ich staunte. Wenn ich auch Peru als ein Land der unbegrenzten Möglichkeiten kannte, daß aber ein notorischer Verbrecher ein Staatsehrenamt bekleiden konnte, war doch etwas stark.

Da reiste ich nach Cusco, um im Namen der bedrohten Mitbürger bei meinem Freund, den Präfekten, vorstellig zu werden. Aber den fand ich nicht mehr vor. Er war gestolpert über denselben jüngeren Paiba, dessen Freunde, allen voran der Bischof, dem Präfekten nachwiesen, daß er seine Macht überschritten habe, als er einen freien Bürger Perus ohne gerichtliche Erkenntnis unter das Militär steckte. Ein Vorwand, durch den aber der junge Paiba nicht frei wurde.

119

Der neue Präfekt war zwar auch ein freundlicher Herr, der meinen Vortrag ruhig anhörte, dann aber meinte: "Wenn Sie im Namen Ihrer Mitbürger reden, so haben Sie doch gewiss einen Rekurs, von diesen Leuten unterzeichnet." – „Nein, Herr Präfekt, die Leute sind zu sehr von diesem Verbrecher in Angst gesetzt, als daß einer es gewagt hätte, die Klage gegen ihn zu unterschreiben."

„Das muss ja ein schrecklicher Mensch sein," meinte dieser dann und fragte seinen Sekretär: „Kennen Sie diesen Paiba, der da zum Gobernador ernannt worden ist?" – „Nein," meinte der, „sein Name stand obenan auf der Liste der Notabeles vom Tal mit dem Vermerk, daß sein Bruder früher dort Gobernador gewesen sei."

„Nun," meinte der Präfekt, „kennen Sie die anderen?" „Nein Herr." – „Gut, streichen Sie diesen Paiba und ernennen Sie einfach den Nächstfolgenden!" Wieder staunte ich, so leicht war es, einen Beamten zu stürzen? Ich erhielt sofort ein Dokument mit der Ernennung dieses Nächstfolgenden, den ich als ehrensamen Mann kannte. Dann aber meinte der Gestrenge: „Sie sagen also, daß verschiedene Haftbefehle gegen dieses Individuum vorliegen, warum hat man ihn nie verhaftet?"

„Weil es nicht so einfach ist, Herr Präfekt, in einem Waldtal einen Menschen zu finden, da er sich im Busch der Pflanzung leicht verliert; dann aber auch, weil er sich wirklich einmal gefangen, leicht mit seinem Gelde loskauft." – „So, so, also Geld hat er?" – „Für solche Zwecke ja, wenn auch sonst nicht viel zu holen ist." – „Ja, aber wie kriegen wir ihn denn? Könnten Sie ihn nicht fassen?" – „Doch, wenn ich dazu autorisiert werde." – „Schön, soll geschehen!" Und schon wurde mir Haftbefehl und Vollmacht ausgestellt, womit ich nun vergnügt, diesen „Freund" verraten zu haben, zurückkahm.

Es währte denn auch nicht lange, daß Büsing und ich, begleitet von einigen handfesten Leuten, in tiefer Nacht einen Streifzug unternahmen. Der dreistündige Weg war fürchterlich, reiten durften wir nicht. Das hätte unser Herannahen verraten. So kamen wir durch die Wächter, die er ständig unterhielt, unbemerkt hindurch, umzingelten sein Haus, wo auch nicht mal ein Hund anschlug, drangen dann lautlos ein und erwischten den Gesuchten, der den Schlaf des Gerechten schlief. Er wunderte sich sehr, als er sich schon gefesselt sah.

„Und das von meinen Freunden!" rief er vorwurfsvoll. – „Geben Sie mich frei, ich tat Ihnen nie was Böses!" rief er vorwurfsvoll. „Ganz recht, weil uns ein gütiges Geschick vor Deinen tückischen Fallen bewahrte, edler Wildsteller." – „Ho," meinte er, „ich möchte nur wissen, auf was Ihr mir den Prozess machen wollt." – „Wenn wir Sie hier niederschlagen würden, so wäre das der kürzere, vielleicht der gerechteste Prozess. Da wir aber keine Rächer sind, werden wir Sie nur der Gerechtigkeit überliefern." – „Brave Gringos," höhnte er, „ich habe von Euch nichts anderes erwartet, aber Ihr arbeitet doch umsonst. Die Gerechtigkeit ist meine Buhle." Dann ging er gutwillig mit.

Auf dem Gut der Witwe mussten wir noch einen Tag verweilen, um uns für die Reise zu rüsten. Da kamen viele Leute gelaufen, und einige freuten sich über den gefangenen Tiger, aber viele bedauerten ihn sehr. Ja, einige baten direkt, ihn freizulassen. Ich war erstaunt. „Was? Ich dächte doch, alle wären froh, von dem verbrecherischen Tyrannen befreit zu sein?" – „Gewiß, Herr, aber bedenkt, eines Tages kommt er wieder, dann wird er sich an uns rächen!" Heimlich brachte man ihm Lebensmittel, ja sogar Waffen, da hieß es auf der Hut zu sein gegen dieselben Leute, die ich befreit hatte von dieser Gottesgeisel, sonst würden sie ihn aus meinen Händen befreien.

Da brach ich in derselben Nacht mit meinem Gefangenen auf und führte ihn über die Berge. Am Abend des zweiten Tages kamen wir nach der kleinen Stadt Ollantaytambo. Hier musste ich Pferde und Leute wechseln und wandte mich zu diesem Zweck an den Gobernador. Dieser beklagte, nichts zur Hand zu haben, gab mir aber Order an den Untergobernador im nächsten Dorf. Dort angekommen, sorgte dieser auch pünktlich für Unterkunft und stellte einige Indianer als Wache; auch Pferde sollten zeitig zur Verfügung stehen. Ruhig schliefen wir die Nacht durch, müde vom langen Ritt. Als wir aber morgens aufbrechen wollten, fanden wir uns eingeschlossen, selbst gefangen. Ungeduldig tobten wir vergebens gegen die feste Tür. Schliesslich arbeiteten wir uns durch das Ziegeldach ins Freie. Wir fanden das Dorf wie ausgestorben. Kein Mann, keine Obrigkeit war zu finden. Von den Weibern konnten wir keine Auskunft erhalten, sie verstanden uns nicht. Glücklicherweise war auch der Gefangene eingeschlossen. Nach vielem Warten und Fluchen kam endlich der Untergobernador schweißbedeckt, zu Fuß, angerannt.

„Sie sehen mich in Verzweiflung," schrie er, „oh über diese Indianer. Alle sind in der Nacht auf und davon. Alle Pferde haben sie mitgenommen. Sie wollen keine Begleitung stellen. Was soll ich tun?" – „Demonio, haben Sie als Obrigkeit keine Macht, diese Leute zu zwingen?" – „Unmöglich, Herr, ich allein gegen diese Gesellschaft Halbwilder, wenn sie nicht wollen?" Da ging ich die halbe Stunde zurück zur Stadt, verlangte energisch vom Gobernador Reisetiere und Leute, und siehe, jetzt gings. Wir marschierten die Nacht durch und lieferten am Morgen den Fallensteller an der Falle in Cusco ab. Hier hatte die Witwe vorgearbeitet und den Prozess anhängig gemacht, so daß ich meine Aufgabe als erledigt ansehen konnte.

Der Prozess ist zwar nie durchgeführt worden. Er galt aber als Mittel, den einmal Gefangenen in der Untersuchung festzuhalten. Durch zwei volle Jahre fand er kein Entkommen, weil der Richter von der Witwe bezahlt wurde. Als dieser mal auf Urlaub ging, gelang es ihm, von seinem Stellvertreter seine Freiheit zu erkaufen. Er kehrte nun aber als stiller, gebrochener Mann zurück. Die Witwe und das Tal hatten Ruhe. In einem behielt er recht: Die Gerechtigkeit ist eine Buhle, nur daß sie ihm diesmal nicht so treu war wie die vier Weiber seines verarmten Harems.

Interessant ist auch die Geschichte der Hazienda Ocobamba, wovon Büsings Gut sowie das der Paibas nur Parzellen waren. Der ursprüngliche Eigentümer war ein edler Bischof, der das ganze obere Tal des Ocobambaflusses unter seinen Stab gebracht hatte. Unter seinen neun Kindern (Erben, wollte ich sagen) wurde das grosse Gut testamentarisch verteilt, so daß jeder Beteiligte eine Parzelle erhielt. Das bezog sich aber nur auf das schon bebaute Land. Alles Waldgelände kam unter die Verwaltung des ältesten Bruders für die noch unmündigen Kinder. Dieser schlug nun heraus, was er konnte, machte Land urbar und verkaufte es an Fremde. Zeitig starb auch er. Nun wollte ja jeder der jetzt Mündigen sich seinen Anteil sichern, und es schoss eine volle Saat von Prozessen ins Kraut, wobei dann die meisten verarmten, die Paibas aber sich bereicherten und die Händel für sich ausbeuteten.

Als schliesslich ein erzwungenes Einvernehmen hergestellt war, hatten die Advokaten von Cusco schon einen neuen Haken spitz. Da tauchte plötzlich eine uralte Schuld auf, für die ein Haus verpfändet war. Diese war mit den Jahren durch Zins und Zinseszins schauerlich angeschwollen und wurde jetzt von raffinierten Rechtshändlern präsentiert. Wohl wiesen die Erben nach, daß diese Schuld testamentarisch getilgt worden war, aber den Gegnern gelang es ebenso gut nachzuweisen, daß jene Summe an eine verkehrte Adresse gelangt war, die Schuld also zu Recht bestände. Daraufhin wurde das Gut, d.h. alle Parzellen gerichtlich beschlagnahmt, um aus jeder herauszupressen, was möglich war. Da ging es denn an ein lustiges Loskaufen nach dem Herzen des Herrn!

Käfersammler

Trotz all dieser und anderer schöner Erinnerungen, die ich mit meiner resoluten, immer liebenswürdiger werdenden Wirtin austauschte, konnte ich mich doch nicht entschließen, ihr lockendes Angebot anzunehmen. Derweil war ein Freund aufgetaucht, den ich schon früher liebgewonnen hatte. Es war der Käfersammler Otto Carlepp. Den hatte Büsing mal mit ins Tal genommen, als einen der Spionage verdächtigen Gefangenen. Dieser harmloseste aller Weltenbummler war, von Bolivien kommend, in Cusco, wo gerade starke Spionenriecherei herrschte, verhaftet und vorläufig eingesperrt worden und wurde, obgleich man durchaus nichts Verdächtiges zwischen seinen toten Käfern und Vogelbälgen fand, längere Zeit festgehalten.

Dem Gutmütigen war von der geographischen Vereinigung in La Paz ein Buch mitgegeben worden für den nämlichen Verein in Cusco. Das war verdächtig, umso mehr, als die hochlöbliche Polizei keinen Begriff mit dem Inhalt eines solchen Buches verbinden konnte. Erst auf Büsings Fürsprache und Garantie durfte endlich der Geschädigte, immer noch unter Polizeiaufsicht, ins Tal reiten. So wurde ich mit ihm bekannt und fand in ihm einen lieben Freund mit einem, wenn auch etwas pedantischen, doch sehr reellen, gediegenen Charakter. Er hatte auch mich sehr gern, denn als er einst mit hoher Terciana (Sumpffieber) heimkam, kurierte ich ihn, fast gegen seinen Willen, durch das Naturheilverfahren gründlich, was er mir sehr dankte. Was Wunder also, wenn ich jetzt seiner Aufforderung, mit ihm zu reisen, gerne nachkam. Unsere Ausrüstung war bald beendet und lachenden Mutes zogen wir nun in das berühmte Marcapatatal.

Das Marcapatatal, 3 Tagesreisen von Cusco gelegen, ist wie Santa Anna, eine der herrlichsten Gegenden. Gleichmäßiges, gesundes Klima, keine übergroße Wärme, wundervolle Vegetation, fruchtbarer Boden, wo die Bewohner weder durch Erdbeben noch durch Stürme oder Hagelschlag geängstigt werden, der Regen aber reichlich genug fällt, um künstliche Bewässerung ausschließen zu können.

Als Wohnung genügt die einfachste Rohrhütte mit Palmblättern gedeckt, als Kleidung das leichteste Gewand oder keins. Allerdings finden diese paradiesischen Vorbedingungen nur Anwendung auf den mittleren Teil der Flussläufe, die, größtenteils vom ewigen Schnee gebildet, erst ein ödes oder grasbewachsenes Hochland durcheilen, bis sie das Waldgebiet erreichen, wo sie dann gewöhnlich als reißende Wildbäche oder gigantische Wasserfälle in die Tiefe stürzen. Wenn sie dann in die unteren Täler kommen, fließen sie friedlicher dahin, lassen sie sich schon ein Canoe auf ihrem Rücken gefallen und geben einer Menge prächtiger Fische ihren Tummelplatz. Dort ist gut sein!
Weiter unten aber werden dann die Flüsse, wie auch ihre Umgebung wieder tückisch. Drückende Hitze, von keinem Luftzug gemildert, liegt dort auf ihren Wassern, die sich oft in unendlichen Sümpfen verlieren. Dort ist der bevorzugte Wohnplatz für Krokodile, Schlangen, die unheimlichen, wie ein Kind grossen Ochsenfrösche und für allerhand sonstiges giftiges Tierzeug. Da ist nicht gut sein, denn Wolken von Mücken und Fliegen umschwärmen den Schiffer und plagen ihn, der sich dort im leichten Boot zwischen dem grünen Geschlinge einen Ausweg sucht, sich aber

125

ebenso leicht ganz verirrt und dann vielleicht auf Nimmer-
wiedersehen verschwindet.

Zu jener Zeit war das Marcapatatal erst von wenigen
kleinen Ansiedlungen bewohnt. Eine größere Bresche legte
eine italienische Gesellschaft von in Cusco ansässigen
Kaufleuten, die dort eine Zuckerrohrpflanzung anlegten,
mit der sie allerdings verkrachten, da die Lebens- und Ar-
beitsbedingungen noch recht ungünstig waren. Uns diente
sie damals als schützender Aufenthalt, wo wir eine Palmhütte errichteten und unsere Arbeit, die dort gute Ausbeute
versprach, begannen.

Die Käfer waren so reichlich und in so vielen Arten
vertreten, daß wir unter 10, die wir einfingen, gewiß sechs
verschiedene fanden. Unter den Schmetterlingen, die an
manchen Plätzen uns wie Schneegestöber umwirbelten, gab
es einige seltene Arten. Für die Nagetiere, die wir fingen,
erhielten wir nach der Ablieferung auf 4 Arten Prämien, da
sie bis dahin vollständig unbekannt waren. Und dann erst
die Vögel wie die Blumen!

Man hatte uns gesagt, daß die neue Hacienda sehr gut
eingerichtet sei und Lebensmittel in Menge habe. Der Verwalter fragte aber, ob wir genügend Lebensmittel mitgebracht hätten, er habe nur noch Yukas! Da waren wir
schlimm dran, denn wir waren unserer 5 Personen. Mein
Freund hatte außer mir noch einen chilenischen Vogeljäger
angestellt. Der aber brachte sein Weib mit und deren 18jäh-
rige Tochter, die schöne Constanica, konnte auch er nicht
helfen und riet mir, nach dem nächsten Ort zu reisen. Leicht
gesagt! Er verschaffte mir aber doch ein Reittier und ich ritt
einen Tagesmarsch weiter nach Villalobo. Doch auch hier
waren keine genügenden Vorräte aufzutreiben. „Ja,“ hieß

es, „die Dorfbewohner sind arm, da müssen Sie auf die Haciendas gehen, die haben por major." [33]

Jedesmal eine Tagesreise erforderte es, so ein Gut zu erreichen und zu durchreiten, und man konnte froh sein, wenn man dann überhaupt etwas fand. Darauf hieß es, Lasttiere zu suchen und das Gekaufte zum Dorf zu bringen. Endlich hatte ich Dörrfleisch, Kartoffeln, Erbsen und Bohnen erhandelt: Nun musste ich noch Weizen haben und ritt zu diesem Zweck nach einer vierten Hacienda. Hier gab es einen absonderlichen Empfang. Als ich ins Gehöft ritt, sah ich keinen Menschen, auf dem Felde keinen Arbeiter, unheimliche Stille umfing mich. Als ich ins innere Tor einritt, hörte ich jedoch ein Jammergeschrei, wie wenn jemand misshandelt würde, gleich darauf von einer anderen Seite dasselbe. Dann aber setzte ein Harmonium ein, von einer blechernen Singstimme begleitet, und zwischendurch ein tiefes Gebrumme: „Ave-Maria." Derweil war ein Mann eingetreten, der mich höflich begrüßte und einlud abzusteigen.

„Was geht denn hier vor?" fragte ich. „Treten Sie näher, so gebe ich Ihnen Auskunft," entgegnete der Mann. In einem kleinen Salon setzte er sich mir vertraulich gegenüber und legte los. „Sie sind gewiß Protestant," forschte er. „Ah, da sind wir ja Glaubensbrüder, denn wissen Sie, ich bin es seit 5 Jahren, weil mich die Pfaffenwirtschaft empört. Ich war damals Gobernador des Distriktes und schützte meine Landsleute so viel wie möglich gegen die Ausbeutung durch die Pfaffen. Diese hassten mich meines Freisinns wegen und suchten mich zu verderben. Als es ihnen nicht gelang, mich vom Amt zu verdrängen, unternahmen sie gegen mich einen tückischen Anschlag. Ich wurde eines Nachts am Fluss überfallen, in ein Tragnetz gezwängt und in den Fluss geworfen. Wären nicht einige Freunde zufällig

---

[33] Großhandel

dazu gekommen, die mich mit eigener Lebensgefahr retteten, ich wäre damals spurlos verschwunden. Da ich bald herausbrachte, wer die Anstifter des Attentats gewesen waren, so trat ich der Klerisei in offener Feindschaft entgegen und jetzt fand sich bald ein Grund, mich zu entsetzen und in die Flucht zu schlagen. Ich hatte nicht blos das Spiel, sondern auch Amt und Habe verloren und begriff, daß ein kleiner Beamter nicht Macht und Witz genug hat, gegen die geistlichen Blutsauger anzukämpfen. Darum bin ich Protestant geworden, um noch nach meinem Tod zu protestieren. Nun lebe ich hier, versteckt als Verwalter des Gutes, habe aber keine Macht, gegen die Unbill der hiesigen Pfaffen aufzutreten, denn meine Herrin hält es mit ihnen, wie es eben fast alle Weiber tun."

Ich sprach dem Märtyrer des Protestes mein inniges Beileid aus und er erzählte weiter: „Das Geschrei, das Sie vorhin stutzig machte, kam drüben aus der Kapelle, wo der Cura (Pfarrer) Gottesdienst und Inquisition abhielt. Wenn nämlich die Indianer und Arbeiter des Gutes sich gegen die Kirche vergehen, d. h. nicht fleißig zum Gottesdienst kommen, oder nicht den Zehnten abliefern, so verurteilt sie der Kirchenfürst zu einer Geldstrafe. Wird diese aber nicht entrichtet, so haut der Cura in höchst eigener Person sie so feste durch, daß sie bald wieder fromm werden. Ist das nicht ebenso ungesetzlich wie unchristlich?"

Ich konnte dem edlen Dulder nur noch stumm die Hand drücken, denn eben wurde zum Essen gerufen. Als ich in den Essraum eintrat, saß der Ehrwürdige schon am Tisch. Kritisch musterten mich die großen, nachtschwarzen Augen. Dann aber reichte er mir die Hand und lud mich mit höflichem Gruße ein, an seiner Seite Platz zu nehmen. Rasch waren wir in lebhafte Unterhaltung geraten, in deren Verlauf er so liberale Ansichten entwickelte, daß ich staunte. Er bemerkte es und meinte lächelnd:

„Schafe sind dazu geschaffen, um wie Schafe behandelt und geschoren zu werden, das ist mein Geschäft. Wenn ich aber unter Menschen bin, so gebe ich mich auch als Mensch, da ich die Hypochondrie hasse." Dann fragte er mich, ob ich ihm Aufschluss darüber geben könnte, was eigentlich Freimaurerei sei. Er habe ein Buch von einem Jesuitenfürst, wonach jeder Freimaurer mindestens ein halber Teufel sei und das Ganze ein Auswuchs der Hölle mit satanischen Geheimnissen. Ich bekannte ihm meine Unwissenheit in solchen Dingen, meinte aber, es könnte doch wohl nicht so schlimm stehen, da ja auch Kaiser und Päpste als Mitglieder geführt würden.

Nun geschah etwas Unerwartetes. Reverendo sah mir so tief und so eigentümlich in die Augen, daß mir der Gedanke kam, der Tischwein sei wohl etwas schwer für Hochwürden. Auf einmal reichte er mir in eigentümlicher Weise die Hand und ich, um auf den Scherz einzugehen, machte eine ähnliche Handverdrehung. Da wars geschehen, urplötzlich flog mir der schwarze Talar an meine gottlose Brust. Zwei knöcherne Arme umhalsten mich schier schmerzhaft.

„Bruder, geliebter Bruder im Herrn!" stammelte er dabei. Dann schwor er mir ewige Freundschaft, was wieder durch den ominösen Handdruck bekräftigt und mit Wein begossen wurde. Darnach streckte er seine frommen Glieder lang aus zur Siesta. Ich aber machte mich mit meinem erhandelten Weizen auf den Rückweg, nicht recht wissend, ob das Ganze eine lustige Komödie sein sollte, oder ob der Mann wirklich ein Freimaurer war oder was?

Einige Jahre später führte mich das Schicksal wieder in dieses Tal. Als ich auf müdem Maultier die Höhen hinabritt, sah ich von unten einen wilden Reiter in den tollsten Capriolen den Berg hinaufstürmen. Ich dachte, es wäre ein trunkener Bandit und nahm den Revolver zur Hand. Da sah ich zu meinem maßlosen Erstaunen, daß es mein Bruder im Herrn war. Auch er hatte mich erkannt, und nun kam er, die Schnapsflasche über dem Kopf schwingend, tollkühn herabgepritscht. Wieder fiel er mir laut weinend um den Hals, so daß ich im Sattel schwankte. Nun gab es kein Pardon, bis seine Flasche geleert war. Dann klagte er mir, daß er strafversetzt wäre. Er hätte es aber auch zu arg getrieben und seine Schafe nicht blos geschoren, sondern auch ausgeweidet, doch das dürfte unserer Freundschaft keinen Abbruch tun, er werde stets mein Bruder sein, getreu bis in den Tod.

Eine volle Woche brauchte ich, um in allen Richtungen den nötigen Proviant zusammenzusuchen. Eine weitere Woche verging, bis ich damit, auf Lamas verpackt, in Marcapata anlangte. Hier musste ich Träger anwerben, die dann die Waren auf dem Rücken noch 4 Tage weit bis zu unserem Wigwam schleppen mussten. Bis dahin überstiegen die Kosten der Beförderung bedeutend den Einkaufswert der Ware. Außerdem verlor ich mehr als einen Monat meiner Arbeitszeit. Es war doch ein Glück, daß wir uns vorgesehen hatten, denn kurze Zeit darauf deckte der wildgewordene Fluß alle Brücken ab, zerstörte vielerorts die Wege und ließ uns für einige Monate von allem Verkehr abgeschnitten. Recht wohl hätten wir dort verhungern können, da unser Jäger nur ab und zu ein essbares Wild erjagen konnte.

Um diese Zeit kam auch eine 30 Mann starke französische Expedition ins Tal, direkt von Paris, nach neuesten Modellen importiert. Der Führer namens Wolf sprach etwas Deutsch und nahm den Mund sehr voll von großzügigen Plänen und weitschauender Politik. Man würde bis zum Inambarifluss vordringen, der Schiffe trage, die man dort bauen würde. Die Anker dazu brachte man schon gleich mit. Einen schönen Fahrweg würde man bauen durchs ganze Tal, vielleicht auch gleich eine Eisenbahn, und dann das ganze Tal kolonisieren. Die Gesellschaft in Paris sei so reich und würde alles Land von der Regierung in Konzession bekommen.

Leider erregte ich gleich den Zorn des edlen Franken, als ich zu seinen Reden etwas maliziös lächelte. Da wurde er ausfallend und krähte, ich solle mir nur nicht einbilden, daß die Franzosen bei ihrem Kolonisieren so läppisch vorgingen wie die Deutschen, die nichts davon verstünden!

Dann zeigte er mir seine Ausrüstung. Die ganze Mannschaft trug Sportkostüm und Tropenhelm und machte wirklich einen schneidigen Eindruck, zumal sie auch glänzend bewaffnet waren. Auch hatten sie allerhand Orientierungs- und Messinstrumente für Temperatur, Höhen und dergl. Werkzeuge, die nur so blitzten. Alles neu, direkt von Paris! Es fehlte wirklich an nichts. Herr Wolf sah mit Befriedigung mein Erstaunen und fragte stolz:

„Haben Sie noch was auszusetzen?" – „Doch," meinte ich, „dreierlei." – „Das wäre?" -„Hm! Vor allem haben Sie neben der glänzenden Ausstattung viel zu wenig Lebensmittel mitgebracht." Ein spöttisches Lächeln war die Antwort. „Sie vergessen, daß die Franzosen nicht solche Fresser sind wie die Deutschen. Außerdem haben wir gute Jagdflinten. Machen Sie sich keine Sorgen! Was weiter?"

„Zweitens: Sie haben die Zeit schlecht gewählt. Wir stehen vor der tropischen Regenzeit!" jetzt lachte der Tapfere laut auf. „Erlauben Sie, wir wissen recht gut, daß es im Tropenwald fortwährend regnet, es kommt uns nicht auf etwas mehr an."

„Drittens: Sie hätten gutgetan, sich einen des Landes kundigen Führer mitzunehmen, es gibt im Urwald unbekannte Gefahren." – „Kennen wir, fürchten wir nicht, haben übrigens ein paar Führer aus Lima bei uns."

Jetzt musste ich lachen. Na, denn man tau! Wem nicht zu raten ist, ist auch nicht zu helfen. „Viel Glück auf dem Weg und baldiges frohes Wiedersehen!" – „Merci, merci!" rief der Franzose verärgert. „Mir können Sie doch nichts erzählen, alles ist in Paris vorher bestens überlegt und erwogen worden.

Aus Lima war auch ein alter Franzose mitgegangen, der war gemütlicher. Er war der spanischen Sprache mächtig und erzählte mir, er habe in Lima eine großartige Kutschenfabrik gehabt, sei sehr reich gewesen, habe sich aber total ruiniert durch Politik. Er sei Freund und Parteigänger gewesen von Nicolas Pierola, für dessen Kandidatur er ein Vermögen geopfert habe in der Gewissheit, daß, wenn sein Freund erst Präsident wäre, ihm dieser alles zehnfach ersetzen würde. Pierola wurde Präsident,[34] kannte ihn dann aber nicht mehr. – Ruiniert! Ich bedauerte ihn sehr, verschwieg ihm aber auch nicht, daß er im Begriff stünde, jetzt eine noch größere Torheit zu begehen. Der Alte richtete sich stramm vor mir auf. Auch hier das sarkastische Lächeln des Franzosen.

Nächsten Tages zog die Expedition weiter – ausgeruht, gebadet, parfümiert, wie zum Schützenfest, schneidiger als je. 4 Wochen lang hörten wir nichts von ihr. Hatte der Urwald sie verschlungen? Nein, da kamen eines späten Abends ein paar Burschen an, elend, zerrissen. Natürlich die Limenos, die Führer. Sie führten auch den Rückzug.
„Nein," schimpften sie, „das war nicht mehr zum Aushalten, wir sind desertiert. Seit wir von hier fort sind, haben wir kein trockenes Zeug, seit einer Woche nicht mehr satt zu essen bekommen. Die Expedition liegt 3 Tage von hier, zwischen zwei geschwollenen Flüssen, sie kann nicht vorwärts noch rückwärts. Viele haben böses Fieber."

---

[34] Nicolas de Pierolas war Staatspräsident von Peru von 1895 - 1899

Nach und nach kamen mehr, in jämmerlichem Zustand, herzlich froh, daß sie sich auf der Hacienda mal wieder an Mais oder Yucas sattessen konnten, um dann schleunigst dem unwirtlichen Wald zu entrinnen. Endlich kam auch der Haupttrupp mit seinem einst so stolzen Kapitän. Auch dieser bissige Wolf ließ jetzt die Ohren hängen, gab mir aber keine Zeit, ihm mein Mitleid auszusprechen, sondern krähte gleich wieder los:

„Sie hatten recht, es gibt unbekannte Gefahren, aber mehr Bescheid weiss man doch in Paris, als diese Peruaner im eigenen Lande." - „Gewiß," gab ich zu, „ich bin überzeugt, daß ein Hamburger Realschüler in der Geographie Südamerikas besser bewandert ist als die Einheimischen. Schade nur um ihre wertvollen Instrumente und Werkzeuge." –

„Oh," meinte Wolf wieder bissig, „darauf braucht sich niemand Hoffnung zu machen, die haben wir versteckt, eingegraben, die sind nicht verloren, wenn wir wiederkommen." – „Werden Sie einen Haufen verrostetes Eisen finden," unterbrach ich ihn, „denn schwerlich wird sich jemand die Mühe machen, ihr Gerümpel auszugraben, und die Wilden schon gar nicht." – „Warum etwa nicht?" eiferte der Gallier," die Salvajes lieben gute Waffen." –

„Sehr richtig. Soll ich Ihnen eine Erfahrung aus früheren Expeditionen mitteilen? Wir hatten Gewohnheit, uns mit jedem wilden Stamm, den wir berührten, in gutes Einvernehmen zu setzen., wobei wir als bestes Mittel immer das Schenken blitzender Waffen bewährt fanden. Als wir aber hier an den Stamm der tückischen, sehr kriegerischen Huatschipairos kamen, verweigerten diese in stolzer Haltung die Annahme von Geschenken und liessen uns deutlich merken, daß wir unwillkommene Gäste wären. Um sie dennoch umzustimmen, legten wir nachher eine Anzahl Messer, Äxte und Flinten unter eine ihrer Schutzhütten in der

133

Erwartung, daß sie diese nun nehmen würden. Als wir aber nach Tagen mal nachsahen, fanden sich unsere Sachen noch vollständig am selben Platze vor, doch kaum noch erkennbar, soviel Unrat hatten die Leute darauf gehäuft, uns so ihren Hass und Stolz kundgeben!"

Vereinzelt, fluchtartig reisten die Leute der „Grand Expedition", nachdem sie sich etwas erholt hatten, weiter. Erst einige Tage später trafen die Letzten ein, aber immer noch fehlte der alte Lima-Franzose. Was mit Ihm wäre, forschten wir. „Eh," hieß es, „der alte Lump, er war Verwalter der Lebensmittel und hat uns mehr hungern lassen, als nötig war. Sich selbst hat er den Magen verdorben und konnte nicht mehr mit." – „Wie? Ihr habt den armen Alten allein im wilden Wald gelassen?" – „Ja doch," klang es grollend zurück, „wir sind auch krank. Hat sich jemand um uns gekümmert? Jeder ist sich selbst der Nächste!"

Als ich mich umsah, hatte Otto Carlepp schon seinen Rucksack mit Lebensmitteln gefüllt, nun hing er seine Flinte um und ging los. Ich begriff sofort und schloss mich ihm an. Den ganzen Tag gingen wir den Spuren der verunglückten Expedition nach, suchend, rufend, schießend – nichts! Am nächsten Morgen fanden wir den ganz entkräfteten Alten, unfähig zu gehen, fast bewusstlos. Erst nach Stunden, nachdem wir ihm Wein und Lebensmittel eingeflößt hatten, erholte er sich soweit, daß er langsam mitkommen konnte. Volle zwei Tage vergingen, ehe wir den Kranken in unsere Hütte gebracht hatten. Aber erst nach zwei Wochen konnte er daran denken, weiterzuziehen. Er ging mit heißen Dankesworten und der Versicherung, daß, wo wir uns je treffen würden, er uns seine Dankbarkeit beweisen würde. Wirklich trafen wir ihn später in Cusco, wo er eine kleine Schmiede eingerichtet hatte, aber er tat, als kenne er uns nicht. Ich ging hart an ihm vorbei und flüsterte ihm zu: „Ihr Freund, der Präsident Pierola, lässt schönstens grüßen!" Da erbleichte er und biss sich in die Lippe.

Unsere Ausbeute im Marcapatatal war reichlich, so daß ich genug zu tun hatte, aus den Bäumen des Waldes Kistchen und Kasten zu bauen, um all den Segen kunstgerecht und transportfähig zu verpacken. Unser Zusammenleben mit den Chilenen war harmonisch, aber mein guter Otto hatte sich in die schöne Constancia verliebt und nun begannen die vorher so bescheidenen Leute nach und nach immer siegesbewusster aufzutreten, bis schliesslich der alte Waldläufer sich einfach das Kommando über das Ganze anmaßte, dabei aber seinen Arbeitgeber möglichst ausbeutete.

Da meine Vorstellungen bei dem von der Liebe leicht unterjochten guten Otto nichts nutzten, nahm ich eines Tages meine Fanggeräte und ging über den Fluß zu einem italienischen Ansiedler. Da erwachte der Freund aus seinem Taumel und begriff, in welche Hände er gefallen war. Das nächste war, den Chilenen aufzusagen und mich zu bitten, zurückzukehren. Ich tat ihm seinen Willen unter der Bedingung, daß er sich ganz frei mache von diesem Usurpator.

Dann arbeiteten wir mit vereinten Kräften weiter, mit mehr Vorteilen als bisher. Aber dieses Freimachen hatte uns noch viel Ärger und grosse Kosten verursacht, denn erst, als die Chilenen weichen mussten, zeigten sie sich in ihrem wahren Charakter als ganz gemeine Plebejer, so daß Otto selbst nicht begriff, wie er sich von solchen Sirenen hatte einfangen lassen.

Als wir später nach Cusco zurückkehrten, machten wir die Entdeckung, daß der ehrliche Jäger die besten Exemplare unserer Sammlung dort verschleudert hatte. Die Dummen waren wir aber auch bei der Abrechnung mit unseren Auftraggebern in Deutschland, so daß wir von

135

unserem ganzen gefahr- und mühevollen Unternehmen kaum die Kosten herausschlugen!

Für mich war damit die Sache abgetan, denn wenn auch dieses Schweifen und Reisen im geheimnisvollen Urwald seine anziehenden Reize hat, so schien mir das doch nicht die Strapazen und Entbehrungen aufzuwiegen, und wenn man nicht sehr gut verdient, ist es kein Geschäft. Besser gestellt war ein Vogelsteller deutsch-polnischer Abkunft namens Juan Kalinowski. Der reiste für einen Sammelgrafen auf Kontrakt, erhielt für seine Zeit 1 Lp. Pro Tag, arbeitete wenn er Lust hatte, blieb, wo es ihm gefiel, und sandte dem Grafen nur seine präparierten Vogelbälge ein. Wir mussten dagegen auf eigenes Risiko reisen und bekamen für unsere Produkte einen höchst ungewissen Preis bezahlt.

Dem Polen hatte unser Tal auch gefallen, aber während wir unstet wandern mussten, hatte er sich sesshaft gemacht, d.h. er erwarb ein gut Stück Urwald, den er lichtete, um sich mit der Zeit eine Pflanzung zu schaffen. Nebenbei war er ein eifriger Goldwäscher und wie ich später erfuhr, hat er sich auf diese Weise einen Reichtum erworben. Für mich war er ein guter Freund, der mich manchmal liebenswürdig beherbergte in seinem Wigwam. Einmal aber begegnete ihm ein Unglück, das auch Mittel war, für mich verhängnisvoll zu werden. Seine Nachbarn waren zwei Brüder, die sich gleich ihm dort ansiedelten, aber keine gute Nachbarschaft mit ihm hielten. Diese hatten ihn bei einer Reiberei angeschossen und ihm den Rücken mit Hühnerschrot gespickt. Glücklicherweise kam zufällig ein Freund, ein junger Engländer zu Hilfe, der dann auch als Schnelläufer nach Cusco lief und mit Arzt und Polizei zurückkam. Der Arzt konnte den Schwerverletzten noch retten, die Polizei besetzte alle Pässe, um die Übeltäter zu fangen. Dieser Umstand war mir fatal, nicht weil Gefahr vorlag, daß sie die Attentäter fangen würden, aber sie würden jeden Reisenden belästigen und festnehmen, und wohl gar unter roher Behandlung nach Cusco schleppen, wenn es nicht gelang, sich freizukaufen.

Ich war gerade unterwegs nach draussen, als ich von dem Geschehen nichts ahnend, auf dem Gut einkehrte und die Brüder Grosse bei eiliger Vorbereitung traf. Als sie merkten, daß ich von nichts wusste, erzählten sie mir, sie seien im Begriff, eine Expedition auszurüsten, um einen Richtweg nach Marcapata ausfindig zu machen. Sie zeigten mir auf der Landkarte, wie man den dreitägigen Weg bedeutend verkürzen könne, erzählten mir auch, daß die Pässe besetzt wären, und luden mich ein sie zu begleiten. Da ich keinen Grund fand zum Misstrauen, war ich gleich bei der Sache und schon nach einer Stunde, früh um acht, brachen wir auf, begleitet von einem festen Burschen, der uns Gepäck und Lebensmittel nachtrug.

Anfänglich ging alles gut. Wir gingen an einem Bach hinauf, dessen Richtung uns auf der Karte an einen Richtweg glauben ließ. Bald aber wurde unser Vordringen mühsamer. Der Bach wurde wilder in raschem Absturz. Seine mit Gestrüpp dicht bewachsene Ufer boten schwierige Arbeit. Um Mittag erreichten wir einen tosenden Wasserfall, dessen Seitenwände steil aufragende Felsen bildeten. Nun war überhaupt kein Weiterkommen möglich. Erst nach stundenlangem Klettern über die hohen, zerklüfteten Felsen erreichten wir wieder unseren Bach. Bald abermals eingeengt, erspähten wir einen Baum, der über dem tosenden Bach eine willkommene Brücke baute. Bequem war ja die Brücke nicht, aber wir balancierten ohne Unfall hinüber. Als aber unser Träger das Experiment nachmachte, stieß er mit seinem Bündel gegen einen Ast und schwapp, ehe noch einer zuspringen konnte, lag schon die Last unten und war ebenso rasch vom reissenden Strom entführt.

Gerade hatten wir uns hinsetzen wollen, um zu frühstücken. Auch die Munition für unsere Flinten war hin. Was tun? Nach so vieler Mühsal umkehren? Nein, davon wollte keiner etwas wissen. Ein paar Tage hungern, das hatten wir schon öfter gemacht, man findet ja auch unterwegs Früchte und Kräuter. Also den Schmachtriemen anziehen und mit lachendem Mut weitermarschieren! Waren wir nicht alle alte Soldaten? Es ging auch, weils gehen musste.

Am zweiten Tage vermehrten sich noch die Verkehrshindernisse. Wir gerieten in einen Rohrwald, eine Art Bambus mit scharfen Blättern und spitzen Dornen, dessen Durchdringung eine zeitraubende Arbeit beanspruchte. Etwas Essbares fand sich aber nichts, so daß wir nachts, als wir bei Mutter Grün schlafen gingen, uns dabei ertappten, daß wir wütend an unseren allerdings schon weichgewordenen Sandalen (Kuhhaut) nagten.

Am dritten Tage wurde freilich das Gelände etwas gangbarer. Auch fanden wir eine Menge unreifer wilder Granadillos, über die wir heißhungrig herfielen, wenn sie auch abscheulich im Geschmack waren, sie füllten doch den Bauch. Als wir nun weiterzogen, waren wir alle ganz lustig, fast ausgelassen, und arbeiteten uns tapfer vorwärts, doch nicht gar lange, dann wurde der Gang schwer und schleppend. Schliesslich torkelten und taumelten wir wie Betrunkene. Oh, diese bleierne Müdigkeit! Schon setzt sich einer auf einen Baumstamm. – Nicht doch! – Nur nicht schwach werden! – wir müssen vorwärts – oder wir sind verloren. Aufraffen – vorwärts, marsch! Wir stolpern los, fallen über jede Baumwurzel, steigen weiter, immer mühsamer. Auf einmal merken wir, daß jemand nicht mehr bei uns ist. Zurück, Rufen, Suchen, man darf doch keinen im Stich lassen. Ah, da liegt ja einer! He, Kopf hoch! Schütteln, Rippenstöße – nichts. Der Mann schläft und schnarcht. Ratlos geben wir die Weckversuche auf, setzen uns an seine Seite – schlafen auch ein. Das war nachmittags um 3 Uhr.

Als wir wieder erwachten, schien uns die Morgensonne hoch ins Gesicht. Waren wir denn besoffen gewesen? Sowas Ähnliches wohl. Die unreifen Früchte mussten uns narkotisiert haben. Der Schädel brummt. Trotzdem nahmen wir, wieder neugestärkt, den Kampf mit der Wildnis neu auf. Dabei bemerkte ich, daß unser dicker Bursche sich auffällig scheu und zurückhaltend benahm. Als ich ihn nach der Ursache seines Wesens fragte, gestand er mir, daß die Italiener sich verabredet hätten, ihn zu schlachten und zu verspeisen, bevor sie durch seine Schuld im Wald verhungern müssten. Lachend entgegnete ich ihm, wenn er ja auch fett genug zum Schlachten wäre, so befände er sich doch nicht unter Kannibalen. „Oh," schluchzte der Knabe, „denen ist alles zuzutrauen!" Und nun erst erfuhr ich, daß der eine der Mörder des Polen wäre. Meine Gemütlichkeit kam nun doch etwas ins Schwanken.

Schon neigte sich der vierte Tag seinem Ende zu, unsere Kräfte waren erschöpft. Immer mühsamer wanden wir uns durch das dichte Unterholz. Immer schwerfälliger wurde das Klettern über Steinbrüche und gestürzte Waldriesen. Der Hunger bohrte an den Eingeweiden auf unangenehme Weise. Ich fing an zu begreifen, wie der Gedanke an Kannibalismus auch an einen Zivilisierten herantreten kann. Unwillkürlich sah ich mich nach den fetten Schultern unseres Burschen um. Er war nirgends zu sehen, doch, jetzt hörte ich ihn. Jubelnd krächzte er von einem hohen Baum, wie der Matrose im Mastkorb sein „Land in Sicht" – „Los Ichuderos" d.h. Grasland, Weideplätze. Die Müdigkeit wich der neubelebenden Hoffnung, und wirklich traten wir nach einigen Stunden heftigen Ringens hinaus aus dem furchtbaren Wald ins Freie. Wie närrisch wälzten wir uns am grünen Hang, fingen aber bald wieder an, nach Essbarem zu suchen. Wirklich wachsen stellenweise, zwischen dem Gras, kleine gar nicht übelschmeckende Blumenzwiebel. Vorher auf unserem Marsch, wo wir sie nötig hatten, fanden wir keine. Das Gras war auch zu hart, um es zu zerbeißen. Das Einzige, was wir fanden, waren Rosinen – solche wie sie die Lamas fallen lassen! – Aber noch konnten wir nicht ruhen. Es galt jetzt, eine Unterkunft für die Nacht zu suchen, denn hier in scharfer Bergluft, war es doch schon zu frisch.

Glücklich entdeckten wir noch beim letzten Tageslicht in der Ferne eine Indianerhütte, hoch oben allerdings, und dahin konzentrierten sich nun unsere letzten verzweifelten Kräfte. Hätte nicht der gute Mond uns geholfen, wären wir nicht hingekommen. So hatten wir wenigstens ein Obdach. Freilich weiter aber auch nichts. Die Hütte war leer, verlassen. Wohl stöberten wir eifrig in allen Winkeln. Leere Kochtöpfe waren da, aber nichts Essbares. Doch, da fand ich unter Asche eine Handvoll Cohuna (getrocknet rohe Kartoffeln) und mit Freudengeheul zog auch der Bursche aus einer Nische ein Stück schwarze Haut, was er für getrockneten Kalbsmagen erklärte. Feuer anmachen gelang mit der Zeit durch ein Feuerzeug und bald brodelte es vielverheißend im Topf. Dem dadurch aufs höchste gereizten Appetit dauerte die Sache aber doch bald zu lange. Und bald fuhr der eine, bald der andere in den Topf, um zu probieren, ob schon etwas gar sei. Dabei war der Cohuna bald rein verschwunden, aber die Kuhhaut blieb uns und wollte nicht weich werden, bis wir nach einigen Stunden Tantalusqualen uns entschlossen, diesem Zustand ein Ende zu machen. Die Bouillon wurde ausgetrunken, die Haut schön verteilt und jeder zog sich in eine Ecke zurück, um an seinem Stück zu nagen, bis Gott Morpheus sich seiner erbarmte und ihn im lukullischen Traum weiter tafeln ließ.

Früh am nächsten Morgen trennten wir uns. Die Verbrecher gingen über die Höhen nach Cusco. Sie wussten, daß sie dort am sichersten waren. Nicht etwa, um sich zu verstecken, bewahre, da geht man besser als reuiger Sünder direkt zum Richter, erzählt ihm die Geschichte und wenn man dann die Wahrheit mit einer entsprechenden Anzahl von klingenden Zeugen belegen kann, erhält man seinen Ablass und kann wieder frei seinen liebsten Nächsten in die Augen – hauen. Ich kam nun von oben ins Dorf und so glaubte natürlich die Polizei, mit der ich bald zusammenstieß, daß ich von Cusco käme. Man fragte mich aus, ob ich nicht etwa unterwegs die Mörder Kalinowskis gesehen hätte.

„Gewiß, die habe ich gesehen," erzählte ich harmlos. „Zwei Italianos, nicht wahr? Oh, die haben sich ihrer Schandtat noch gerühmt und damit nicht genug, sagten sie, sie würden sich über die Polizei beklagen." – „Was, über uns? Wieso denn?" – „Ja, was weiß ich! Sie meinten, die Polizei habe sich unerlaubter Belästigungen und Erpressungen schuldig gemacht gegen harmlose Reisende, während sie sich um die Festnahme der wirklichen Verbrecher nicht gekümmert hätte." – „Carrambo,", zischte der Offizier und wurde sonderbar bleich. Eine Stunde später war das Dorf von den Räubern befreit.

Im Dorf wurde ich zu einem schwerkranken Landsmann gerufen. Ich fand einen schönen jungen Mann vor, der mich beschwor, ihm doch zu helfen, er müsse sonst umkommen, da ihn die Curanderas (indianische Kurpfuscher) mehr quälten als sein Rheumatismus, der ihn am Reisen hindere. Weil mir der Mann (Otto Ehlers) sympathisch war, opferte ich einige Tage seiner Pflege und hielt ihn an, die dortigen Quellen als Heilbäder zu benutzen. Wir erzielten denn auch wirklich einen überraschend günstigen Erfolg. Leider merkte ich aber, daß seine Hauptkrankheit in der Morphiumsucht bestand, gegen die er vergebens kämpfte. Er erzählte mir, daß er in Chile als Taucher gearbeitet, schönes

141

Geld verdient hätte, diesen Beruf aber wegen paralytischer Anfälle hätte aufgeben müssen.

Dann habe er von dem Goldreichtum Perus gehört und sei mit einem jungen Engländer in dieses Tal gekommen, um Gold zu waschen. Die Ausbeute sei aber nicht lohnend gewesen, obwohl hier jeder Bach Gold führe. Umsonst hätten sie lange nach dem Ursprungsherd des Goldes gesucht. Es war in der alles überwuchernden üppigen Vegetation ebenso wenig wie durch Nachgraben zu finden. Da hätten sie eines Tages in einem reissenden Wildbach einen tiefen Brunnen entdeckt. Weil nun der Bach im oberen Lauf Gold führte, im Unterlauf aber nicht, so wären sie überzeugt gewesen, daß der Brunnen eine schwere Menge enthalten müsste. Nun arbeiteten sie daran, den Brunnen trocken zu legen, um ihn dann auszubeuten. Das war aber am wild zerklüfteten Hang keine leichte Arbeit. Dennoch überwanden sie mit eiserner Ausdauer alle Schwierigkeiten. Endlich erreichen sie den Grund des Wasserloches, um eine arge Enttäuschung zu erleben. Nur wenige Unzen des gleißenden Metalls waren der Lohn ihrer übermenschlichen Arbeit, ihrer grässlichen Entbehrungen und Strapazen.

Da war mit der Hoffnung auch ihre Gesundheit zusammengebrochen. Jetzt wollte Ehlers über Cusco wieder an die Küste reisen, kam aber nicht weit. In der kleinen Bahnstation Siquavi blieb er für immer liegen. Eine zu starke Einspritzung des lähmenden Giftes beendete dort seinen Daseinskampf.

Als ich das Dorf verlassen wollte, stieß ich noch unversehens mit dem wohlgemästeten Seelenhirten zusammen. Er tat sehr freundlich und fragte, ob er mir etwas dienen könnte. Ein wenig erstaunt ihn anschauend, bat ich um Entschuldigung. Wir hätten geglaubt, seine Hochwürden seien ein Feind der Ausländer, der seinen Getreuen sogar verboten habe, uns Lebensmittel zu verkaufen.

„Verleumdung!" wehrte der Würdige ab, „die Ausländer oder Fremden, die zu mir kamen, habe ich stets gut bewirtet und ihnen billig verkauft, was sie brauchten. Wo man sich aber bei einem Feind einlogiert, dann ändert sich die Sache." Darauf zeigte er mir seine Vorratsräume, die einem wohlassortierte Kaufhaus Ehre machten. Es war die Wolle seiner lieben Schafe!

Als ich mit meinem Freund Carlepp nach Cusco zurückkehrte, fand dieser einen Brief vor von seiner Schwägerin aus Paraguay, worin die arme Frau klagte, daß man ihren lieben Mann, den Bruder Ottos, erschlagen habe. Daß sie nun mit den Kindern in schlimmer Lage sei und in Gefahr, das Lebenswerk ihres Mannes, die herrliche Pflanzung, zu verlieren. Da ließ der weichherzige Otto all seine eigenen Interessen im Stich und reiste zu der verlassenen Witwe, um ihr zu helfen. Hat sie ihm nun schlecht gedankt, konnte er sich nicht mit ihr verständigen? Ich habe es nicht erfahren. Erst viele Jahre später hörte ich noch einmal von ihm: er reiste wieder als Sammler.

Goldsucher

Ich aber geriet in Cusco in eine Versammlung von Goldsuchern. Die mich heftig nach den Verhältnissen im Marcapatatal ausforschten und mich einluden, am geplanten Unternehmen teilzunehmen. Verschiedene hatten schon Erfahrungen gesammelt und erklärten, es sei für einzelne Sucher weder lohnend noch ratsam, in der Wildnis zu arbeiten. Für Kapitalisten sei es auch nicht verlockend, weil man keine zusammenfassende Arbeit im Großen etablieren könne. Würde man aber eine Kompagnie arbeitswilliger Mitglieder bilden, die auch genügend Geld einschieben könnten, um sich gut zu verproviantieren, und die Anfangsschwierigkeiten zu überwinden, so würde der Erfolg glänzend sein.

Ich konnte diese Ansichten nur bestätigen, und die Folge war die Gründung einer Aktiengesellschaft von Mitgliedern, die sich verpflichteten, vorläufig je 100 Soles Beitrag zu zahlen und persönlich an den Arbeiten der Expedition teilzunehmen. Ohne Säumen wurde nun gerüstet und eines Tages zog eine Gesellschaft von 15 goldgierigen Männern, meistens Ausländer, wohlgemut ins Tal. Die Reise war ja bei gutem Humor so vieler junger Leute entzückend lustig. Auch bei der Einrichtung des Lagers ging es da fröhlich zu.

Aber jetzt an die Arbeit! Jeder füllte seine Schüssel halbvoll mit Sand vom Ufer des Baches, dann spülte er im Wasser alles taube Gestein und alle leichte Erde fort, bis eine kleine dunkle Menge schweren Sandes zurückbleibt. Dies wird in einen größeren Behälter zusammengetan, amalgamiert und gereinigt. Und so haben wir den Goldstaub gefasst. Das ging auch einige Tage ganz gut. Dann fingen einige an zu klagen über Rückenschmerzen, Belästigung durch Moskitos, Fieber!

5 Mann, lauter Peruaner, ließen uns nach einer Woche im Stich. Sie bekamen ihre Ausbeute an Gold mit unter der Bedingung, eine neue Sendung Lebensmittel zu beschaffen, da in der feuchtwarmen Luft die Esswaren rasch verdarben.

Nach weiteren 8 Tagen verließen uns wieder 5 Mann. Wir letzten 5 arbeiteten trotz allem rüstig weiter. Aber einer musste immer unterwegs sein, um von den umliegenden Gütern Lebensmittel zu kaufen. Bald aber wollte keiner mehr etwas abgeben. Unsere Remise kam und kam nicht. Da sahen wir uns gezwungen, unsere Werkzeuge einzugraben und schleunigst nach Cusco zu wandern, ehe Hunger und Fieber unsere Kräfte ganz erschöpfte. Hier nun wollten wir unsere treulosen Gefährten zur Rechenschaft ziehen.

Die meisten lagen jedoch im Hospital und war ihnen allen der Golddurst gründlich vergangen. Die Gesellschaft liquidierte. Immerhin blieb noch für jeden ein kleiner Überschuss.

„Du kommst mir wie gerufen", ruft mir am nächsten Tage ein Landsmann zu. „Wir haben eine Goldexpedition vor, und da..." – „Danke für Obst, habe die Nase voll!" – „Ihr mit eurem Fracaso,[35] das hätte ich Dir vorher sagen können. Aber jetzt, komm doch mal mit." Er führte mich in ein altertümliches Haus und stellte mich einem erblindeten weißhaarigen Peruaner vor.

„Es handelt sich hier nicht um Phantasterei," hub der Alte an, „sondern um die Hebung eines reellen Goldschatzes. Mein Großvater hat mir als jungen Menschen die Stelle genau bezeichnet. Ich habe einen Plan von der Gegend und mache mich noch heute anheischig, alt und blind, wie ich bin, eine Expedition dahin zu führen. Warum ich das nicht früher tat, meinen Sie? Anfangs war es Egoismus, ich wartete auf Gelegenheit, den Schatz allein zu heben. Sie kam nicht. Dann suchte ich Landsleute und Freunde zu interessieren, es gelang mir nicht. Heute ist mir die Goldgier und der Ehrgeiz vergangen, trotzdem möchte ich mein Geheimnis nicht mit ins Grab nehmen.

Als die alten Inkas von den Spaniern unterjocht wurden, als ihr letzter König Atahualpa gefangen war, erbot er sich, seine Zelle mit purem Gold zu füllen, als Entgelt für seine Freiheit. Schon waren von allen Seiten viele Lasten des Lösegeldes unterwegs, als es laut wurde, daß die Spanier das Oberhaupt des Landes ermordet hätten. Nun wurden vielerorts die Goldlasten an unzugänglichen Orten versteckt, damit sie den Räubern nicht in die Hände fallen sollten. Einer dieser Sendungen, 22 Lamalasten Goldes, wurde

---

[35] Versagen

145

vom Coripande in einen Abgrund gestürzt, wo sie totsicher noch heute liegt und wo eine entschlossene Gesellschaft es mit einiger Mühe zu Tage fördern kann."

„Stimmt", sagte ich darauf etwas gelangweilt. „Diese Geschichte habe ich schon in der Schule gelernt, nur habe ich mich noch nie entschließen können, Geld und Zeit zu verlieren, um solchen vorsintflutlichen Geheimnissen nachzuspüren. Unter dem Gletscher des hohen Salcantay soll ja auch so ein Schatz liegen. Es sind schon verschiedene Expeditionen hinaufgestiefelt, haben sich aber statt Gold nur Schnupfen, Strapazen und Tod geholt."

„Ich weiß", nickte der Alte, „bin auch mal dabei gewesen. Es waren Engländer, bewehrte Bergsteiger, gut ausgerüstet, hatte auch den Derotero, d. h. beglaubigte Papiere über Weg und Lagerort. Wir kamen auch bis auf den letzten Vorberg. Dort liegt eine Laguna, an deren Ufer wir noch Reste von Baulichkeiten feststellen konnten. Es herrschte in jenen Höhen fast ständig furchtbares Wetter. Die Indianer sagen, es seien die Berggeister, die Auquis, die jeden Versuch höher zu steigen, mit dem weißen Tod bestrafen. Wir drangen trotzdem weiter vor. Da drüben am hohen Pik konnten wir nach der Karte schon die Höhle erkennen, wo die Schneekönige den Schatz bewachen. Aber nun standen wir am Rande einer so gewaltig tiefen, wild zerrissenen, Schnee gefüllten Schlucht, daß ohne umfangreiche technische Hilfsmittel keine Möglichkeit vorlag, dieses Hindernis zu nehmen. Solch Hindernisse liegen aber in unserem Falle nicht vor. Hier gilt es nur, die Stelle ausfindig zu machen, wo das Gold vom Berg abgestürzt wurde, um es dann unten im waldbewachsenen Tal auszugraben, da es doch natürlich mit der Zeit tief in der Erde versunken ist."

„Gewiß", eiferte sich mein Freund, „die Sache liegt so klar, daß wir zu jedem Opfer für die Ausrüstung bereit sind. Doch möchten wir aber Dich gern dabeihaben, weil Du landes- und reisekundig bist". – „Nun gut, auf Wunsch gehe ich als Leiter mit, aber nur, wenn man mir meine Zeit bezahlt, denn auf den Schatz verzichte ich!" – „Angenommen, schön, Geld genug ist da!"

Bald war alles organisiert. Schon drei Tage später ritt die Expedition am frühen Morgen über das Gebirge, mit dem Blinden als Führer an der Spitze. Es war staunenswert, wie dieser jede Wegerichtung, jeden Höhenzug, jeden Gebirgspass im Gedächtnis trug, und seine Weisungen waren klar und bestimmt. Tagelang ging es bergauf und bergab. Über die Höhen von Ollantaytambo und von da höher hinauf über Schnee bedeckte Hochebenen. Wir waren zwar warm angezogen, aber wir wurden nicht mehr warm, wenn wir in der Nacht in unseren Zelten so recht durchfroren lagen.

Solche Reisen im Hochgebirge sind ja wunderherrlich, so unbeschreiblich schön, daß man sie erlebt haben muss, um einen Begriff davon zu bekommen, d. h. für einige Stunden, nachher wird es langweilig, sogar qualvoll. Die Augen muss man durch blaue Brillen schützen, weil sie sonst von all dem Glanz und Flimmer krank werden und sich entzünden, was einen wahnsinnigen Schmerz hervorruft. Tier und Mensch leiden dann stark durch die Höhenkrankheit, die Kopf- und Brustschmerzen verursacht. Die Füsse hängen wie Eisklumpen in den Stiefeln und wohl denen, die statt der modernen eisernen Steigbügel die landesüblichen Estriberos aus Holz angeschnallt haben, die den Fuß gegen Nässe und Kälte ringsum leidlich schützen. Gern steigt man ab, wenn man ein Stück trockenen Weges vor sich sieht, aber dann versagen die Lungen.
Doch alles lässt sich ertragen, solange der eisig pfeifende Höhenwind noch trocken weht. Aber wehe, wenn dann Regen und Schneegestöber bis auf und in die Knochen dringt! Da erstarrt das Leben, wie ein Unglücksklumpen

hängt man auf dem müden, schwerkeuchenden Tier, das nicht mehr vorwärtskommt. Da verschmäht dann wohl keiner hin und wieder einen Schluck Feuerwasser, um wenigstens ein wenig Wärme im Inneren zu spüren, wenn er auch weiß, daß diese Wärme ein Trug ist, die nur für Momente Belebung hervortäuschen, nur alzubald die Erschlaffung erhöht. Dann fehlt nur noch der Nebel, der jede Aussicht, jede Orientierung unmöglich macht, um das Schicksal der kühnen Reisenden zu besiegeln.

Wohl war ich schon verschiedentlich über grosse Schnee bedeckte Pässe geritten und gereist, aber dann blieb man doch nur Stunden oder höchstens einen Tagesmarsch in der eisigen Zone bis zum Abstieg. Aber hier führte uns der blinde Alte, der keine Spur von Ermattung sich merken ließ, tagelang über Berg und Tal immer höher in die starren Eisfelder. Es war der 6. Tag unserer Reise, als wir ihm offen sagten, daß wir nicht mehr Lust hätten, Leben und Gesundheit an die Verfolgung einer trügerischen Fortuna zu setzen. Wir wollten wieder umkehren!

Da lächelte der Alte und meinte sarkastisch: „Es geht mir wie Kolumbus, dicht vor dem Ziel will man gegen mich meutern. Ich habe der Ausdauer meiner jungen Begleiter zu viel zugetraut und glaubte, daß Strapazen, die ein blinder Greis mitmacht, für Männer nicht zu viel seien." Beschämt schwieg alles still, und weiter ging der traurige Zug. „Dicht vor dem Ziel," hatte der Alte gesagt, und wirklich, als wir gegen Abend desselben Tages einen etwas isolierten Bergkopf erstiegen hatten, hielt er sein Pferd an und fragte:

„Seht Ihr hier direkt vor uns, ganz im Hintergrunde, einen hohen dreizackigen Berg?" – „Ja, den sehen wir." – „Schön, seht Ihr halblinks vor uns eine einsame Klippe aus dem Schneefeld aufragen?" – „Auch das." – „Gut und halbrechts in derselben Entfernung einen einzelnen starken Baum hinter der Bergwand hervorragen?" – „Nein, den sehen wir nicht, wie sollte denn auch hier oben in Eis und

148

Schnee ein Baum wachsen?" – „Aber vor uns liegt eine flache Bodensenkung, die den Kamm vor uns schneidet?" – „Allerdings, aber die ist ausgefüllt mit Schnee." – „Tut nichts, reiten wir jetzt über den rechts liegenden Bergrücken, so werden wir bald unser Ziel erreicht haben."

Nach einer Stunde scharfen Reitens, während dessen selbst die Tiere munter ausgriffen, belebt von der neu erwachten Hoffnung der Reiter, hielten wir plötzlich an einer jäh abfallenden schwindeltiefen Bergwand, wo sich der Blick vergeblich mühte, auf den Grund der nachtschwarzen Tiefe zu dringen. Doch kletterte im Abgrund wogendes Pflanzengewirr bis fast zu unseren Füssen empor, was einen wundersamen Kontrast bildete zu unserer verschneiten Höhe.

Feierlich erklärte nun unser blinder Führer: „Wir sind am Ziel!" – „Ja, und der Schatz? Wo sollen wir graben?" – „Hört zu! Ich habe Euch gesagt, daß ich Euch an den Platz führen werde, von wo aus das Gold hinabgestürzt wurde, das ist hier". – „Demonio! Demnach müsste das Gold da unten verstreut in dem tiefen Höllenrachen liegen, vielleicht in einem Sumpf, viele Meter tief versunken! Und wie überhaupt hinunterkommen, diese schroffen Felswände, die den Kessel umgeben, bieten nirgends die Möglichkeit eines Abstieges". – „Vielleicht doch", meinte bedächtig der Alte, „das wäre jetzt Eure Sache, denn dazu bedarf es der scharfsehenden Augen eines kühnen Bergsteigers. Oder man müsste den unteren Eingang dieses Tales aufsuchen, um dann bis zu dieser Stelle, die hier unter uns liegt, vorzudringen. Das dürfte nicht allzu schwierig sein, denn die Schlucht liegt am Ostabhang gegen die Sonne, ist bewaldet, hat also ein milderes Klima, als es hier oben herrscht. Mit Ausdauer überwindet man jede Schwierigkeit. Es fehlt nur ein von unten erkennbares Zeichen, hier anzubringen".

149

Solch ein Zeichen war schon da: der kleine Wasser-
sturz, der sich links neben uns aus der Schneemulde löste,
musste von weither zu erkennen sein, neben der runden
Kuppel, auf der wir standen. Derweil war es Nacht geworden und es war eine Not, uns noch in den Schnee einzubud-
deln, wo wir mit den Zelttüchern zugedeckt, ein gar nicht so
übles Schlafquartier hatten.

Dann aber ging es hinab von den ungastlichen Höhen, was wir in fast der halben Zeit des Aufstieges fertig-
brachten, da trockenes Wetter uns begünstigte. Wir kamen
ziemlich verhungert an, da auch der Proviant zu knapp gegen den wütenden Appetit in der Bergluft bemessen war.
Marode, abgerissen und verfroren hatte kaum noch einer etwas von der endlichen Hebung des Inka-Schatzes gesprochen. Enttäuschung und Entmutigung gaben einen kühlen
Abschied. Wohl hieß es noch:
    „Ja, wir lassen nicht locker, wir treten wieder zusam-
men zu neuem Tun," aber man merkte, wie oberflächlich
dieses Versprechen gegeben wurde und jeder von uns die
Reise verwünschte. Wirklich hat auch keiner mehr später
davon gesprochen und so blieb auch ferner das abgestürzte
Gold an seinem Platz, bis es einst von denen gefunden werden wird, für die ein gütiges oder boshaftes Schicksal es bestimmt hat. Vielleicht erst dann, wenn es einer fortgeschrit-
tenen Menschheit nicht mehr den Fluch des Goldes anzu-
hängen vermag.

Brauführer und Landwirt

In Cusco existierte damals eine deutsche Brauerei, wo ich
nun, müde all der Strapazen und Streifereien, Stellung
nahm. Der Eigentümer, ein gemütlicher Deutscher, war aus
Chile eingewandert. Er hatte gleich mir Gefallen an der

Wildnis gefunden und hatte jahrelang im Busch gelebt, bis er endlich in der Zentralstadt eine bleibende Stätte fand, in dem er eine kleine, von einem Franzosen gegründete Bierküche übernahm. Anfänglich hatte er schwer zu kämpfen, denn das Volk war nicht gewohnt, Bier zu trinken, und wenn man mal protzen wollte, musste es ausländisches Bier sein. Während des Krieges mit Chile jedoch, 1879 – 81, als die Einfuhr abgeschnitten war, besann man sich darauf, daß auch das einheimische Bier trinkbar sei, besonders, als der Brauer einmal ein Freibier an die Spitzen der Gesellschaft verabfolgte.

Darauf kam sein Bier in Aufnahme und nun machte er glänzende Geschäfte. Er stand auch dann noch unerreicht da, als andere es ihm nachmachen wollten und nun eine ganze Anzahl Bierkochereien entstanden, die aber nicht hochkamen. Er, der deutsche, der hergekommene Waldläufer und Träumer, hatte es ihnen allen vorgemacht, ihnen allen getrotzt, hatte ein Weib aus ihrer Mitte genommen, mit der er trotz allem reich und glücklich wurde. Er ragte über sie alle hinweg, die vor Neid und Missgunst über das Glück und Emporkommen dieses „Gringos" knirschten, sich tief vor ihm bückten, ihm aber auch zu schaden suchten, wo sie nur konnten, so daß er aus den Prozessen nicht herauskam.

Er aber lachte ihrer, ohne sich zu grämen. Er hatte Geld und ließ einen guten Juristen für sich arbeiten. Die Prozesse, die nicht zu gewinnen waren, wurden einfach auf die lange Bank geschoben, bis der Kläger müde und mürbe wurde. Wer Geld hat und warten kann, der gewinnt jeden Prozess. So war aus der kleinen Garküche mit der Zeit eine ansehnliche Brauerei entstanden, so war er Herr des Bodens und der Gebäude geworden, hatte mehrere größere Haciendas erworben und stand nun da wie ein Fürst mit starkem Einfluss.

Es war aber auch ein gutes Geschäft damals mit dem Bier. Die Gerste war lächerlich billig, der Sack kostete 2-3 S., die Arbeiter bekamen 20 Cents pro Tag. Als Brennstoff wurde neben Holz meist Lamamist verwandt, der an Kalorien guter Kohle kaum nachsteht. Das einzig Teure bei dem Spaß war der Hopfen, den man von Deutschland beziehen musste. Große Anlagen waren nicht zu verzinsen. So kam ihm die Flasche Bier an Produktionskosten auf 5 Cent zu stehen, die er jedoch mit 30 Cent verkaufte, während das ausländische Bier 60 Cent kostete. Erst nach seinem Tode kam eine moderne Brauerei dort auf, die dann freilich seinem Sohn das Handwerk legte.

Dort befand ich mich eine Zeitlang ganz wohl bei guter Pflege, geregelter Arbeit und Lebensführung als Brauführer, da ich die Kunst bald gelernt hatte. Vor mir hatte diesen Posten der Neffe des Hauses gehabt, der dem alten Herrn so ähnlich war, daß man nur durch die Alterslinien den Unterschied feststellen konnte. Es hieß auch allgemein, er sei der Sohn, der erst nach der Heirat, angeblich aus dem Süden kommend, auftauchte.

Die peruanische Tante mochte ihn deswegen nicht gern, und da er auch, anstatt strenger Pflichterfüllung, gern bummelte, und ein lustiges Leben führte, so wurde er eines guten Tages entlassen aus Haus und Geschäft. Da trat er gegen den Alten als Kläger auf und verlangte die Anerkennung seiner Sohnesrechte. Jetzt hatte er es aber ganz verdorben. Der Alte erklärte kaltblütig, daß der Junge der Sohn eines verstorbenen Bruders aus Chile sei und übergab die Sache dann einem Juristen. Dem hatte aber der hoffnungsvolle Jüngling nichts entgegenzusetzen als einige Briefe, worin der Alte ihn „lieber Sohn" anredete und vor allem hatte er kein Geld, um Zeugen zu kaufen. So verlor er seine Partie. Er fand dafür aber einen Kapitalisten, der ihm half, eine Konkurrenzbrauerei zu errichten. Doch auch da reichten seine Kenntnisse nicht aus, weil er mehr das Bierglas als die Braupfanne studiert hatte.

Ich aber war auf dem besten Wege, Mentor in der Fabrik zu werden und sah aussichtsvoll in lohnende Zukunft. Da wanderte eines Tages ein Mann aus Chile mit seiner ganzen Familie in Cusco ein, und zwar in die Brauerei. Wie es hieß, sollte er eins der Güter des Brauers verwalten, fing aber vorläufig an, mit in der Fabrik zu arbeiten. Er wurde jedoch nicht unter mein Kommando gestellt und gar bald merkte ich, daß er nicht an Weitergehen dachte. Mehr und mehr suchte er sich in die Gunst des Patrons einzuschmeicheln und strebte darnach, mich von meinem Posten zu verdrängen. Gleichlaufend damit fühlte ich eine merkwürdige Kühle im Benehmen meines Herrn und seiner Gnädigen.

Ungern wollte ich meinen Posten verlieren, aber ich begriff, daß dieser Mann mit seiner größeren Intelligenz und seinen besseren Kenntnissen im Maschinenfach und Landbau dem schon etwas bequem gewordenen Besitzer mehr zusagen musste als ich. Ferner hatte er ein liebes Weib und eine Schar reizender Kinder, deren Gedeihen doch davon abhing, daß der Vater einen guten Verdienst hatte. Ich als freier Mann würde schon anderswo mein Fortkommen finden.

Deswegen überließ ich dem Neuen ohne Kampf das Feld und erklärte dem Patron meinen Austritt. „So war es nicht gemeint," erklärte dieser, „ich schätze Euch beide und habe auch Arbeit für beide". – „Sie irren," sagte ich darauf," wo ich der Erste war, mag ich nicht der Zweite sein, und an der Seite des Zweiten ist kein Platz für den früheren Ersten".

„So viel Ehrgeiz hätte ich Ihnen nicht zugetraut," gestand der Alte. „Ehrgeiz beiseite," gab ich zurück, „doch habe ich die Tendenz dieses Strebers erkannt, der sich nicht zufriedengeben wird, bis er nicht die höchste Stufe erreicht hat". – „Ich liebe die aufstrebenden Leute," lächelte der Brauer, „nur so kann man es, wie ich, zu etwas bringen". – „Sehr richtig," beteuerte ich, „immer so lange, wie dieser Streber nicht Ihnen selbst an den Kragen fasst".

Es ging ein paar Jahre gut. Der Streber erwies sich als vorzüglicher Leiter der Fabrik, wobei auch seine immer gesteigerten Ansprüche gebührend bewertet wurden. Alles ging nach Wunsch, und nun glaubte Herr M., er könne ruhig diesem vorzüglichen Mann, der ihn jetzt vollkommen ersetzte, alles getrost überlassen, und sich einen Abstecher nach Europa erlauben. Da aber musste er doch an meine Worte denken, da reckte sich die Kralle des Strebers ihm selbst entgegen. Er erklärte sich einverstanden, er sei der Mann dazu, aber Herr M. müsse ihn dann als Teilhaber aufnehmen, müsse ihm alles in vollem Vertrauen ohne fremde Kontrolle überlassen, bis zu seiner Rückkehr. Da waren die beiden plötzlich miteinander fertig. M. reiste nicht ins Ausland, dafür reiste seine rechte Hand mit seiner Familie ins Inland auf neue Suche. Beide aber gerieten in Not: der Unternehmer mit der jetzt schon ungewohnten Führung der Fabrik, da er nun trotz seines Reichtums schwer wieder arbeiten musste, und der Streber aber litt mit seinen holden Kindern, die er gar fein gewöhnt hatte, bald pekuniären Mangel.

Ich war derweil an ein paar junge Wurstfabrikanten geraten. Zwei Brüder, die auch auf M‚'s Anregung aus Deutschland ausgewandert waren und nach Cusco kamen, um an diesem Platz, wo man eigentlich von Wurst noch keine Ahnung hatte, dieses köstliche Produkt einzuführen. Anfänglich mit recht schwachen Erfolgen. Die Reklamewurst wurde zwar mit Appetit verzehrte und auch sehr gelobt; andererseits aber herrschte die Meinung vor, daß ein guter Schweinebraten doch noch besser schmecke und man sah nicht ein, warum 1 Pfund Wurst teurer sein sollte als das

Fleisch auf dem Markt. – jetzt planten sie, ein Landgut zu mieten, eine größere Schweinezucht einzurichten und sich mehr dem Export von Schmalz und Schinken zu widmen. Da erschien ich ihnen als der beste Mann zur Verwaltung des Gutes und der Viehzucht. Mir schien auch so, und die Rentabilität dieses Unternehmens stand, wie ich glaubte, außer Frage. So wurden wir uns bald einig zum guten Werke. Alle Anzeichen schienen günstig. Auf dem Gut hatte bis dahin ein einheimischer Pächter gesessen, der in 7 Jahren dort ein Vermögen erwarb und nun eine eigene Hacienda kaufte. Warum sollten wir das nicht auch können? Freilich hatten wir nicht damit gerechnet, daß in der Landwirtschaft nach 7 fetten Jahren auch 7 magere kommen.

Mächtig gesteigert aber wurden unsere Erwartungen durch einen anderen Landsmann, dem Don Petro, der das Gut provisorisch kurze Zeit verwaltet hatte. Ich setzte zwar seinen optimistischen Ausführungen ein gut Stück Unglauben entgegen, musste aber zugeben, daß, wenn wir auch nur den zehnten Teil davon erreichten, die Sache noch ein gutes Geschäft sein müsste.

Es kam anders. Mit grosser Hoffnung und frohem Mut machte ich mich daran, die Äcker mit Mais und Gerste zu bestellen, soweit sie der Bewässerung zugänglich waren. Die Berggelände aber hingen vom Regen ab, und dieser Regen, der es erst ermöglichte, die Länder zu pflügen, dieser Regen kam nicht. Dadurch wurden auch die 30 Indianerfamilien, die dem Gut als Arbeiter dienten, in die Unmöglichkeit versetzt, ihre Schollen zu bebauen. Das war aber noch nicht das Schlimmste. Die anhaltende Dürre versengte auch die Wiesen an den Bergen und trocknete die Wasserbäche und Schluchten aus. Wir hatten den ganzen, ziemlich grossen Viehbestand des Gutes mit in Pacht für die Nutznießung unter der Bedingung, daß wir die erhaltene Kopfzahl an Pferden, Rindern und Schafen in gutem Zustand bei

Beendigung der Pacht wieder abliefern mussten. Durch die Dürre sahen wir uns gezwungen, alles Vieh aus den Bergen in die Rieselwiesen zu bringen, wo wir Heu ernten wollten, und wir mussten noch die angebaute Luzerne mitverfüttern. Alles dies aber reichte nicht aus, das Vieh in gutem Zustand zu erhalten, und anstatt sich zu vermehren, wurde es immer weniger, weil wir die zunehmende Läuse-und Lungenpest auch nicht mit größter Fürsorge und Arbeit bekämpfen konnten. Ferner gaben die Kornfelder nicht, was sie geben sollten, trotz ständiger und mühseliger Bewässerung mit dem leider zu kalten Schneewasser des Vilcanotaflusses.

Dort, wo wir 300 Sack Gerste ernten wollten, erzielten wir nur 75. Nur der Mais war leidlich geraten, die Kartoffeln dagegen nicht. In der Viehzucht gaben nur die Schweine einen Ausschlag auf Nutzen, was aber den allgemeinen Ausfall nicht deckte. Sie hätten uns einigermaßen herausreißen können, wenn wir nicht zu große Summen für gute Zuchteber ausgegeben hätten, die, von der Küste importiert, nicht gut einschlugen. Ja, das war auch ein Fehler gewesen, daß wir unseren Optimisten, den Don Petro nach Molendo schickten, wo ein Deutscher eine englisch-deutsche Rasse eingeführt hatte, die dort gute Erfolge erzielt hatte. Daraufhin hatte dann Don Petro gleich 24 Stück von den schönen aber schrecklich teuren Tieren gekauft, die jedoch nach dreitägiger Bahnfahrt und 9tägigem Überlandtreiben in kläglichem Zustand ankamen.

Die Strapazen und der Klimawechsel waren aber Ursachen, daß die meisten davon gleich eingingen. Immerhin, die übrigen standen und erzielten jetzt in der Kreuzung mit guten Landschweinen sehr gute Erfolge. Verschiedene der jüngeren Muttersäue kamen in Gefahr bei der Geburt der grossen Germanenkinder, wo sie nicht im Stande waren, diese an das Licht zu bringen. Die kleinen Ferkel aber waren meistens ganz weiß, es waren reizende Geschöpfe und erregten unter den Gutsbesitzern lebhafte Wünsche, solche auch zu haben. Bestellung auf Bestellung folgte und gab uns die berechtigte Hoffnung auf gute Geschäfte. Doch auch das sollte nicht sein. In den sechs Wochen, die sie doch bis zur Ablieferung haben mussten, wurden die rosigen strammen Kerle grau und schrumpelig und bekamen grosse, ekelhafte Beulen, an denen sie trotz aller Pflege vorzeitig eingingen. Ich zog aus all diesem Misslingen das fatale Fazit, daß wir auf einer schiefen Ebene mit unserem Unternehmen rutschten und beschwor meine Soziusse, die in Cusco ruhig weiter wurstelte, doch den Pachtkontrakt schleunigst zu kündigen.

Die aber waren doch noch zu sehr in ihrem Optimismus versteift, um meine Unkenrufe zu würdigen. Sie vertrösteten mich auf die Zukunft, die alles ausgleichen würde, schalten mich einen Schwarzseher und hatten keine Lust zu kündigen. Auch der Brauer, obgleich er die Garantie bei dem Gutsherrn für uns gestellt hatte, war für Durchhalten, und so musste ich denn die Stange halten.

Das zweite Jahr war des ersten Bruder. Nicht ganz so schlimm an Futtermangel und Seuchen, aber doch auch zu trocken, um das Bergland zu besäen. Wieder mussten die Indianer vom Gut aus ernährt werden, da sie auch jetzt nicht hatten säen können. Da wurden die Leute, die bis dahin willig und friedlich gewesen waren, mürrisch und aufsässig. Da begriffen sie, daß doch wohl der Priester recht behalten hatte, als er sie warnte, einem Ketzer und Ausländer zu dienen, da der Segen des Himmels von ihnen weichen würde. Erst als ich Gelegenheit hatte, einen der Leute gegen eben diesen Pfaffen zu verteidigen, da dieser ihm seine einzige Kuh als Entgelt für eine Kindtaufe entführen wollte, als ich gegen einen Nachbarn auftrat, der einem meiner Leute ein Rind erschossen hatte, als ich ihnen anbot, ihren Kindern freien Unterricht zu geben, stiegen ihnen wohl doch leise Zweifel an der Lehre des Pfaffen auf.

Aus dem Unterricht wurde freilich nichts, obgleich ich einen jungen stellenlosen Lehrer annahm, der die

157

keinem Schulzwang unterstehenden Kleinen wenigstens des Sonntags unterrichten sollte. Das erste Mal kamen auch alle und noch die Alten dazu., aber dann flaute es bald ab und schliesslich kam keins mehr. Als ich, verärgert darüber, die Leute zusammenrufen ließ, wurde mir zu meinem Staunen erklärt, daß man wohl meine gute Absicht schätze, daß es aber nicht gut sei, die Kinder klüger zu machen als die Eltern, weil sie sonst nachher von ihren Sprösslingen verachtet würden und die Knaben wollten dann Doktoren und Pastoren werden und würden dadurch auch solche Blutsauger gegen ihr eigenes Volk werden. Das wäre auch nicht gut für das Gut selbst, denn die gelehrten Kinder würden nicht mehr dienen wollen. Ich staunte. Sollten doch die Pfaffen und die Regierenden recht behalten mit ihrer Ansicht, das Arbeitsvolk müsse der Dummheit erhalten werden?

Aber ich hatte meine liebe Not mit den jetzt hungrigen und infolgedessen unzufriedenen Leuten und musste manchen Sack Weizen opfern, um die Nimmersatten nur einigermaßen zu beruhigen. Ich wusste recht gut, wenn diese Leute gegen mich aufstanden, war ich ihnen gegenüber ohnmächtig. Ich kannte Beispiele genügend, wo dieses geknebelte Volk sich aufgebäumt hatte wie ein rasendes Pferd, wo es durch irgend etwas Unerträgliches aufs Äußerste gereizt, seine Zwingherren niedergeschlagen und alles verwüstet hatte. Blieb solch ein Aufruhr lokal beschränkt, so waren wohl die Aufrührer bald wieder zur Ruhe gebracht und wurden grausam bestraft. Zuweilen griff aber auch ein derartiger Brand furchtbar um sich, wurde zur Revolution, verheerte ganze Provinzen und bedrohte auch die Städte.

Dann wehe den Weißen, denn in ihnen sieht doch der Indianer seit je her seine Freiheits- und Lebensfeinde. In ihm schlummert dunkel die Tradition eines einst grossen, freien Volkes, das durch die goldgierigen barbarischen Weißen zerstört und geknechtet wurde, schlummert aber auch noch die Hoffnung, daß ihm einst wieder ein Messias, ein neuer „Viracocha" (Inkafürst) erstehen müsse, der diese verhassten und herrschsüchtigen Bleichgesichter mit ihrer gleissnerischen Religion und ihrer grausamen, unmenschlichen Zivilisation hinausfegen würde, um ein edles Volk wieder in seine Rechte einzusetzen.

Es fehlt in der Geschichte des Landes auch nicht an Beispielen von Führern, welche die erregte Volksstimmung auszubeuten verstand, um sich als Fürsten aufzuspielen. Aber immer wieder musste der arg getäuschte Indianer erfahren, daß er sich falschen Führern anvertraut hatte, welche die edlen Regungen seines Patriotismus nur zu selbstsüchtigen oder Parteizwecken gegen die bestehende Regierung ausbeuten, die dann aber, mochten sie nun weichen oder siegen, stets wieder die Sache des Eingeborenen verraten. Verschiedene dieser Helden sind freilich auch der Rache des erbitterten Volkes zum Opfer gefallen, zu gerechter Sühne.

Der Letze dieser Hoffnungserreger war sogar ein deutscher Offizier, der, nach Cusco verschlagen, auch an den Brauer M. geriet und von diesem als Verwalter auf dessen Gut bei Paucartambo gesetzt wurde. Da hatte er eine famose Stellung, denn seine ganze Beschäftigung bestand in Anordnung und Aufsicht der Bebauung des Landes, die von den zahlreichen eingesessenen Indianern des Gutes nach alter Gewohnheit ausgeführt wurden. Ihre Kazien (Vormänner) riefen die Leute zum Säen und zum Ernten zusammen, erhielten das Saatgut und lieferten das gereinigte Korn an den Gutsbesitzer ab. Als Entgelt dafür bekamen sie ein mäßiges Stück Land, wo sie sich ihre Häuser bauten, für sich arbeiteten und einiges Vieh hielten. Geldzahlung für Arbeit war damals noch nicht eingeführt.

So hatte der gemütstiefe Deutsche recht viel Zeit zum Anschauen und Beobachten, wozu er sehr neigte. Er studierte den Charakter dieser Indianer, seiner Arbeiter, die kamen und gingen, wenn es notwendig war und für das Gut schafften ohne Murren, in harter Arbeit. Er fand, daß unter all der kulturellen Verkommenheit, äußerlich der Stempel des herrschenden Katholizismus aufgedrückt war, trotz der jahrhundertelangen Knechtung, doch noch ein edler Kern von guten Eigenschaften lag. Er fand noch etwas wie Rassenstolz, Vaterlandsliebe, Gerechtigkeitssinn und Freiheitsdrang, von Treue und Opfermut. Alles freilich überwuchert von einem glühenden Hass gegen die Unterdrücker und Fremdherrschaft.

Der Indianer hatte einst tapfer mitgeholfen, die Spanier aus dem Lande zu vertreiben, hatte um Recht und Freiheit gekämpft und in den Kämpfen durch seine Bravour den Ausschlag gegeben. Dann aber hatten die Mischlinge, die Epigonen der Spanier und anderer Fremder, das Regiment an sich gerissen und ihm schlimmere Fesseln angelegt als früher. Was Wunder, wenn der Indianer nun misstrauisch und feindlich gegen alle wurde, die nicht seine Rasse waren, die sich seine Landsleute nannten und ihn doch nur als einen Paria behandelten. Was Wunder ferner, wenn er nun scheu, traurig, finster und heimtückisch mit der Zeit wurde.

Der Inka-Fürst

Carlos Lamp[36] aber, der erwähnte sentimentale Deutsche, verstand diese Leute, fühlte und litt mit ihnen und in ihm ward der Wunsch rege, das niedergetretene Volk zu erheben, die Freiheit und das Glück zurückzugeben. Er erlernte

---

[36] Carlos Lamp als Virachoca, als Gottheit der Inkastämme, s. Anhang

160

die Sprache der Indianer, ging auf ihre Eigenheiten ein und machte sich so traut und heimisch mit ihnen, daß er bald über seinen Kreis hinaus als der Taytay (lieber Vater) aller Indianer galt.

Nun verfocht er auch nach außen die Rechte seiner Leute, und wenn einer der Leute bei ihm über Unrecht klagte, das er durch geistliche oder sonst Herrschende erlitten hatte, so mussten diese gar bald dem Taytay Rechenschaft ablegen. Er wurde zum Protektor der Misshandelten in der ganzen Gegend und dadurch natürlich auch wiederum zum bestgehassten Mann. Schlimmer noch, weil er auch Protestant war und die Indianer vom Götzendienst und von der Heiligenanbetung zurückhielt, indem er ihnen beibrachte, daß sie vor Gott und den Gesetzen denen gleichberechtigt seien, die sich wie ihre Fronherren gebärdeten. Daß sie eine edle Rasse seien, sie nicht nötig hätte, sich zu bücken vor dem Krämervolk der Mischlinge und der Pfaffen, für die sie doch nichts als Arbeitsvieh und Ausbeuteobjekte seien. Was Wunder auch, wenn nun die im Stumpfsinn versunkene Parias aufhorchten, wie auf ein neues Evangelium, wenn sie bald zu diesem gütigen Mann, der in ihrer eigenen Sprache mit ihnen redete, der sich unter Verachtung eigener Gefahr und Nachteile so tapfer schützte, aufschauten wie zu einem großen Anqui (großer Geist, der Alte, der Gott), wenn sie in immer größeren Kreisen sich um ihn scharrten und zum Teil von weitem kamen, um mit ihm das große soziale Problem zu beraten, ihm ihren Willen zur Erhebung und zur Freiheit zu zeigen.

Er aber warnte vor Übereilung und vorzeitigem Tun. Langsam und ruhig sollten sie sich erst vorbereiten, sich erst selbst erziehen, sich erst selbst befreien von der Schmutzkruste der Vertierung und Verdummung, die auf ihren Seelen laste. Sie sollten erst würdig werden, um dann, wenn der große Tag gekommen sei, sich wie ein Mann zu erheben, die Fesseln zu zerbrechen und ihr Geschick unter weiser, wohlvorbereiteter Führung selbst in die Hand zu nehmen. Weiter zeigte er ihnen, wie es notwendig sei zu sparen und pekuniäre Mittel zu erwerben, um Waffen anzuschaffen, ohne die ein Kampf aussichtslos sei.

Nach einer solchen Versammlung, als die Indianer schon den weißen Heiland ganz als den ihren betrachteten, nahmen ihn einige der Kaziken in ihre Mitte und eröffneten ihm, daß, wenn die große Stunde gekommen sei, es an Mitteln nicht fehlen werde, weil sie die Hüter eines der Inkaschätze seien, die, allen ein Geheimnis, nur zum Zwecke der grossen Befreiung berührt werden dürften. Ungläubig erwiderte Don Carlos, daß er wohl die Sage dieser Schätze kenne, aber doch nicht an deren Wirklichkeit nach so langer Zeit glauben könne.

„Willst Du Dich überzeugen"? Als er bejahte, verbanden sie ihm die Augen, setzten ihn auf ein Pferd und führten ihn stundenweit durch das Gebirge, ohne daß es ihm möglich war, Richtung und Gegend zu erkennen. Er merkte nur, daß sein Pferd zuletzt eine steile Höhe keuchend nahm, dann hallten die Schritte wie in einem Tunnel wider und die Luft wurde stockig, plötzlich hielt der Zug an, die Augenbinde fiel, Fackelglanz blendete ihn, bis er nach und nach sah. Da fand er sich in einer grossen Höhle, neben ihm standen 4 Indianer, deren geschwärzte Züge er nicht erkennen konnte. Vor ihm saß auf goldenem Thronsessel ein goldener Inka in vollem Schmuck. Um ihn herum lagen vielerlei Geräte aus Silber und Gold, meist zerdrückt und verbogen. Dazwischen lagen wie in Eile abgeladen, Lasten von edlem Metall, untermengt mit herrlichen, edelsteinbesetzten Schmuckstücken. Don Carlos traute seinen Sinnen nicht. Er wollte absteigen, wollte greifen und fühlen, ob dies alles nicht ein Spuk, ein Phantom sei. Daran wurde er gehindert und einer der Kaziken mahnte: „Wir dürfen sehen und

hüten, aber nicht berühren, bis die Stunde Viracochas gekommen ist". Dann umhüllte ihn wieder das Dunkel und
erst in der Halle seines Hauses durfte er wieder sehend werden, seine Begleiter aber waren verschwunden.

Als Don Carlos uns das einmal im Vertrauen im
Bierstübel der Brauerei erzählte, war wohl keiner dabei, der
recht daran glaubte. Er habe wohl geträumt, hieß es, oder
seine Phantasie sei mit ihm durchgegangen. Der Herr Leut-
nant aber, der von der Landesregierung für wesentliche
Dienste während der Revolution bereits zum Major avan-
ciert war, meinte seelenruhig: „Wenn jemand von Euch mir
solches erzählt hätte, so würde ich es auch nicht glauben,
aber die kommenden Tatsachen werden mir recht geben".

„Mensch! Ist es denn wahr, daß Du Revolution an-
stiften willst? Nimmst Du keine Rücksichten auf deine
Landsleute, die doch auch schwer betroffen würden?" Da
lächelte der Inkafürst bedeutungsvoll und meinte: „Meine
Indianer besitzen Edelmut und Verstand genug, um zwischen dem harmlos eingewanderten Fremden und seinen
weißen Bedrückern zu unterscheiden".–„Ach was", meinte
nun lachend der gemütliche Brauer, „lasst Euch nur nicht
schrecken, da ist keine Gefahr, mein lieber Karl möchte
mich bloß das Gruseln lehren, damit ich vor Angst nicht die
Pacht von dem faulen Volk eintreibe, die wirklich keine Ursache haben, sich über ihre soziale Lage zu beklagen. Was
aber die Inkaschätze anbetrifft, so ist es nicht ausgeschlossen, daß wir hier, wo wir hier so gemütlich beieinandersit-
zen, uns gerade über einem solchen Schatz befinden!" –
„Nanu, und warum haben Sie denn den nicht gehoben?" –
„Ja, das will ich Ihnen sagen: Einmal, weil ich es gar nicht
nötig habe und mich gar nicht danach verlangt, dann aber
auch, weil es durchaus nicht ungefährlich ist, denn wenn das
bekannt würde, wäre ich doch des Schatzes und auch

meines Lebens nicht mehr sicher. Und schliesslich weiß ich auch nicht heranzukommen, denn wenn ich auch stark vermute, daß er gerade unter diesem Felsen steht, auf dem mein Haus gebaut ist, bleibt doch die Schwierigkeit, den Eingang zu finden."

„Haben Sie denn einen Anhalt für Ihre Mutmaßung?" – „Doch, ich habe noch einen uralten Mann gekannt, in langen schneeweißen Haaren, ohne Bart, von braunem Typ und der Physiognomie eines Raubvogels, der sich Don Carlos el Huaman nannte und behauptete, der letzte Spross des legitimen Inkageschlechts zu sein. Er war verheiratet mit einer Frau spanischen Blutes, die nicht weniger stolz auf ihre Abstammung von der Familie des Vizekönigs war. Diese beiden Königskinder, die zusammen gekommen waren trotz des tiefen Wassers des Rassenunterschiedes, lebten aber in sehr primitiven Verhältnissen, die zu ihrer Würde wenig passten; die hatten auch keine ersichtliche Einnahmequelle.

Nachdem nun der Inka gestorben war, suchte die Prinzessin wie wahnsinnig nach dem Schatz der Inkas, wobei sie immer ärmer wurde und betteln musste. Wenn sie verhöhnt wurde, rief sie, wohl verzweifelt, aus: ‚Oh, ich muss ihn finden, den enormen Schatz! Ich habe ihn gesehen mit leiblichen Augen. Mein Adler hat mich hinaufgeführt mit verbundenen Augen in einer Nacht, als ich ihn nicht ruhen ließ, als ich untröstlich war über unser armseliges Leben und er doch immer sagte, er sei der Hüter des Inkagoldes, wenn ich ihn einen elenden Lügner nannte. Das war ihm zu viel, da ließ er mich den Reichtum sehen, aber er sagte: ‚Dieses Gold trägt den Fluch und das Blut der Inkas und darf nur berührt werden, wenn die Stunde der Wiedergeburt unseres Stammes gekommen ist.' Ich versuchte mit allen meinen Sinnen ein Zeichen zu erhaschen zur Wiedererkennung des Ortes – umsonst. Nur das merkte ich, daß dumpfe Gräberluft mich umgab und daß ich durch einen Felsengang geführt wurde. Dann, als ich wieder frische Luft atmete, hörte ich die Glocke der Santa-Therakapelle in der Nähe anschlagen."

"Nun, sehen Sie, meine Herren," fuhr der Brauer fort, "da drüben steht die Kapelle und das Kloster, dies hier muss also der verwunschene Berg sein." Karl Lamp aber fügte hinzu: "Gebt Euch keine Mühe, die Zeit ist nicht fern, da wird das Stichwort fallen und dieses Gold, das einst die Spanier anlockte und mit ihnen das Verderben ins Land kam, wird bald ein mächtiger Hebel werden, um den Stein vom Grabe der Inkas zu wälzen. Dann wird ein edles Volk seine Auferstehung feiern, wird eine Zivilisation entstehen, höher als die europäische, eine Zivilisation, die den Götzen Mammon hasst und sich nicht mehr vor ihm beugt."

Dann ging er hinab zu seinen Begleitern, den Indianern, und überzeugte sich, daß auch sie ihren Durst in gutem Bier hatten löschen können und auch die Reittiere ihr Recht auf Futter und Trunk bekommen hatten. Darauf ertönte das Kommando: "Aufgesessen." Und nun schwenkte der kleine Zug der sauber gekleideten Indianer durch die Straßen Cuscos in militärischer Haltung, an ihrer Spitze der Germanenoffizier, stolz wie ein Fürst.

Und ruhig arbeitete er weiter, forschte, belehrte und einigte die Sklaven der Arbeit zum großen Befreiungswerk, ein neuer Esparto. Er ließ sich auch dann nicht beirren, als ihm von allen Seiten Fehde angesagt wurde, als man ihn als Aufwiegler gegen Staat und Religion verfolgte. Im Kreise seiner Getreuen wagte ihm auch keiner zu nahen.

Der eigentliche Anlass gegen ihn vorzugehen, wurde auch nicht durch die Indianer, sondern durch seine Landsleute herbeigeführt. Diese, ihrer sechs, hatten sich bei ihm beklagt, daß sie von Alvino Reimers (derselbe, mit dem ich meine erste Expedition machte) unter großen Versprechungen zur Arbeit in den Wald angeworben, und als sie bei schlechter Verpflegung der Sache bald leid geworden waren, habe er sie nicht ablohnen wollen, um sie zu weiterem Dienst zu zwingen. Dann schmeichelten sie ihm, dass er, der ritterliche Inkafürst, der seinen Indianern so gut zum Recht zu helfen wisse, doch auch seinen Landsleuten beistehen müsse. Und unser deutscher Don Quichote, der doch den Kampf gegen die Windmühlenflügel der Kirche nicht scheute, ging auch auf dieses Abenteuer ein. Er wusste recht gut, daß Don Alvino mit dem Subpräfekten im Einvernehmen war.

Nur so konnte er die Indianer der Umgegend zwingen, ihm seine Lasten in den verhassten Wald zu tragen, dort zu arbeiten und sich nachher mit geringer Zahlung zu begnügen. Anders hätte er selbst für hohen Lohn die an ihre Scholle sich klammernden Leute nicht bewegen können, die Arbeit auszuführen. Darum bewaffnete Don Carlos außer den Deutschen eine Schar seiner getreuen und zog mit ihnen stracks nach Paucartambo, wo in aller Stille die Subpräfektur umstellt wurde. Dann ging er in die Officina und bat den Subpräfekten, der ebenso verdutzt wie überrascht war, höflichst, sich für die nächste Stunde ruhig zu verhalten; ihm würde dann nichts geschehen, man wolle nur mit Don Alvino abrechnen.

Nun ging Don Carlos mit den Deutschen zu Don Alvino und forderte ihn auf, die Rechnung dieser Leute zu begleichen. „Aber – ja doch," lachte dieser, „selbstverständlich doch, was macht ihr lieben Landsleute nur für ein Aufruhr? Warum seid Ihr nicht gleich zu mir gekommen?" – „Genug der Verstellung!" dröhnte der Offizier ihn an, „zahlen!" Und Don Alvino zahlte.

Das war gemacht. Schon auch zog der Fürst seine Truppen zurück und ging mit ihnen zum ersten Richter, der sein Freund war, wo denn all die Tapferen für ihre gute Haltung ein Glas Bier erhielten. Die Leute waren alle in dem großen Vorhof versammelt und tranken mit den Weißen Brüderschaft. Während dessen erhob sich auf der Straße ein lärmendes Getöse, und als Don Carlos aus dem Fenster sah, flogen ihm Drohrufe und Steine entgegen. Im Hintergrund erblickte er den Subpräfekten zu Pferde, der drohend und hetzend auf die Menge einredete. „Steinigt ihn, diesen Messias, diesen Gringo, der das Volk verführt, den Feind der Kirche und des Vaterlandes!" Ein wildes Geheul antwortete seine Rede und die Menge drängte gegen das Haus, brüllend und drohend.

Mit ruhigen kernigen Worten wandte sich nun Don Carlos an seine Leute. „Wir sind umstellt, man fordert unser Blut, die Menge tobt, aber ich werde Euch in geordneten Reihen durchführen durch diese künstlich erregte Brandung, wie einst Moses seine Leute durchs Rote Meer führte. Zeigt keine Furcht, man wird nicht wagen, uns anzugreifen. Auch wir werden keine Waffen gebrauchen, wir wollen kein Blut vergießen, bis uns nicht die Selbstverteidigung dazu zwingt."

Von außen donnerten große Steine und Axthiebe gegen das feste Hoftor, das man zu stürmen begann. Da flogen die schweren Flügel plötzlich auf, aber die Menge, anstatt vorzudrängen, wich entsetzt zurück. Dort standen Gewehre im Anschlag, die Deutschen und hinter ihnen die Leibgarde des Fürsten. An ihrer Spitze der Gefürchtete mit gezogenem Säbel, womit er jetzt eine gebieterische Geste gegen die lautlos starrende Menge machte.

Und sie zuckte zurück, statt anzugreifen. Nun ertönte von den Lippen des hochaufgerichteten Offiziers das Kommando: „Hahn in Ruh! Das Gewehr über! Vorwärts marsch!" Wie durch Zauber bildete sich in dem wilden Knäul eine Gasse, durch die nun die kleine Schar in militärisch festem Schritt hindurchzog, der Führer freundlich und höflich nach allen Seiten grüßend, als habe man ihm ein Ehrenspalier gebildet. Auch den verdutzten Subpräfekten, der auf seinem Gaul saß wie eine nasse Katze, grüßte er.

Erst als die tapfere Schar das Dorf verließ, flogen ihr noch einige Steine und Verwünschungen nach, jedoch ohne Wirkung. Dann aber waren sie bald aufs neu umringt von einer jauchzenden Menge Landvolks, die dem neuen Messias Heil und Hosianna sangen, ihm zujubelten, vor ihm toll vor Freude hersprangen und sich vor ihm niederwarfen, so daß sein Pferd über sie hinweg steigen müsste. So geleitete ihn das Volk über die uralte steinerne Brücke, vorbei an dem noch älteren, aus rohen Steinen erbauten Palast des Inkafürsten, der einst diesem Platz den Namen gab. Sie geleiteten ihn mit Musik und Kriegsgesängen bis zu seinem Gut, wo ein improvisiertes, lebhaftes Festgetriebe bis tief in die Nacht hinein die Freunde wachhielt.

Endlich war es aber doch still geworden. Die Scharen der meist trunkenen Indianer hatten sich verlaufen und auch die Deutschen schliefen in ruhiger Siegeszuversicht.

Da, schon gegen Morgen, wird es wieder lebendig ums Haus. Von allen Seiten schleicht und kriecht es herbei aus dem Busch, das Haus ist umstellt. Bald auch gelingt es, in das nachlässig geschlossene Haus zu dringen und schier plötzlich sehen sich die sanft atmenden Germanenknaben geknebelt im Schlaf in den Händen höhnisch grinsender roher Soldateska. Noch ehe sie begreifen, was vorgeht, sehen sie sich auf Pferde gebunden und fast nackend durch die kalte Nacht entführt. Es waren ihrer doch nur 4 Gefangene. Die anderen drei, die in einem Nebenraum schliefen, waren entwischt. Aber ihn, den Räuberhauptmann hatte man doch fest und nach einem entsetzlichen Tagesmarsch wurden die Verbrecher halbtot in das Staatsgefängnis geworfen.

Das gab Aufsehen, „Revolution" meldeten die Extrablätter. „Der Gringo Carlos Lamp überfiel gestern an der Spitze einer Horde deutschen Gesindels und aufgewiegelter trunkener Indianer den Subpräfekten in Paucartambo, nahm mit stürmender Hand Besitz von der Stadt und plünderte mehrere Häuser, bis er, von der Polizei und den Bürgern

vertrieben, sich auf sein Gut zurückzog. Bei wüstem Trink-
gelage wurde er des nachts von einer von Cusco entsandten
Patrouille verhaftet mit drei seiner Genossen. Die Anklage
lautet auf Friedensbruch und Freiheitsberaubung durch rohe
Gewalt an der Person des Subpräfekten sowie auf Erpres-
sung und Anstiftung von Aufruhr mit bewaffneter Hand."

Oh, du stolzer Inkafürst, wie wird es Dir ergehen? Es
wurde aber gar nicht so schlimm, die Beihelfer wurden bald
als harmlose Gesellen erkannt und entlassen. Nur auf ihn
hatte man es abgesehen, aber unter dem Einfluss der Deutschen, besonders des reichen Brauers, sah man bald die
ganze Sache mehr als den Streich eines überspannten Don
Quichotes an, zumal die Indianer vollkommen ruhig blieben
und kein Aufstand erfolgte.

Nur der stark gereizte Don Alvino war nicht so leicht
zu beruhigen; er konnte die Demütigung nicht verzeihen.
Schliesslich wurde auf Druck des deutschen Gesandten von
Lima aus doch die Sache gütlich beigelegt, weil die furchtbare Anklage nicht aufrechterhalten werden konnte. Die
besten Entkräftigungszeugen freilich waren auch hier die
Füchse, die der Brauer springen ließ und die das Netz des
Gefangenen zernagten und ihm nach 6 Monaten Haft die
Freiheit wiedergaben, freilich mit der Einschränkung, wenigstens vorläufig sich nicht mehr im Lande sehen zu las-
sen.

Dies war allen recht: seinen Landsleuten, um den un-
ruhigen Gast loszuwerden, seinen politischen und geistlichen Gegnern, die nun wieder ruhig schlafen konnten, und
auch ihm selbst, da er sowieso nach Deutschland zurückrei-
sen wollte. Er versprach wiederzukommen, um sein Werk
zu vollenden. Er kam aber nicht wieder. Eine tödliche
Krankheit setzte seinem Wirken ein vorzeitiges Ende. Die
armen Indianer aber haben noch lange um ihren Taytay, ihre
letzte Hoffnung, tief getrauert und weinen noch heute um
ihn.

Gold der Inkas

Mir auf dem Pachthof gelang es nicht so bald, mit meinen Leuten in seelischen Kontakt zu kommen. Ich war ihnen nur der, wenn auch gütige und gerechte, so doch immerhin über ihnen stehende, geldzahlende Patron, so daß sie ihr Vertrauen nur in seltenen Fällen zeigten. Da ich auch sonst keinen Verkehr auf dem abgelegenen Gut hatte, fühlte ich mich oft einsamer in der Wildnis.

Es war mir deswegen ganz erwünscht, als mich eines Tages Don Petro, der Optimist, besuchte. Er erzählte mir viel von seinen Minenfunden und war mal wieder, jetzt aber ganz sicher, kurz davor, Millionär zu werden. Über mein etwas sarkastisches Lächeln ereiferte er sich und meinte: „Gold und Schätze liegen in Peru überall, wenn auch nicht auf den Straßen, so doch darunter. Gerade hier, wo Du guter Ochs Dich mit den Ochsen herumochsest, ohne doch hochzukommen, gerade hier, stehst Du über einem solchen Schatz!"

Etwas unwirsch wollte ich abschütteln mit seiner durchbrennenden Phantasie. Da zog er einige vergilbte Papiere aus der Tasche, wonach wirklich in dem Gehöft am Fuße eines Felsens solch ein Schatz aus der Spanierzeit liegen sollte: „Begreifst Du nun?" Oh ja, ich begriff, verspürte aber durchaus keine Lust, mich an den Ausgrabungen zu beteiligen. „Umso besser," meinte der Siegesgewisse, „so geht es in weniger Teile, dieser ungeheure Reichtum. Ich habe den Fund angemeldet, habe Erlaubnis zum Graben, auch vom Eigentümer des Bodens, verstanden? Und wenn Du ...."

„Oh, meinen Segen hast Du auch," fiel ich ein, „ich werde Dich nicht stören, auf Ehre! Nur verlange ich, daß Du auch das Loch wieder zudeckst." – „Das versteht sich."

Do Petro grub, eifrig schwitzend, mit 6 Indianern tief in die Nacht. Voll Stolz zeigte er mir immer wieder, wie exakt im Derro-tero (Urkunde) alles gezeichnet sei: dort der Fels, hier die Steinstufen, drüben der Baum, fehlte nur noch, in der Tiefe die Nische bloßzulegen, dann sei es erreicht. Es stimmte alles. Am sechsten Arbeitstage wurde auch die Nische freigelegt: Grausame Enttäuschung! Sie war leer, wie ich es ihm vorausgesagt hatte. „Demonio! Aber wie…" – „Na ja, Mensch, so ein wertvolles Dokument wird doch weiterverkauft, wenn auch der Schatz längst gehoben ist."

Don Petro aber war durchaus nicht bekehrt. Er suchte nach wie vor Minen und Schätze und hat auch sein langes Leben hindurch nicht aufgehört zu suchen, trotz aller Enttäuschungen. So er aber auch dicht davorstand, nie hat sich ihm das goldene Tor geöffnet, nie hatte er Glück.

Ohne Zweifel existierten die Inkaschätze. Die Sage davon ist zu verbreitet, um nicht daran glauben zu müssen. Gewiß hatten auch die Spanier in der Bedrängnis manchen schon eroberten Reichtum wieder versteckt, ohne ihn wiederholen zu können. Und die Jesuiten, als sie unter Kaiser Karl so plötzlich davongejagt wurden, haben sicher in der Eile manches Versteck gelassen. Warum sollte ein eifriger Forscher es nicht finden?

Einmal spielte ihm der Zufall eine Urkunde in die Hände, wonach ausgerechnet unter dem Hauptmarktplatz in Cusco 11 Millionen in Gold von den Jesuiten eingegraben sein sollten. Flugs ging Don Petro zum Präfekten und schlägt ihm vor, den Tessoro (Schatz) zu heben. Der Präfekt aber meinte, das sei nicht so einfach, das Volk würde dem nicht ruhig zusehen. Dann aber erdachten sie eine List; man würde freiweg bekanntgeben, daß der Schatz zum Besten der Armenpflege im Lande gehoben werden solle. Man würde offiziell graben lassen, natürlich an falscher Stelle, um die Aufmerksamkeit dahin zu lenken. Derweil würde Don Petro die verschütteten Gänge von den Gewölben der am Markt liegenden Universität aus aufgraben und das Gold in Sicherheit bringen.

Der Plan war gut und wäre auch beinahe gelungen, wenn man nicht den Hauptfaktor außer Acht gelassen hätte. Das aber waren die Herren Geistlichen in der Kirche nebenan, die doch eigentlich die rechtmäßigen Erben der Jesuiten sind. Als sie sich übergangen sahen, waren sie erbost. Sie beteten in ihrer Not zu ihrem Herrn Gevatter mit dem Pferdefuß und dieser trieb sein listiges Spiel. Auf einmal wusste es das ganze Volk, daß man den Schatz stehlen wollte und sie darum betrogen werden sollten. Da war der Aufruhr fertig und gleich so kräftig, daß Don Petro samt dem Präfekten nur schleunigst das Weite suchen mussten, ohne sich vorerst wieder in Cusco sehen lassen zu dürfen.

Als er später dann doch wieder heimlich nachforschte, blieb ihm kein Zweifel, daß die Väter Jesu die Schlauen gewesen waren. Das Nest aber war leer. Er würde nun aber doch reich werden, tröstete sich Don Petro, war er doch jetzt Teilhaber einer wirklich gediegenen Goldmine, die unter den Spaniern einen großen Ruf gehabt hatte und jetzt, neu entdeckt, von einer Aktiengesellschaft in Angriff genommen war. Der Leiter dieser Mine war sein Freund Pitrola, der Neffe des Expräsidenten gleichen Namens, da könnte es ihm nicht fehl gehen. Er hatte auch schon einen guten Posten erhalten. Sein Unglück aber war, daß er als ehrlicher Deutscher nicht dem Genie seines großen Freundes folgen konnte und doch zu viel davon zu sehen bekam. Da unternahm er, was nicht seines Amtes war, die Aktionäre über den ihnen drohenden Betrug aufzuklären. Der geniale Freund aber bekam zu früh Wind von der Sache und benutzte die Abwesenheit Don Petros und ehe die Untersuchungskommission eintreffen konnte, einfach die Offizina mit Büchern und Belegen abzubrennen, dann sprengte er aus, daß der Gringo das Büro beraubt und, um seine Schliche zu verdecken, angezündet habe. In einem einsamen Gebirgsdorf wurde dann Don Petro in seinem Logis verhaftet, in Einzelhaft gehalten und so bewacht, daß von ihm keine Kunde mehr laut wurde.

Auf seinen Protest hin wurde ihm bedeutet, daß er warten müsse, bis der Richter von seiner Reise zurückkomme. Dabei ließ man ihn teuflisch hungern. Als er dann endlich nach sechs Wochen wie ein Verbrecher nach Cusco transportiert wurde, kam er freilich bald frei, da er doch sein Alibi nachweisen konnte, aber aus der Mine war er vollständig ausgeschaltet. Sein schlauer Freund, der ihm und seiner zornigen Verachtung auch jetzt mit bedauernder Güte entgegentrat, hatte das Spiel gewonnen.

Gleichzeitig wurde ihm durch dieses Ungemach noch ein weiterer schwerer Schaden zugefügt. Er hatte mit einer anderen Gesellschaft Unterhandlungen gepflogen, da sie ihm eine seiner Minen abkaufen wollte. Der von ihr ernannte Ingenieur war nach dort gekommen, um die Sache zu untersuchen und ins Reine zu kommen. Da ihm aber keiner sagen konnte, wo Don Petro steckte, dieser auch kein Lebenszeichen von sich geben konnte, so war er wieder abgereist.

So stand der angehende Millionär wieder mal blutarm auf der Landstraße und war froh, wenn ein guter Freund ihm eine gastliche Herberge bot. Seinem Humor tat das aber keinem Abbruch. Schon war er wieder Feuer und Flamme für eine Expedition von Forschern, die von Lima nach Cusco kam, um dort nichts weniger als den Inkaschatz vom Salkantay, einen der schönsten Schneeberge der Gegend, herunterzuholen. Don Petro hatte die Urkunden geprüft und für echt befunden. Sofort setzte er sich als Fachmann und

Kenner an die Spitze des Komitees, beschleunigte die Vorbereitungen, besorgte alles Nötige mit gewissenhafter Vorsorge und nun los! Wohl wusste er, daß schon verschiedene Expeditionen kläglich gescheitert waren, aber wenn er, Don Petro dabei war, musste es doch gelingen! Der Weg hinauf war klar genug gezeichnet. Eigentlich waren es ja drei, aber man wusste, daß ein unterirdischer Minengang verschüttet war, daß die an der anderen Seite an steiler Felswand hinaufführenden Stufen längst zerstört waren. Nur der Weg über die Höhenrücken blieb, gefährlich und beschwerlich. Was aber hätte ein eifriger Gott- und Goldsucher nicht schon überwunden, wusste er auch, daß der Glanz dieser Gottheit ihn blendet!

Auch diese tapfere, wohlausgerüstete Schar überwand frohen Mutes die furchtbaren Hemmnisse des hochragenden rauen Gebirges in musterhaftem Aufstieg. Nach drei Tagen übermenschlichen Kletterns aber kamen sie an den berüchtigten See (Laguna las Tempostades), von dem die Sage geht, daß kein Sterblicher ungestraft an seinen Gestaden verweilen darf, dem Zorn des Auquis trotzend. Dieser Zorn des Berggottes packte auch unsere Tapferen mit den eisigen Krallen wilden Schneesturms und sie waren gezwungen, Schutz zu suchen in eisigen Höhlen und Felsspalten, da von Aufstellen von Zelten keine Rede sein konnte.

Als aber nach einer grauenvollen Nacht der Sturm nachließ und die ersten kalten Strahlen der Sonne die Höhen schräg von unten bestrahlten, belebte neuer Mut die fast Erfrorenen. Ihnen gegenüber ragte geisterhaft und majestätisch die steile, dunkle Felswand des Salkantay wie das Antlitz eines Götterriesen aus all den blendenden Schnee- und Eismassen hervor. Dort die nachtschwarze Spalte, das war unverkennbar die Höhle, wo nach der Urkunde der Schatz liegen musste. Diese musste erreicht werden, koste es, was wolle. „Sammeln – antreten!" erscholl Don Petros Kommandostimme. Aber was war das? Keiner von den sonst so

174

eifrigen Dienern und Trägern kam hervor aus den verschneiten Verstecken. Waren sie etwa alle erfroren? Doch nein – dort, weit unten, kaum noch erkennbar, marschierte, nein rannte die Bande bergab. Feiglinge! Sie hatten den Berggott gefürchtet und – den Tod; sie hatten sich schon gestern im Schneesturm leise davon gemacht. Ja, was nun? Nein, jeder hat doch seine eiserne Ration selbst bei sich. Das Ziel musste bald erreicht werden, sicher heute noch. Das Nötigste zum Unterhalt musste freilich selbst getragen werden, aber es musste gehen. Also – auf zur Höhle!

Und wieder stiegen die Mutigen durch Eis und Schnee keuchend und frierend unendlich mühsam der winkenden Fortuna zu. Schon hatten sie einen halben Tag marschiert und immer noch winkte das Phantom aus weiter Ferne. Es schien sogar bei der leuchtenden Tageshell noch entfernter zu sein als am frühen Morgen. Und nun standen sie plötzlich wie gebannt an einem jäh abfallenden grausigen Abhang. Tief, tief unten aber füllte sich die ungeheure Schlucht bis zur unermesslichen Tiefe mit kolossalen Massen und starrendem Gletschereis. Oh weh, das war der Cerberus, der Götterhund der Sage, der die Menschlein knurrend zurückwies vom winkenden Göttermahl.

Dort hinüber, sagte sich jeder, konnte man nur mit ungeheuren technischen Mitteln nach unendlichen Kämpfen gelangen. Fast wortlos, aber gänzlich entmutigt wandten jetzt die kühnen Kletterer dem Unerreichbaren und ihrer eingefrorenen Hoffnung den Rücken. Sie warfen kaum noch einen Blick auf ihre doch so wertvolle Bagage, nahmen nur einige Lebensmittel mit. Dann schleppten sie sich wie geschlagene, gebrochene Soldaten, wieder den ungastlichen Pfad hinab. Der Schneekönig da oben war ihnen zu stark gewesen. Sie hatten sein goldenes Schloss nicht erobern können.

Solche und ähnliche Geschichten erzählte mir Don Petro, wenn wir nach Feierabend am Kamin beisammen saßen in der einsamen Farm. Er schloß aber immer damit, daß ihn nichts entmutigen könne, denn einmal müsse es doch gelingen, den heiß ersehnten Schatz zu heben. „Freilich, Don Petro, so könnte es kommen, wenn es nur nicht anders käme! Und wenn der Mensch sich nicht immer wieder verrechnen würde. Sieh mal her,“ und ich legte ihm den Bogen vor, den seine Hand einst mit phantastischen Berechnungen über die Ertragfähigkeit der Farm bedeckt hatte und zeigte ihm daneben meine Bücher über den wirklichen Ertrag oder Fehlbetrag seines Werkes. Da hatte ich ihn aber getreten.

Die Vorberechnung sei gut und richtig, meinte er, und wenn er selbst hier gewirtschaftet hätte, so wäre der Erfolg gekommen. „Gut gebrüllt Löwe,“ gab ich etwas verletzt zurück, „aber so sage doch, mein Freund, warum ziehst Du denn nicht diese Erfolge aus dem Gut Deiner Frau, wo Du doch der Herr und Eigentümer bist, wo Du doch Deine gewiß großartigen Ideen in die Tat umsetzen könntest?“

„Ah, bah,“ machte er, „die Weiber! Und dann – es liegt mir nicht, ich habe nicht die Geduld abzuwarten. Plötzlich, überraschend, überwältigend muss mir der Erfolg, das Glück kommen, anders hat es keinen Reiz. Kommen muss es und kommen wird es! Schon darum, weil ich nicht allein glücklich sein kann. All meine Lieben, alle meine Freunde würde mein Reichtum beglücken, ich würde mir eine Umgebung, ein Königreich schaffen, wo ich nur glückliche Menschen um mich sehen würde, die mich beglücken.“

„So, so – und dazu brauchst Du das Gold, viel Gold! Jetzt verstehe ich Dich, glaube aber, daß Deine Menschenliebe reich genug ist, Dir auch ohne das tückische Metall ein Paradies voll Liebe und Glück zu schaffen.“

Doktor de la Ciencia

Mein Schicksal hatte mich mal wieder nach Arequipa verschoben. Jener Stadt, die mir in Peru noch am besten gefiel. Wo nicht der Küste heißer Odem so stark mehr drückte, aber auch die eisige Höhenluft noch keine Nacht hat, die Luft gleichmässig wohlig und trocken ist. Die Stadt liegt mit ihren hellen Bauten niedlich am grünen Kranz saftiger Korn- und Kleefelder, prangender Obstgärten und Feigenhaine. Allerdings nur so weit, als die Bewässerung des kleinen Flusses den sandigen Grund in fruchtbaren Boden verwandelt.

Dahin hatte mich der Ruf meines Freundes, eines Bierbrauers, gezogen. Er begehrte meine Hilfe, da er eine moderne Brauerei einrichten wollte, wofür er schon Kapitalisten geworben hatte. Da es aber im Leben immer ganz anders kommt, als der Mensch plant, so hatte man mir meinen lieben Schweizer einige Tage vorher begraben und damit auch das Projekt.

Als ich dann die alte Brauerei besuchte, machte man mir dort den Vorschlag, nach Chile zu reisen behufs Ankaufs gebrauchter Bierflaschen. Warum nicht? Schien es doch ein lohnendes Geschäft zu sein. Während hier die Flaschen teuer waren, mussten sie sich in den durstigen Salpeterfeldern anhäufen. Mühelos war die Sache freilich nicht. Mit kleinen Küstendampfern fuhr ich von Hafen zu Hafen und schließlich per Bahn und Maultier hinein in die heiße Wüste, wo ich in Offizinen und Kneipen die Flaschen fast geschenkt bekam. Dafür musste aber das erworbene Gut an den Strand gebracht werden, was mit vieler Mühe verbunden war. Die Treiber fanden es unter ihrer Würde, eine so wertlose Last zu befördern. So kam ich schließlich vollkommen verbrannt und ausgedörrt nach Iquique, wo man mich der gehabten Mühe wegen auslachte, weil ich dort mehr Flaschen hätte kaufen können, als ich brauchte. Jetzt blieb mir freilich nichts übrig, als mit den Küstenbummlern von Hafen zu Hafen zu fahren, um meine erworbenen Schätze zusammen zu holen, was mir freilich noch viel Schweiß und manchen Dollar kostete. Trotzdem hätte ich mit dem Geschäft gut abgeschnitten, wenn man mir in Arequipa vertragswidrig den ganzen Bruch nicht abgezogen hätte.

Als ich von meiner Flaschenexpedition aus der Wüste Atacama nach Peru zurückkehrte, lernte ich an Bord des kleinen Dampfers beim Schachspiel einen Forschungsreisenden, den Dr. Sch. Kennen. Der vornehme Herr mit den großen freundlichen Augen, der mit so tiefer Kenntnis von vieler Herren Ländern sprach, gefiel mir. Er war im Begriff, nachdem er Brasilien, Argentinien und Chile bereist hatte, eine Forschungsreise ins Innere von Peru anzutreten. Er hatte Empfehlungen an die Regierungen Südamerikas von österreichischen Landesbehörden.

Als ich ihm von meinen im Urwald gemachten Reisen und Erfahrungen erzählte, blitzte er mich hell an: „Sie sind mein Mann, den ich schon lange suche. Wir reisen unbedingt zusammen, denn sehen Sie, bei all meinen Reisen habe ich immer nur wissenschaftliche Ausbeute heimbringen können, was ja freilich die Hauptsache bleibt. Reise ich aber mit einem praktischen Berater zusammen, so können wir exakte ethnographische Sammlungen zusammenstellen, die an wissenschaftlichen Museen hohe Preise erzielen. Wir können dabei nicht nur unsere Reisespesen decken, sondern auch noch einen guten Gewinn heuausholen."

Dies, im Einklang mit meinen früheren Erfahrungen leuchtete mir wohl ein, aber den Ausschlag gab auch hier die Lust an Wald, Wild und Abenteuer. – So waren wir des Handels bald einig, und das Frühjahr 1908 fand mich in Lima mit der Ausrüstung für eine neue Urwaldexpedition beschäftigt. Was man da braucht und nicht braucht, wusste ich ja schon, da wir ohne allen Tross von Bediensteten reisten, waren unsere persönlichen Bedürfnisse nur gering.

Aber wir brauchten viel Raum für Flitter, Waffen und Waren, womit wir die Herzen der Waldkinder betören wollten, uns von ihren Gebrauchsgegenständen und Produkten etwas abzulassen. Auch bestand mein etwas weichlicher Doktor darauf, ein gutes Reisezelt mitzunehmen, sowie auch eine Anzahl Gewehre und Munition. Letztere, wie auch eine kleine Subvention in Geld, hatte er von der Regierung herausgeholt. Der Beitrag sollte aber erst bezahlt werden, wenn wir, von der Reise zurückgekehrt, unseren Bericht, sowie einen Teil der Funde an die Regierungen abliefern würden. Die Hauptsache, nach der Meinung des Doktors, aber war der Geleitbrief vom Ministerium, wonach alle hohen und niederen Landesbehörden angewiesen waren, den Doktoren Sch. und R. in jedem Falle Schutz und Beistand zu leisten.

Mein Genosse rühmte sich sehr, es fertig gebracht zu haben, was einem Unerfahrenen oft erst in Monaten gelingt, nämlich beim Ministro de Fomento drei Audienzen in einer Woche erfolgreich durchzuführen. Groß war nun das Erstaunen meines guten Doktors, als ich ihm mit trockenen Worten erklärte, daß ich zu meinen Unternehmungen nie dergleichen Regierungsschutz und -hilfe verlangt und bedurft hätte.

„Mensch, wieso denn? Das ist doch ungeheuer wertvoll für uns!" – „Was denn? Der Geleitbrief? Mein Lieber, der Kaiser von China mag den Fremden wohl auch solche Briefe ausstellen, aber die Mandarinen im Inneren machen sich nichts daraus, diese Erfahrung kann man hier auch machen. Ebenso werden wir von der Subvention nie was sehen. Und die Waffen könnten wohl einigen Wert haben, wenn wir sie nämlich verkloppen können. Im Übrigen sind sie nur Ballast für uns!"

„Mensch," heulte der Doktor auf, „was Sie für eine Meinung haben! Und dabei habe ich Sie noch gleich mir als Doktor de la Ciencia in unserem Dekret figurieren lassen.

Kann Ihnen das auch nicht imponieren?" – „Nicht sonderlich, mein Lieber, höchstens daß wir beide nun über einen Kamm geschoren werden oder daß ich in Gelehrtenkreisen auch meine Meinung äußern darf. Warum sich aber aufregen? Unsere Erfahrungen werden uns bald belehren, wer recht hat!"

Wir waren noch gar nicht weit von der Hauptstadt entfernt, als der Herr Doktor schon einsehen musste, daß er weder mit seinem Ministerbrief noch mit seinem herrischen Auftreten etwas bei den störrischen Indianern oder ihren Mandarinen ausrichten konnte. Bald überließ er mir ganz, sich mit solchen „Bestien" zu verständigen, die, wie er, sich hohnvoll ausdrückte, meinen Empfindungen so viel näherständen, die jedoch er, der Übermensch nicht begreife. Und doch muss einer, der in Peru reisen will, nicht nur Geduld, sondern Engelsgeduld aufbringen können.

Es ergaben sich aber während unseres näheren Zusammenlebens in Lima noch andere Differenzen in unseren Ansichten. Daß der Gelehrte zerstreut und unpraktisch war, daß er etwas an Wahn und Rechthaberei litt, ließ ich, als solchen Leuten eigentümlich, noch hingehen. Daß er aber auf Grund dieser Schwächen und angesichts meiner praktischen Tätigkeit glaubte, mich als etwas Untergeordnetes, besonders im Beisein Dritter, behandeln zu müssen, das ließ ich mir nicht gefallen. Als ich dem hohen Herrn dies klarlegte, schaute er mich groß an: "Mensch, Sie werden doch nicht behaupten wollen, daß Sie meinem Wissen und meiner Bildung gleichstehen?" Ich lachte. „Mein lieber Doktor, ich habe allerhand Achtung für Ihr Wissen, aber doch nicht mehr als wie z.B. für einen tüchtigen Handwerker, der vielleicht noch mehr erlernen musste, bis er ein brauchbarer Mensch wurde. Und was die Bildung anbelangt, so meine ich, ist das auch nichts weiter, als die Kunst, in jeder Lebenslage so mit seinen Mitmenschen zu verkehren, daß man kein Ärgernis erregt. Wenn Sie also auf Grund Ihrer Rechthaberei in Sachen, von denen Sie nichts verstehen, doch mit jedem Andersmeinenden streiten und krakelen, so halte ich das für einen Mangel an Bildung!" Da sprang der Schwerbeleidigte wütend auf mich los und schrie: „Mensch, Sie vergessen, mit wem Sie reden! Das sagen Sie mir, der in Minister- wie in Gelehrtenkreisen verkehrt?!"

„Ich sage das zu einem Menschen, der mich durch sein Benehmen reizt, ihm meine Meinung zu sagen und ich sage Ihnen noch eins, sobald wir Lima verlassen, fällt doch der ganze Mumpitz von Bügelfalten, hohen Hemdkragen und feinem Benehmen, worauf Euresgleichen so stolz ist, als lästig und unnütz von uns ab. Es dürfte sich dann zeigen, wer mehr Mann und Mensch ist, dem wirklichen Leben zu begegnen und wer mehr recht hat, auf den Minderfähigen herabzusehen! Letzteres muss aber im Interesse eines harmonischen Zusammenwirkens überhaupt vermieden werden. Wenn wir uns also nicht entschließen können, uns gegenseitig als gleich vollwertig zu achten, so tun wir besser, gleich jetzt die Gemeinschaft aufzuheben."

„Mensch, reden Sie nicht so, jetzt wo schon alles zur Reise angekauft ist." – „Glauben Sie nicht, Verehrter, daß ein geschäftlicher Vorteil mich bewegen könnte, mich an einen Menschen zu drängen, mit dem ich mich seelisch nicht verständigen kann!"

Eine Weile starren mich die grossen Mandelaugen mit undefinierbarem Ausdruck an, dann reichte mir der seltsame Mann die Hand, der breite Mund lächelte und sagte mir sanfte Worte: „Sie sind mein Mann, ich wiederhole es. Entschuldigen Sie, wenn ich Sie provozierte. Ich tat es, um Sie zu veranlassen, ihren wahren Charakter zu zeigen. Sie haben die Prüfung glänzend bestanden, ich danke Ihnen. Und nun kein Wort mehr, ich bin jetzt überzeugt, daß wir unter allen Umständen gut miteinander auskommen und treu zusammenstehen werden!"

Ich muss gestehen, daß ich etwas verblüfft war über diese Wendung. War das doch wirklich ein Großer? Oder war das ein ganz Schlauer? Ich hatte das Gefühl, als ob ich auf der Hut sein müsse.

Barfüsser

Wir wählten die Route per Eisenbahn nach Oroya, von wo wir per Maultier nach Tarma weiterbefördert wurden. Wir bedurften zwei Reit- und 6 Maultiere. Der Aufstieg über die Höhen war bei schlechtem Wetter und schlechten Wegen recht mühsam. Unangenehm war der Ritt über die kahle Puna, wo eisige Winde und Hagelschauer uns das Geleit gaben. Ebenso gefährlich war auch der ziemlich steile Abstieg in das Tal. Schön aber wird es, wo die allmählich reichhaltiger werdende Vegetation der wärmeren Zone sich zu entfalten beginnt, bis weiter unten das Tal, sich allmählich weitend, Raum gibt für liebliche Wiesen und Gärten. Begrenzt sind diese von Eukalyptusbäumen, die von weitem den Eindruck prächtiger Parkanlagen machen, aus denen die Häuschen nur versteckt hervorschimmern. Auch das Städtchen Tarma selbst, wo wir nach 6stündigem Ritt anlangten, macht einen in Peru ungewohnt sauberen Eindruck und hat ein, trotz seiner hohen Lage, wunderbar mildes Klima, weil es von allen Seiten durch hohe Berge geschützt liegt.

Schon hier fing mein Doktor seine Studien an, indem er sich in Bibliothek und Schulen allerlei Notizen verschaffte. Als ich ihm erzählte, daß am Platz ein deutscher Lehrer sei, der ihm vielleicht Aufschlüsse geben könne, brauste er auf und schrie: „Um Gottes willen, bleiben Sie mir mit dem Pack vom Hals! Glauben Sie denn, daß die mir was erzählen könnten, was ich nicht schon weiß?"

Als der Verpöhnte ihn dann aber unangemeldet überfiel, fand er doch großen Gefallen an ihm und es zeigte sich,
daß der verachtete ein mindestens ebenbürtiger Geist war.
Was er ihm aber nicht verzieh war, daß dieser Mann mich
mit derselben achtungsvollen Freundschaft behandelte, wie
ihn selbst. Auch ein deutscher Bierbrauer fiel in Ungnade,
weil er sich in der Unterhaltung lieber an mich wandte als
an den Hochgelehrten, dessen Ausdrucksweise dem einfachen Mann etwas böhmisch vorkam.

Von Tarma aus ging nun unsere Fahrt weiter durch
das herrliche Chanchanayotal über kleinere Indianerorte
wie Palca und Aucomayo, weiter unten über das Chinadorf
San Ramon, bis zum Städtchen La Merced, eine wunder-
same, mit Packtieren zwei Tage währende Reise. An steilen
Abhängen entlang, durch tiefe barocke Schluchten, zieht
sich der mit Fachkenntnis angelegte ebene Weg sanft fal-
lend, dem tief unten tobenden Fluß folgend, durch romanti-
sche Berge.

Das auf halbem Weg liegende Hotel „Huacapistana",
wo man von den ersten Kaffee- und Naranjabäumen begrüßt wird, bildet dann die Pforte in die immer reicher werdende tropische Vegetation des Tales, dessen weite Ebene
von weit ausgreifenden Flächen des hellgrünen Zuckerroh-
res oder der dunkel schattenden Kaffeeplantagen, unter-
mischt mit buntfarbigem, wucherndem Gestrüpp durchsetzt
ist.

Von la Merced aus, wo drückende Hitze den Aufenthalt unangenehm machte, wollten wir den „Camino central"
nachgehen, von dem wir in Lima gar herrliche Prospekte
gesehen hatten, wonach dieser neu angelegte Weg mit festen Brücken und gut ausgestatteten Logierhäusern in 9 Tagesreisen bis zum „Puerto Bermudes" führen sollte, von wo
der Fluß per Canoa und Latscha schiffbar sei. Wir fanden

183

aber durch eine Versuchstour bald heraus, daß der auf dem Papier so glatte Weg nichts war als eine Reihe von Schlammpfützen mit allen Gefahren und Hindernissen der Wildniswege.

Daher beschlossen wir denn, den etwas mühsamen, aber gangbaren Fußpfad über Oxapampa zu wählen und siedelten vorläufig über in das Kloster von San Luis de Schuaro y Sogormo. Es sind dies Missionen von den „Descalzos de St. Franzisco" (Barfüsser), welche von dem Mutterhaus in Ocopa gleich vorsichtigen Fühlern der christlichen Kultur in die Wildnis vorgestreckt werden. Die frommen Väter, die dort mit einigen Laienbrüder hausen, führen ein entsagungsreiches Leben, dessen Hauptinhalt ihre Gebetsübungen und ihre Haus- und Gartenarbeit bilden, womit sie sich ihren Lebensunterhalt selbst beschaffen müssen, weil ihre Beichtkinder, die schon getauften Wilden, auch nicht viel geben können. Da stehen sich ihre Brüder in den Gemeinden schon besser, die man oft mit zahlreichen Maultierladungen von ihren Bettelgängen heimkommen sieht. Diese Waldklöster sind dem Reisenden hier stets ein willkommener Ersatz für Hotel und Herberge und die gastfreien Padres heißen jeden gern willkommen, der nicht mit ganz leeren Händen kommt.

Uns nahmen sie mit besonderer Vorliebe auf, einmal, weil der Herr Doktor sich ihnen als Neffe des Jesuitengenerals Schuller vorstellte, dann, weil unsere gefüllten Konservenkisten den Darbenden allerhand ungewohnten Genuss in Aussicht stellten. So entwickelte sich bald ein recht fröhliches Zusammenleben, während dessen der Forscher eifrig in den uralten Schmökern der Klosterbibliothek büffelte und ich mich mit Sammeln von Käfern, Vögeln und Schmetterlingen beschäftigte.

Zwischendurch machten wir mit den Padres Ausflüge in die Hütten der „Amueschas", eines schon halb getauften,

184

degenerierten Stammes, dessen Angehörige, von Natur sanft und bescheiden, von den umliegenden Stämmen stark bedrängt wurden, weswegen sie Anlehnung suchten an die Missionen und sich im Klostergebiet ansiedelten. Zu dem Zweck mussten sie sich taufen lassen, wofür sie aber die Angehörigkeit ihres Stammes verloren, der sie fortan wie Abtrünnige behandelte. Die Klöster aber mit ihren schwachen Besatzungen konnten diesen jüngsten Märtyrern des Glaubens auch keine Sicherheit bieten, da es oft genug geschah, daß sie selbst von einer Welle vordringender Wilden weggespült wurden, samt Kommissären und einzelnen Ansiedlern, die sich mit ihrem Kulturwerk zu weit vorgewagt hatten. So zermürbt sich der Stamm und ist im Aussterben begriffen. Wir hatten Mühe, noch eine einheitliche Sammlung ihrer urwüchsigen Sitten und Gebräuche zusammen zu bringen.

Wenn wir uns in den Mußestunden mit den Padres unterhielten, wurde uns bald klar, daß diese Ärmsten nicht nur leiblich, sondern mehr noch geistig arm waren und sich in dieser Laubwüste zu wirklichen orthodoxen Idioten ausbildeten, mit denen faktisch keine logische Unterhaltung möglich war. Nur der Präfekt, der alte Antonio Battle, machte eine Ausnahme, und von ihm erfuhren wir manches Interessante hinsichtlich der Missionen. Der alte Herr war nun schon an 30 Jahre in der Wildnis, hatte aber trotzdem nicht aufgehört zu denken und sich seine Weltanschauung nach eigenartigen Erfahrungen zu bilden. Padre Antonio machte auch keinen Hehl daraus, daß er sein Leben und Wirken für verfehlt ansieht. „Allerdings," meinte er, „können wir uns ja der Welt gegenüber gewissen Erfolgen rühmen, indem wir einige der hundert Wilden getauft und der Kirche einverleibt haben. Wer aber glaubt, daß diese Leute nun auch wirkliche Christen werden oder daß ihre auch getauften Kinder innerlich christliche Sitten annehmen, der

185

irrt ebenso sehr, als wenn einer glaubt, daß die allerchristlichsten Völker Europas auch wirklich im Geist Anhänger
oder Nachfolger des Nazareners sind!"

„Aber, Padre, das klingt ja erschreckend ketzerisch!
Wenn das die höheren Instanzen erfahren!" Prüfend schaute
der silberhaarige Greis den Doktor eine Weile an, dann legte
sich zusehends etwas Schweres aufs Herz und leise erwiderte er: „Sagten Sie nicht, Sie wären Jesuit? Mit einem
Laien würde ich so nicht reden." Seit diesem Gespräch
herrschte eine Missstimmung zwischen den großen Geistern und der fromme Vater zeigte sich nur noch als der
strenge Befolger seiner Ordensregeln. Der Jesuit hatte ihn
grausam enttäuscht.

Ich aber beobachtete den Umgang der Wilden mit
dem Kloster und fand, daß wirklich nur ein rein äußerlich
egoistisches Interesse sie mit der Kirche verband. So hatten
einige Schlaue sich schon in sämtlichen Missionen die
Taufe geben lassen, nur weil sie jedes Mal sauber eingeklei-
det und gut bewirtet wurden. Die wirkliche Religion, oder
besser Lehre Christi wird in den Missionen noch ebenso ge-
handhabt, wie es schon Garcilaso de la Vega in seiner His-
torie beklagt: Sie haben uns Flitterschein und vergoldete
Puppen, sie haben uns Dogmen und Fanatismus gebracht
anstatt des göttlichen Kernes der Lehre Jesu, den sie uns
nicht geben konnten, weil sie selbst ihn nie erfasst haben."

Fast einen Monat hatten wir an dieser gastlichen
Stätte verweilt, dann huckten unsere roten Freunde eines
Tages unsere Sachen auf und brachten uns eine Tagesreise
weiter nach dem „Convento Sogormo", wo wir von einem
äußerst jovialen Padre empfangen wurden, dessen stattli-
cher Schmerbauch schon anzeigte, daß er längst über alle
schweren Gedanken und Seelenretterprobleme hinweg war.
Mit dem einzigen Laienbruder und einigen getreuen Rot-
häuten, deren Herz und guter Wille ihm zu eigen waren,

hatte er es verstanden, die Umgebung des Klosters in einen paradiesischen Garten zu verwandeln. Die Weltanschauung dieses herzensguten Mannes, soweit er sich überhaupt dergleichen klarlegte, war die anheimelnde Meinung: „Mach dir das Leben gut und schön! Was später kommt, wird man ja sehen!" Einen größeren Unterschied konnte man sich kaum denken als zwischen dem langen, verhutzelten, allem Lebensgenuß abgewandten, finsteren Padre Antonio und diesem kleinen, lebensfrohen Dicken.

Trotz der liebenswürdigen Bewirtung hielten wir uns in Sogormo, wo es nichts zu studieren gab, nur so lange auf, als nötig war, Träger für unser Gepäck zu beschaffen. Wieder waren wir auf den guten Willen unserer roten Christenbrüder angewiesen, denen wir aber nur Päckchen von 23 kg zumuten durften, wofür sie glatt 1 Lp. in Gold per Mann und dreitägige Reise verlangten. Was uns aber direkt drückte waren einige Lasten, welche die guten Jungs einfach liegen liessen, weil sie ihnen unbequem wurden. Diese mussten wir selbst aufhucken, denn irgendwelche Beförderung gab es auf diesen Schleichwegen durch den Urwald nicht, obwohl dieser Pfad die einzige Verbindung zwischen den beiden ertragsfähigen Tälern Chanchamayo und Oxapampa darstellt.

Trotzdem war diese Wanderung für uns ein entzückendes Vergnügen mit immer wechselnden Staffagen und Naturscenerien, wie sie ein Kind kaum grotesker und schöner bringen kann. Die erste Nacht suchten wir ein Obdach in einer kleinen Cocapflanzung, deren Herr, ein Tiroler, uns gar froh willkommen hieß. Er war sehr redselig und erzählte uns viel von den Kämpfen, die er durchfechten musste, um aus einem Stück Urwald eine nutzbringende Anlage zu schaffen. 10 Jahre Arbeit unter Entbehrungen und Leiden, ständig bedroht vom Fieber und Raubzeug, immer in Gefahr, bei einem Unglücksfall hilflos liegen zu bleiben, dem wilden Getier zur leichten Beute.

„Ja, warum stellen Sie dann keine Arbeiter an?" – „Weil es breit und weit hier keine gibt, man müsste sie von weitem herholen und dazu hatte ich in den ersten Jahren kein Geld. Ich bin nämlich ein Ausgestoßener von der Kolonie Pozuso, fortgetrieben von dem Pfaffen dort, mit dem ich nicht harmonierte. Deswegen kann ich von dort keine Hilfe und keine Frau bekommen, aber unser Herrgott, der keinen ehrlichen Menschen verlässt, hat mir doch eine zugeschickt und nicht die Schlechteste." Dabei öffnete er die Tür eines Nebengemachs und rief: Zenine!" worauf im Türrahmen eine schlanke Gestalt in sauberer Tunika erschien mit einem blonden Kind auf dem Arm, zwei ebenfalls blonde Bübchen hingen an ihren Rockschößen. Der Tiroler trat jetzt zu der Gruppe, umarmte die Frau und stellte vor: „Sepp Stenzer und Familie. Die scheidende Sonne vergoldete das liebliche Bild.

Ungerührt aber platzte mein Doktor da hinein: „Das ist ihre Frau? Das ist ja eine Tschuntscha!" „Nicht zu verkennen," meinte trocken der der Mann, obgleich sie nicht viel dunkler ist als meine gerötete Haut. Kommt auf die Tusche nicht an. Ich sage nur: unser Herrgott konnte mir keine bessere treuere und folgsamere Gefährtin geben, die Arbeit und Not so willig mit mir teilt, immer heiter, mich froh und glücklich machte in meiner Einsamkeit. Auch sie ist eine von ihrem Stamm Ausgestoßene, auch sie das Opfer eines Pfaffen, der sie als Hexe denunzierte, da sie seinen Lüsten nicht nachgeben wollte. Ich fand die Entflohene halb entseelt im Walde und pflegte sie in meiner Hütte. Am Anfang hat sie sich wohl gebärdet wie eine Wildkatze, dann gewann sie Neigung und wurde mein Weib und heute könnte nur der Tod unsere Ehe scheiden, obwohl wir von keiner Kirche gesegnet sind."

„Närrischer Kerl!" knurrte der Doktor. Ich aber reichte dem wackeren Kämpfer die Hand und dann auch der Frau und der dankbare Blick in den Augen dieser Naturmenschen sagte mir, daß sie mich verstanden hatten.

188

Der folgende Tag erforderte einen strammen Marsch über Berg und Tal, durch Supf und Gestrüpp, doch landeten wir glücklich an einer Behausung, die zu unserer Freude von Deutschen bewohnt war. Auch hier fanden wir herzliche Aufnahme und erfuhren, daß die Bewohner Ocabambas meist Deutsche sind, die aus der Mutterkolonie Pozuso ausgewandert waren, weil dort das Tal bei dem Anwachsen der Gemeinde zu eng wurde und die Terciana (Sumpffieber) viele Opfer forderte.

In diesem höher gelegenen Tal hatte man besseres Klima und bessere Daseinsbedingungen gefunden. So hatte sich auch dieser Platz mit germanischer Rasse besiedelt, die hier auch entschieden besser gedieh. Die älteren Leute hatten sich ihr Deutschtum besser bewahrt, obwohl viele einen schrecklichen Dialekt redeten. Die jüngere Generation, schon stark mit Einheimischen vermischt, hatten fast durchweg mit der Sprache auch die Sitten der Heimat abgestreift; auch waren merkwürdig viele Idioten und geistig Verödete darunter, besonders unter der männlichen Jugend, was wohl meist auf starken Coca- und Schnapsgenuss zurückzuführen ist.

Der dritte Tag führte uns auf besser kultiviertem, wenn auch stellenweise arg versumpftem Wege durch die lang sich hinziehende Kolonie Ocapampa, welche von der Regierung in Parzellen von etwa 7-8 ha an die Ansiedler verteilt wurden. Ihr Kern wird von einem Dutzend um einen freien Platz errichteten Holzhäusern gebildet, die Kapelle, Schulhaus, Hotel und Kramläden darstellen. Hierher strömt jeden Tag von weit her die Schuljugend, um von einem deutschen Lehrer Unterricht in spanischer Sprache zu empfangen; hier versammeln sich sonntags früh die Gläubigen, um dem von den Mönchen abgehaltenen katholischen Gottesdienst beizuwohnen und ihre Sünden zu beichten; hier vereinigt sich das lebenslustige junge Volk zu Tanz und Vergnügungen, wozu dann leider der Schnaps erst die dumpfen Geister aufrütteln muss.

Wir kehrten in verschiedene Häuser ein, wo man uns einlud, nicht vorbeizugehen, ohne eine Tasse Kaffee mit selbstgebackenem Maisbrot zu geniessen. Wir trafen aber auch auf Familien, bei denen es unmöglich war, sich irgendwie zu verständigen.

So kamen wir gegen Abend an das auf einem Hügel hochragende Kloster, wo ein grobknochiger Spanier mit unbewegten bäurischen Zügen die herrisch-höfliche Rede des Jesuitenneffen mit finsterer Miene aufnahm, sich dann aber kurz umdrehte und dem Laienbruder befahl, uns eine Zelle anzuweisen und gut zu bewirten. Dann ging er, ohne ein weiteres Wort zu verlieren an seine Arbeit. Er war sehr arbeitsam, dieser verbauerte Padre, er zeigte uns am nächsten Tage, wie er das Kloster und besonders die Kapelle reformiert und mit einem schönen Türmchen versehen habe.

Wir blieben hier volle 14 Tage, weil die nächste Strecke bis zum Tingo für Maultiere gangbar, diese aber schwer zu beschaffen waren und weil wir beide, der Doktor und ich, an der Terciana erkrankten. Ich bekam den ersten Anfall, als ich nach dem 2 Stunden entfernten Zentrum unterwegs war, Besorgungen zu machen. Die Sonne brannte heiß und ich wurde so matt, daß ich mich wiederholt ausruhen musste, wobei ich ganze Kübel Milch verschluckte, die mir mitleidige Leute gaben, um den furchtbaren Fieberdurst zu löschen. Was aber unnütz war, da bald darauf die Frostschauer mich dermaßen rüttelten, daß ich den ganzen Mageninhalt wieder aufgeben musste. Ich brauchte volle 4 Stunden, bis ich endlich in voller Fieberglut bei dem deutschen Schumacher Vogel ankam. Dieser erfahrene Mensch sah sofort, woran ich laborierte und brachte mir gleich einen Krug Apfelsinenlimonade, als bestes Dämpfungsmittel, und wirklich machte ich den Rückweg eine halbe Stunde später in ganz normaler Verfassung.

Der Anfall war vorüber, wiederholte sich aber 2 Tage später in verstärktem Grade. Ich hatte mich aber derweil reichlich mit Apfelsinen versorgt. Als ich die Symptome spürte, trug ich mein Bett auf den Hof und legte meinen frostzitternden Leichnam in die pralle Sonne, nur mit einem Leinentuch bedeckt, bis die Fieberglut mich durchdrang und ein ergiebiger Schweißausbruch erfolgte. Als dieser nachließ, stieg ich in die Fluten des klaren Flusses, um mich gesund zu baden. „Das Verrückteste, was Sie machen können," zürnte der Doktor, „Mensch, bei Fieber ins Wasser gehen, das könnte ja Ihr Tod sein!" Gleich ihm lamentierten auch die guten Padres und einige Beatas (Betschwestern), was mich aber nicht abhielt, nach 2 Tagen, als ein schwächerer Anfall sich einstellte, dieselbe Prozedur zu wiederholen. Damit war ich aber geheilt.

Am nächsten Tage packte das Fieber den Dr. Sch., der mörderisch fluchte, daß ich ihn angesteckt hätte, dann aber zu seinen Chininpillen griff, die er laut ärztlichen Rats bei sich führte und von denen er auch schon vorher als Präventivmittel genommen hatte. Wirklich gelang es ihm auch damit die Anfälle erfolgreich zu unterdrücken, geheilt wurde er vom Fieber aber nicht und noch lange nachher überrumpelten ihn unversehens die Anfälle, wenn er im Glauben war, nun geheilt zu sein. Solche Fälle habe ich später mehrfach beobachtet, wenn nicht gar der Chininmißbrauch schlimmere Erscheinungen wie Taubheit, Erblindung oder innere Krankheit, manchmal gar das tödliche Schwarzfieber herbeiführt. Ich selbst aber habe, so oft ich je verdächtige Symptome verspürte, stets Zuflucht zu meiner Schweiß- und Bademethode genommen und auch andere habe ich auf diese Weise geheilt.

Stammesfürst

Der Weg bis zum Tingo ging so weit ganz gut vonstatten., obgleich einige kleine nicht ungefährliche Wildbäche zu durchschreiten waren. Da wir keine Reittiere hatten erhalten können, wurde uns der Marsch bei glühender Tropenhitze aber recht sauer. Die Beförderung unserer Lasten, die ein gutmütiger Tiroler übernommen hatte, geschah prompt und billig

Am Tingo, dem Zusammenfluss des Huancabamba und Ocapampa gab es nur ein Haus, die Residenz eines Herrn W. Müller, Zweig einer rheinischen Familie aus der Kolonie, die sich hier an dem idyllischen Fleck Erde ein Heim gegründet hatte. Wie selbstverständlich nahm er uns auf mit unserer Bagage und verpflegte alle aufs beste. „Wenn den Herren meine Hütte gut genug ist als Herberge," meinte er höflich, „so mögen Sie vorlieb nehmen mit der einfachen Kost wie ich sie zu bieten vermag. Mais, Yucas und etwas Gemüse und Frucht sind fast die einzigen Grundstoffe unserer Nahrung, wenn es nicht gelingt, von Durchreisenden etwas einzutauschen."

Oh, wir waren nicht verwöhnt im Kloster, aber die saubere Zubereitung und Mannigfaltigkeit der wenigen Grundstoffe in der Hand der geschickten deutschen Hausfrau half über die Einförmigkeit gar prächtig hinweg. Dr. Sch. trug aber auch hier sein mürrisch-unzufriedenes Wesen zur Schau und in einer friedlichen Unterhaltung legte er plötzlich los: „Wie kann man nur hier in der Wildnis leben, in dieser Einsamkeit, ohne alle geistige Anregung! Mensch, Sie verbauern und verwildern ja hier, müssen ja vor Langeweile umkommen!"

Da schaute der Bodenständige den nervös Auffahrenden groß an und meinte dann bedächtig: „Es ist doch eigentümlich, daß ich vor den Attributen Einsamkeit, Langeweile und Verwilderung, die Sie mir dazulegen, als junger Mann aus der Stadt geflohen bin! Sehen Sie, ich wurde auch von meinen guten Eltern, die etwas Höheres aus mir machen wollten als einen Landmann, in die Zivilisation geschickt, um zu studieren. Ich habe auch fleißig gebüffelt, habe meine Examen bestanden und hätte wohl Doktor werden können, aber ich litt die ganze Zeit schrecklich an Heimweh nach freier Natur, litt an grenzenloser Langeweile und Vereinsamung unter all diesen herz- und geistlosen Menschen, die mir Speise, Kleidung und Unterricht nur gaben um des Geldes willen, das ich bezahlte; die mich aber ruhig geistig und körperlich hätten verkommen lassen, sobald ich nicht zahlen konnte. Dort, mein Herr, war ich wirklich in Gefahr zu verzweifeln. Deswegen floh ich in meine Berge. Wildnis? Hier? Für mich ist es ein Paradies! Einsam? Wer es versteht, mit sich selbst und mit der Natur zu verkehren, der ist nie einsam. Hätte ich nicht Weib und Kind, so hätte ich doch meine Haustiere, meine Herden auf der Weide, die Vögel in den Zweigen, deren stumme Sprache von Seele zu Seele geht, hätte ich doch meine Arbeit, die zur Lust wird, wo sie sich zwanglos entfalten kann. Woher sollte mir Langeweile kommen? Verwilderung? Etwa mein Vollbart?"

„Mensch," schrie der Doktor ungeduldig dazwischen, „hören Sie auf! Ich meine natürlich geistige Verblödung. Sie können nicht in Abrede stellen, daß es gerade in eurer gepriesenen Kolonie sehr viele Idioten und Blöde gibt!"

„Leider nicht," gab der Landmann zu. „Wenn Sie aber näher hinsehen, so werden Sie finden, daß diese Unglücklichen nicht an Mangel, sondern an Überfluss geistiger Anregung verblödet sind, weil sie und meist auch ihre Eltern eifrige Kirchen- und Schnapsbudenbesucher waren und nicht einsam, sondern allzu gesellig lebten"

„Auch solch ein komischer Heiliger!" knurrte der Doktor und zog sich in seine Hängematte zurück. Der Bauer

193

aber reichte mir die Hand, denn obgleich ich mich mit keinem Wort an der Unterhaltung beteiligt hatte, mochte er doch fühlen, daß er bei mir auf Verständnis rechnen durfte.

Wie kommen wir nun weiter? War jetzt die brennende Frage. Hier hörten Weg und Steg auf. Lasttiere konnten da in die Wildnis nicht mehr eindringen und Träger konnte uns auch unser Wirt nicht beschaffen. Er riet uns, einen Abstecher ins Huancabambatal zu machen zu dem deutschen Gutsbesitzer Bötger, der ein gefälliger Mann sei und über viele Leute verfüge.

Also los! Die 6-stündige Wanderung, ein schöner Spaziergang, führte uns auf ein sauber und praktisch eingerichtetes Landgut, das Viehwirtschaft mit Zuckerrohr- und Kaffeeplantagen vereinte, dessen Gebäude in einem Hain von prächtigen Naranja- und Bananenbäumen versteckt lagen. Hätte mich hier der Doktor mit dem Landsmann reden lassen, so wäre unser Zweck wahrscheinlich erreicht worden, aber sein hochfahrender Ton machten auf den Landfürsten ersichtlich einen ungünstigen Eindruck. Er erklärte kurz, daß er es seinen Leuten nicht zumuten dürfe, sich für Fremde zu opfern, denn immer noch seien von solchen Reisen einige krank oder überhaupt nicht wieder gekommen.

Als wir in unser Quartier zurückkamen, trafen wir dort auf einen silberhaarigen Greis mit einen etwa 15-jährigen Knaben, der uns blöde anstarrte. Auch aus dem Alten war schwer etwas herauszuholen. Wir erfuhren jedoch, daß er in Ocapampa einen Landkauf rückgängig machen wollte, den er vor einiger Zeit sündhaft geschlossen. Ja, der Herr Pfarrer habe gesagt, daß es Sünde sei, einen Platz zu verlassen, auf den ihn der Herrgott vor langen Jahren gestellt, wo er ihn sein Leben lang so gnädig vor Unglück und Schmach bewahrt habe. Es seien wohl manche ausgewandert, weil im letzten Jahrzehnt das Fieber so arg gehaust habe und weil

194

der Bodenbesitz so knapp verteilt sei, auch weil sie da so ganz von aller Welt abgeschnitten seien. Aber der Herr Pfarrer habe gesagt, das alles seien Züchtigungen von Gott, damit ihre Seelen gerettet würden. „Guter Gott," platzte nun der Doktor dazwischen, „die Kolonisten müssen ja böse gehaust haben, um so schwer bestraft zu werden. Wie haben Sie denn da gelebt?"

„Ach, Herr," seufzte der Alte, „wer ist ohne Sünde? Aber ich wüsste nicht, daß wir besonders schlecht wären, der Herr Pfarrer hat uns immer in strenger Zucht gehalten. Wir hatten doch nach Gottes Gebot 6 Tage in der Woche gearbeitet und hatten weiter keinen Genuss vom Leben, als daß nach Feierabend die Familie zusammenhockte zum Coca kauen, wobei, wenn mans hatte, ein Schnäpschen getrunken wurde. Sonntags gingen wir dann regelmäßig zum Gottesdienst und nachher ins Wirtshaus, wo man dann mit Freunden und Bekannten sich am Schnaps erheiterte. Nachmittags wurde dann meistens geschlafen und erst abends versammelte man sich unter Nachbarn zu Tanz und fröhlicher Unterhaltung." – „Und kamen dann schließlich mit Frau und Kind schwer besoffen nach Haus," fiel hier wieder der Doktor ungestüm ein, „das nennt man dann ein Gott wohlgefälliges Leben und dann wundert Ihr Euch noch, daß Eure Kinder Idioten werden und die ganze Gesellschaft degeneriert!"

Etwas verdutzt schaute der Alte uns an, meinte dann aber: „Der Herr Pfarrer macht es doch auch so und unsere Väter versichern uns, daß man drüben in Tirol auf dem Lande ebenso lebt und doch alt dabei wird."

„Ganz recht, nur daß dort die frische Bergluft viele Schädlichkeiten ausgleicht, während hier in Eurem engen, fieberheißen Tal die schlimmen Folgen sich rascher bemerkbar machen." Wir aber wussten nun genug von Pozuso, um unseren Plan, über diese Kolonie zu reisen, fallen zu lassen.

Andern Tages kamen von oben ein paar stramme Burschen. Beide waren schwer mit Salz beladen, das sie 4 Tagesreisen weit vom Salzberge Sogormos hertrugen. Nun hatten sie noch 3 Tage zu wandern, um ihre heimischen Penaten wieder zu erreichen, die sie sich an den Ufern des Palkassos errichtet hatten. Sie waren aber frohen Mutes und erzählten Wunderdinge von der Fruchtbarkeit des Landes, das sie dort erworben hätten, wie da alles wachse und gedeihe, ganz anders als an den unfruchtbaren Hängen Pozusos, woher auch sie stammten und das sie einen Mordkessel nannten. Ob sie uns nicht Träger beschaffen könnten? -Nein, sie nicht, aber wir sollten uns doch an den Fürsten der Lorenzos wenden, der würde uns gerne helfen. Sie erzählten weiter, daß da vor etwa 30 Jahren ein junger Holsteiner mit Namen W. Franzen eingewandert sei, der auf Kautschuk gearbeitet habe, der kühn unternehmend auch Viehhandel nach Iquitos betrieben und sich mit der Zeit Vermögen und große Länderstrecken erworben habe. Dort hauste ein Stamm Wilder, der früher sehr zahlreich war und den man wegen seiner treuen Anhänglichkeit an die spanischen Väter des Klosters San Lorenzo kurzweg Lorenzos nannte. Als dann von feindlichen Stämmen das Kloster zerstört wurde, wobei der größte Teil der „Lorenzos" vernichtet wurde, sammelte der Holsteiner die Reste des versprengten Stammes um sich, um sie auf eigenen Grund und Boden unter Schutz zu nehmen. Seitdem war er ihr Fürst und mächtiger „Senor".

Als die Burschen am nächsten Morgen weiterwanderten, hatte ich mein Bündel geschnürt, sie zu begleiten, um bei dem Fürsten Wilhelm, meinen speziellen Landsmann, vorstellig zu werden, damit er uns Lotsen für die Wildnis sende. Der Doktor, der sich wieder fiebrig fühlte, mochte so lange ausruhen. Schwer hätte ich allein durch die Wildnis gefunden, war hier doch erst im Vorjahr ein deutscher Forscher spurlos verschwunden. Freilich waren es bis zu unserem Ziel in Luftlinie nur 75 km, aber nur wer durch einen solchen Wald mit seiner Last hindurch geschlängelt, gekrochen, gerutscht und geklettert ist, vermag zu begreifen, daß 15 km schon eine recht mühevolle Tagesarbeit darstellen können. Des Nachts zündeten wir uns ein Feuer an, um vor Mosquitos und Raubzeug sicher zu sein. Unseren Mundvorrat konnten wir nur durch einen geschossenen Affen ergänzen, der aber so zäh war, daß er die ganze Nacht kochte, ohne gar zu werden. Am dritten Tage unserer Reise hatten wir das Gebirge überstiegen und kamen nun in die liebliche Ebene des Flusses Chuchuras, wo die strotzende Üppigkeit der Pflanzungen mir auffiel, die jedoch nur von Halbwilden besiedelt waren. Am klar fließenden, ziemlich breiten Fluss angekommen, bewirtete uns der Fährmann erst mit Chicha de Yuca, ein säuerlich gärendes, sehr erfrischendes Getränk, ehe er uns übersetzte. An der anderen Seite verließen mich meine gesalzenen Führer und hießen mich, nun dem Strome nachgehen bis zum Zusammenfluss mit dem Palkasso, wo ich denn auch wirklich nach einigen Stunden Wanderung auf einem Hügel die Gebäulichkeiten der Hacienda sich erheben sah.

Der Fürst empfing mich auf der Veranda seines hölzernen Schlosses, umgeben von seinem Hofstaat, herumlungernden Wilden. Als ich ihm in wohlgesetzter Rede den Zweck meines Kommens kundgegeben hatte, erhob er sich von seinem Dreibock und reichte mir leutselig die Hand mit den in gutem Deutsch gesprochenen Worten:

„Treten Sie näher, Landsmann, und machen Sie sichs vor allen Dingen bequem, man wird Ihnen gleich Kaffee bringen." Dann fuhr er lachend fort: „Sie sind ja ein ganz witziges Luder, einen armen Bauern, der sich hier mit Wildböcken herumschlagen muss, als Fürsten anzureden. Sie können mir gefallen, aber das ist doch schon ein bisschen stark verkohlt!"

197

„Sie entschuldigen, Landsmann, aber der respekt-
volle Ton, mit dem die Kolonisten von Ihnen als Fürst ge-
redet haben, ließ mich daran glauben. Wenn Sie aber auch
den Titel nicht führen, so beherrschen Sie doch in Wirklichkeit ein freies Fürstentum, auf dem Ihnen ein tapferer Krie-
gerstamm Gefolgschaft leistet.“

Wieder lachte der ungewollte Fürst spöttisch auf: „Ja,
gewiß! Wenn das tapfere Krieger wären! Aber sie sind
nichts als eine Rotte feiges Gesindel, die sich hier vor ihren
Feinden verkriechen, die aber auch zu keiner Arbeit etwas
taugen. Sie müssen nämlich wissen, daß dieser Stamm der
Lorenzos zum größten Teil aus Nachkommen der Kutten-
träger des Klosters besteht, was Sie noch unschwer an einigen dieser Leute erkennen können, die ganz andere Figur,
viel weißere Haut und viel Ansatz zu Bartwuchs haben, alles Anzeichen, die man bei anderen Stämmen nicht findet.
Außerdem sind sie fast alle getauft und tragen christliche
Namen. Es sind Bastarde, die im Aussterben begriffen sind,
kaum daß noch einige Sechzig existieren. Ich aber muss sie
brauchen, weil ich hier keine anderen Arbeiter bekomme.
Besser als die Kerle sind noch die Weiber, die wenigstens
meiner Frau etwas zur Hand gehen, obgleich sie auch mehr
Zeit aufs Futtern als aufs Arbeiten verwenden.

Da kommen sie eben vom Melken, darf ich Ihnen
Frau und Tochter vorstellen?“ „Ja,“ meinte nun auch die
Frau, „Melken und alles, wobei es ein wenig auf Akkura-
tesse ankommt, muss man selbst machen, so daß man den
ganzen Tag nicht mit der Arbeit fertig wird, obgleich immer
eine Anzahl von diesem Pack hier herumliegt, die man noch
füttern muss, bis sie plötzlich für Tage alle verschwunden
sind. Da kann man sich allein plagen, während die ihre Feste
feiern!“ - „Also Hoheiten haben hier ganz denselben Verdruss mit den dienstbaren Geistern wie in unserer verschro-
benen Zivilisation? Ich bin neugierig, wie die Gesellschaft
einmal dieses Problem löst.“

„Dienstboten für Geld? Sowas gibt's hier nicht. Ich muss sehen, mir diese freien Leute durch Gefälligkeiten zu verpflichten, damit sie dann, nach ihrem Belieben, mir wieder gefällig sind. In ihren Gemeinwesen geschieht jede größere Arbeit oder Krieg gemeinschaftlich, wobei dann selbstredend eine freiwillige Unterordnung unter den Willen der gewählten Führer mit großer Treue durchgeführt wird. Im Übrigen aber bedient jeder sich selbst und was auch gar nicht schwer ist, wenn man die tausend nichtigen Bedürfnisse und sogenannten Bequemlichkeiten der Zivilisation nicht kennt oder es nicht versteht, sie von sich abzuschütteln. Ich selbst habe jahrelang unter und mit Wilden gelebt und ich kann Ihnen versichern, es war die freieste und glücklichste Zeit meines Lebens. Erst als mich der Teufel ritt, Eigentum und Vermögen zu erwerben, einem weißen Weib zu Liebe, erst da habe ich Sorgen und Verdruss des Besitzenden kennengelernt und erfahren, mit welchem Recht Christus seine Jünger lehrte: Sammelt Euch nicht Schätze, welche die Motten und der Rost fressen. Nein, Landmann, das Glück auf dieser Erde liegt nicht im Besitz und die Naturvölker sind durchweg bessere Befolger der Lehre Jesu als die Götzen und Mammonanbeter, die sich Christen nennen."

„Mein lieber Freund, nach meinen Erfahrungen teile ich sehr ihre Meinung. Trotzdem sind Sie stolz darauf, Ihren Erben ein Fürstentum zu hinterlassen!" - „Hm! Freilich," meinte bedächtig der Fürst, „und ich habe sogar meine beiden Söhne zur Erziehung nach Deutschland gebracht und taufen lassen! Wie sich das zusammenreimt, fragen Sie? Ja, sehen Sie; damit, daß Sie und ich auf Grund unserer Erfahrungen zu dieser Ansicht neigen, ist noch nicht ausgemacht, daß z.B. meine sonst sehr verständige Frau nun auch sich dieser Idee anschließen kann. Ebenso wenig kann ich das von meinen Kindern erwarten, solange das Leben ihnen nicht selbst die Bestätigung meiner Lehren in die Hand gibt.

Wir haben uns deswegen dahin geeinigt, daß wir den Kindern die Erziehung und Kenntnis der christlichen Kultur nicht vorenthalten wollen, damit uns nicht die Verantwortung trifft, sie durch unsere Autorität direkt zu Wilden gestempelt zu haben und damit sie, mündig geworden, selbst den Weg wählen können, der nach ihrer Meinung nach zum Heil führt." - Ich musste ihm auch darin zustimmen und so wurden wir Freunde, weil wir uns verstanden.

Obgleich mein Gönner sofort an die Gefälligkeit appellierte, dauerte es doch eine Woche, bis die roten Helden endlich abrückten, und eine weitere Woche, bis sie mit dem maroden Doktor und unserem Gepäck zurückkamen, d.h. mit kaum der Hälfte, denn mehr hatte die tapfere Schar von 10 Mann nicht fortschaffen können.

Alles: Zelt, Waffen, Munition, kurz, was irgend zu entbehren war, blieb zurück. Mir wars recht, hatte ich doch von vornherein dies als unnützen Ballast erklärt. Aber was hatte dies bis dahin schon für Fracht gekostet und wieviel Ärger der Eigensinn des Gelehrten! Der aber schimpfte, daß er beinahe umgekommen wäre vor Fieber und Langeweile. Der Bauer, der Idiot, habe ihn zwar verpflegt, ihn aber im Übrigen ignoriert. Mit dieser Missbilligung hatte er es aber auch schon mit dem neuen Wirt verdorben, der den Müller kannte und ihn hochschätzte. Er wandte sich also an mich und meinte ziemlich herb:

„Stank für Dank – was kann man anderes erwarten? Schon mancher ward in der Wildnis vor Untergang bewahrt, der uns nachher mit Dreck bewarf. Ihnen zuliebe habe ich aber schon ein Canoe zurechtgelegt, zwei Ruderer werden Sie begleiten bis zur Dampfbootstation am Patschitea." Dann ging er in stolzer Haltung an dem Doktor vorbei ins Haus und befahl, dem Fremden Speise und Trank vorzusetzen.

Schon am nächsten Morgen in aller Frühe verstauten wir unsere Sachen und uns selbst in das kleine Boot. Der Fürst trat zu uns, umarmte mich herzlich und sagte: „Ich bin überzeugt, Landmann, daß wir uns nie mehr vergessen werden und wenn Sie später sich nach einem ruhigen Asyl sehnen, so vergessen Sie nicht, daß mein Haus für Sie stets offen ist."

Der Doktor fand es ungebildet, sich nicht von den Damen zu verabschieden, aber Hoheit äußerte sich:

„Die Damen sind beim Melken und lassen sich entschuldigen." Ein vornehmes Neigen des lockenumwallten fürstlichen Hauptes und wir waren entlassen.

Canoe und Lantscha

Rasch glitt mit uns das Boot den Strom hinab. „verdammte Bauern!" knurrte ingrimmig der Doktor, „haben hier noch eine besondere Weise, einen Intelligenten grob zu behandeln!" – „Hören Sie mal Doktor, ich finde die Art dieser Leute, mit der sie uns, den armen Reisenden, Wohltaten erweisen, mindestens gebildeter als Ihre schnöden Bemerkungen, mit denen Sie jedes freundliche Entgegenkommen ersticken." – „Natürlich! Sie verteidigen immer die Bauern, weil Sie selbst ein Bauer sind." – „Ich danke Ihnen, Doktor, Sie sagten mir soeben eine große Schmeichelei!" Diesmal stierte der Gebildete mich geradezu erschrocken an, sagte aber nichts.

Eine Tagesreise weit zogen unsere Führer mit uns zwischen den ununterbrochenen Laubwänden des Palkasso dahin, so daß uns das Liegen im engen Boot und in praller Sonne zu langweiliger Qual wurde. Abends lagerten wir unsere steifgewordenen Glieder auf einer sauberen Sandbank, wo wir beim Rauschen des Flusses bald ruhig und traumlos einschliefen, bis wir plötzlich durch ein schweres Stampfen und Schnauben aufgestört wurden. Etwas Plumpes, Schweres war über uns hinweggefegt, hatte mir auf die Lende getreten und dem Doktor unsanft die Nachtmütze vom Kopfe gestreift. Noch krachte es durch die Büsche, aber wir sahen nichts als einen unserer Rothäute, der seinen Pfeil nach jener Richtung abschoss. Es mochte ein durch einen Tiger aufgescheuchter Tapir gewesen sein. Wir legten uns wieder hin, diesmal mit wachen Sinnen, unsere schweren Coltpistolen zur Hand, schliefen aber trotzdem wieder ein: Die Waldsöhne hielten ja Wache.

Da foppte mich ein Traumbild: Santussa, saß neben mir, die schwellenden Lippen schmollend verzogen und mich mit ihren scharfen, rosigen Fingernägeln überall am Körper zwickend, um mich zur Liebe zu wecken. Schrill aber wurde dieses schöne Bild verjagt von der Stimme des auffahrenden Doktors:

„Verflucht noch mal, das ist ja nicht zum Aushalten! Was ist nur das? Mensch! Das sind die schwarzen Kriegsameisen, die uns überfallen haben. Mensch! Nun aber nichts als los!" Und schon schwang sich das lange Ende mit einem kühnen Kopfsprung ins Wasser, ohne zu bedenken, daß er da einem lauernden Alligator gerade hätte in den Rachen springen können. Er war aber auch jämmerlich zerbissen von dem Ameisenvolk, das in kolossalen Heerzügen seine Wanderung durch den Wald nimmt und dem alles Lebende zum Opfer fällt, das sich nicht durch schleunige Flucht retten kann.

Mit der Nachtruhe aber war es nun gründlich vorbei, weswegen wir denn die Ameisen aus unseren Betten schüttelten und wieder in das Boot flohen, das uns, nun in einem Nebenfluss, noch 2 Tage stromaufwärts ruderte, bis es an der Freitreppe eines Klosters landete, von wo es, kaum daß es entladen war, im selben Moment unseren Blicken entschwand.

Wir fanden das weitläufig aus Bambusrohr und Palmblättern erbaute Kloster vollständig einsam. Der einzige hier hausende Heilige arbeitete mit einigen Indianern in der ziemlich ausgedehnten Yucapflanzung, die neben einem ebenso großen Maisfeld das einzige Produkt dieser Schöpfung zu sein schien. Das bestätigte auch der Padre Elijilde, als wir ihn endlich fanden, ein lieber, noch junger Kerl, der uns erzählte, daß er erst vor 6 Monaten hierher versetzt worden sei, als alles Feld noch eine wuchernde Wüstenei gewesen sei. Was zu sehen ist, habe er erst mit eigenen Händen geschaffen. Nur selten werde er, wie gerade heute, von einigen gutwilligen Gläubigen seiner kleinen Gemeinde unterstützt.

Mais und Yucas sei auch das Einzige, was er uns anbieten könne, da seine Vorräte, seit Monaten erschöpft, nicht mehr von der Zentrale aufgebessert seien. „Armer Gottesmann, so werden wir das Vergnügen haben, Sie zu einer guten Tasse Kaffee einzuladen. Auch haben wir noch Mehl, wenn Sie vielleicht einige Waffeln dazu backen wollen?" – „Oh," jauchzte der Fromme, „Gott ist groß. Er schickt seinem Knecht zur rechten Zeit seine Speise, wenn auch die Menschen ihn vergessen!" Ich mochte dem guten Menschen sein Gottvertrauen nicht trüben. Er schien nicht zu wissen, daß sein Vorgänger, unfähig zur Arbeit, tatsächlich hier verhungert war.

Bald aber kam mehr Besuch und ehe eine Woche vergangen war, lagen wir mit 14 Mann dem guten Padre in seinem Mais- und Yucafeld, das bald bedenkliche Lücken aufwies. Viele brachten zwar etwas zu Essen mit, aber die Hauptnahrung mussten doch die Flinten aus dem Wald holen, wo es ja zum Glück an allerlei Wild nicht fehlte. So sahen wir eines Tages ein ganzes Rudel Wildschweine von der anderen Seite des Flusses die Böschung herabkommen, durch den Fluß schwimmen und direkt auf die

Yucapflanzung Front nehmen. Hätte nun der fromme Gottesmann diesem quiekenden, hungrigen Kriegsvolk gegenübergestanden, schwerlich hätte die Kutte, selbst mit Lebensgefahr, die ungebetenen Gäste vertreiben können, so aber hatte der Herr ihm seine streitbaren Engel gesandt, und gute 6 Büchsen knallten so kräftig in die Rotte Korahs, daß sie es doch mit der Angst kriegten und mit Hinterlassung eines Dutzend Toter das Weite suchte. Nun herrschte Freude in Israel, denn die Fleischtöpfe füllten sich und der auch des Metzgers kundige Heilige zeigte uns mit Stolz einen Topf voll Schweineschmalz, das er doch noch aus dem mageren Viehzeug herausgeschmort hatte.

Unter den zuletzt Angekommenen war ein Herr Zambrano, den ich früher in Puno als einen der wenigen Staatsbeamten kennengelernt hatte, die ich hochachtete. Er war jetzt als Subpräfekt nach einem kleinen Nest am Hualyaga tief im Inneren versetzt, war bald nach uns in La Merced angelangt, hatte dann aber den unglücklichen „Camino Central" gewählt, auf welchem Wege er im Sumpf ein Maultier mit Gepäck stecken ließ, in keiner der verfallenen Schutzhütten Schutz gegen Regen fand, 12 Tage statt 9 brauchte, um schließlich halbtot nach Puerto Bermudes zu kommen und dort einen vollen Monat auf das Kommen der Lantscha (Dampfboot) zu warten.

Derweil waren aber in dem kleinen Dorf die Lebensmittel ausgegangen und die Fremden mussten hohe Preise zahlen, um nur das Nötigste zum Leben zu erhalten. In Gefahr zu verhungern, entschlossen sich schließlich die Reisenden, für eine hohe Summe ein Canoe zu kaufen, um mit diesem gefährlichen Fahrzeug glücklich an die Werft vom Patschitea zu gelangen, wo sie dann auch das Regierungsboot vorfanden.

Als sie nun aber glaubten, das Boot nun flussabwärts benutzen zu können, erklärte der Kapitän, er müsse nun erst nach oben fahren, da jetzt Wasser im Fluß sei. Wenn dem so sei, so möge er die Passagiere so lange beherbergen und speisen, man zahle, was er verlange. Nein, das sei nicht seines Amtes, er habe auch selbst keine Lebensmittel. „Ja, zum Teufel, wir können uns doch nicht in den Wald legen und verhungern, bis Sie zurückkommen! Das ist ja eine wunderbare Einrichtung!"

„Ganz den Umständen gemäß," grunzte der Kapitän, „was weiß die Regierung in Lima von den Nöten der Passagiere im Urwald! Übrigens finden Sie 15 Minuten von hier ein Kloster, wo sie Unterkunft haben und auch essen können, wenn was da ist."

So wartete man mit vereinten Kräften, bis denn endlich nach weiteren 8 Tagen die Lantscha wieder da war und nun, 18 Mann hoch, einsteigen konnte. Mit einigen Deckspassagieren und der Besatzung waren es 30 Menschen, die auf dem Deck des kleinen Blechkastens sich kaum um sich selbst drehen konnte.

Nur der Kapitän und der Koch hatten Kabinen, alles Übrige suchte sich mit oder ohne Bett einen Platz zum Liegen und war froh, Hängematten über den Köpfen der anderen ausspannen zu können. Dazu die Tropenhitze, Mückenplage, Rauch und Sott aus dem Schornstein bei Holzfeuerung und Geruch der vielen dunklen Leiber – eine ungemütliche Fahrt! Der Unterschied zwischen erster Klasse und Deck bestand, außer dem Fahrpreis, 30 gegen 18 Soles, nur darin, daß für uns ein Tisch von der Decke des Sonnenzeltes herabgelassen wurde, während die anderen an Deck sitzend, abgefüttert wurden mit der gleichen ekelhaften Konservenkost.

Dafür dauerte denn auch die Fahrt volle 7 Tage, bis wir in den Ucayali an die Station Massisea kamen, dank dem Umstand, daß immer noch zu seichtes Wasser die Fahrt erschwerte, so daß unsere Blechsachale alle paar Stunden auf einer Sandbank festsaß. Dann musste die Besatzung aussteigen, manchmal auch die Passagiere, um den Kasten mit Hebebäumen wieder flott zu machen.

Dazu hatten die letzten Regengüsse viel Treibholz losgerissen, was wieder eine große Gefahr für unser schwaches Boot bedeutete, so daß das Fahren bei Nacht ausgeschlossen war. In Massisea, wo deutsche Ingenieure beschäftigt waren, eine Funkenstation zu errichten, gedachten wir zu verweilen, fanden aber das Nest und die Umgebung so öde und reizlos, daß wir froh waren, als nächsten Tages ein größeres Kaufarteiboot anlegte, auf das wir uns glücklich verstauten. Hier gab es zwar auch keine Kabinen, aber es herrschte hier doch eine saubere Bequemlichkeit und Ordnung vor. Da konnte man sich doch an langen Tischen gemütlich niederlassen, Schach spielen und sich unterhalten. Da war sogar das Essen, das meist aus Schildkrötenfleisch und -eiern bestand, genießbar.

Bis zum Puerto Contamana hatten wir für weitere 20 Soles Billet genommen, wo mein Jesuit wieder ein Kloster wusste. Der Aufenthalt in dem sauberen Städtchen, das sich lang am unteren Ucayali ausdehnt, war ganz nett und friedlich. An der Plaza vor dem Kloster waren moderne Blumenanlagen, und am Fluß entlang zog sich eine Allee von mächtig schattenden Brotbäumen, deren kopfgroße Frucht ein süßes weißes Fleisch enthält, welches ausreicht, eine Familie zu sättigen. Außer den Brotbäumen waren eine Menge Kastanien, die gerösteten Früchte sind sehr schmackhaft und geeignet, manchen hungrigen Magen zu füllen. Am Waldrand, der die Stadt von allen Seiten einschließt, sieht man an hochaufragenden Schlinggewächsen eine andere schwarze Frucht in Melonenform, die ebenfalls einen fertigen, süßen Brei enthält. Nimmt man hierzu die mächtigen Bananenhaine und eine große Auswahl exotischer Früchte, wie sie dort der Markt bietet, so kann man diesen Platz mit seinen durch den Strom gemilderten Klima wohl als ein

Vegetarierparadies ansprechen. Im Kloster gab es sogar einen Laubengang von wirklichen Trauben, die zwar ein wenig hart in der Schale, doch den Padres zweimal im Jahr einen vorzüglichen Wein lieferten.

Crema de Lima – Revolution

Jedoch auch in diesen Paradiesfrieden schlich sich die Schlange der Zwietracht. Wir hatten schon vernommen, daß in Iquitos infolge des plötzlichen Versagens der Kautschukpreise eine Hungerrevolte entstanden sei, die aber durch die energische Behörde dadurch beseitigt wurde, daß sie sämtliche Lebensmittel beschlagnahmte und dem Volk zu normalen Preisen verkaufte. Nun war einer der Rädelsführer hierhergekommen, der sich durch harmlosen Verkauf von „Crema de Lima" in den Straßen bekannt und beliebt machte, was ihm wieder dienlich war, das niedere Volk aufzureizen gegen die Juden, meist Marokkaner, die sich hier zum Ärger der einheimischen Kaufleute seit einiger Zeit übermäßig breit machten.

Einer der wichtigsten Feiertage der Kirche mit einer großen Prozession war ausersehen als passende Gelegenheit, den zündenden Funken in die Massen zu schleudern. Ein herrlicher Sommertag sah die Frommen zusammenströmen, da die Prozession mit ihrem Flitter und Puppengepränge, sich ordnen und friedlich betend von Altar zu Altar ziehen, bis zu ihrem glorreichen Ende, dem Hauptaltar auf dem Marktplatz der Stadt. Kaum aber war das letzte „Ave-Maria" verhallt, so erhoben sich schrille Stimmen: „Es lebe die Kirche – Tod den Juden!" Um das Banner der Kirche scharte sich im Nu eine wüste Menge, Musik setzte ein, und vorwärts drängte die Masse. Es konnte den Anschein gewinnen, als ob die Priester des Kreuzes selbst die Anführer des Pöbels wären, aber die waren anscheinend selbst überrascht und schlichen sich davon, ohne auch nur einen Versuch zu machen, das Volk aufzuhalten oder ihre Standarte vor der Schmach zu bewahren, die Rotten selbst anzuführen. Rasch waren die gezeichneten Läden umringt und die überraschen Marokkaner hatten zu tun, um ihr nacktes Leben zu retten. Man ließ sie aber gern durch, denn die Gier der Stürmenden war auf die Waren gerichtet, die natürlich in kürzester Zeit nach allen Seiten verschwanden.

Die Geschädigten waren zum Gobernador gelaufen, um Schutz zu suchen gegen die Räuber. Der aber erklärte, er habe nur zwei Soldaten zur Verfügung, da der Subpräfekt mit den übrigen nach Iquitos gerufen sei. Er werde aber die Bürger auffordern, die Ordnung zu wahren.

Er schien das auch wirklich zu beabsichtigen, aber wohin er mit seiner Aufforderung kam, begegnete er spöttischen Blicken und Worten: „Er solle doch dem Volk das Vergnügen lassen, den Juden geschähe ganz recht, das wäre ein Strafgericht Gottes. Da war nichts zu machen. Es kam aber noch anders. Wer hätte gedacht, daß die losgelassene Meute, nachdem sie mit den Judenläden fertig waren und nun doch mit ihrem Raub zufrieden sein konnten, trotzdem noch die Läden der allerchristlichsten Krämer und Mitbürger angreifen würden? Es geschah aber und als man den Plündernden entgegenschrie, daß sie zu weit griffen, daß sie doch bloß die Juden hätten strafen sollen, wurden sie gefragt, ob sie es vielleicht besser getrieben hätten, ob sie nicht vielleicht besser noch als die Juden das Volk betrogen und ausgesogen hätten, ob sie nicht aus purem Krämerneid diesen Putsch veranstaltet hätten und ob es nicht gerecht sei, sie jetzt ebenfalls mit der Judenelle zu messen.

Jetzt hatte der Gobernador auf einmal Glück mit seinem Bürgeraufgebot und ehe eine viertel Stunde verging, trat ein Volk in Waffen dem Volk der Rächer gegenüber und verwies es mit harten Worten und noch härteren Kugeln zu Ruhe. Einem solch energischem Wink mochten die Untergeordneten, meist schon trunkene Meuternden nicht zu widerstehen und so zogen sich die Hyänen knurrend und fauchend auf den Waldrand zurück, von wo aus sie dann, da sie immerhin noch über einige Waffen verfügten, auf die Stadt schossen.

Von der Zinne des Klosters hatten wir uns, in Gemeinschaft der heiligen Väter, dieses Schauspiel der menschlichen Leidenschaften mitangesehen. Als dann aber die blauen Bohnen so ziellos durch die Luft summten, hielten wir es doch für geratener, uns hinter die dicke Gartenmauer zurückzuziehen, denn das Blechdach des Hauses und seine dünnen Rohrwände konnten uns keinen Schutz garantieren. Die ganze Nacht dauerte das Hin- und Herschießen der Feuerwaffen fort, so daß die Vorstellung, sich inmitten eines Schlachtfeldes zu befinden, wohlberechtigt war, und ich mit dem Doktor berechnete, wie viele Opfer dieses unsinnigen, zwecklosen Schießens wohl am Morgen die Straßen decken würden.

Die frommen Väter aber verbrachten die Nacht mit Seufzen über die Schlechtigkeit der Welt und ließen nicht nach, im Gebet zu ringen an den Knien der Gebenedeiten, sie möge doch die Herzen und die Kugeln der Menschen leiten, damit sie einander nicht gar austilgten vor dem Angesichte des Herrn. Als Eos[37] mit Rosenfingern emporstieg und der Donner der Geschütze wegen Munitionsmangel allmählich verstummte, als die Menschen hervorkrochen aus ihren Höhlen, wo sie unter Matratzen versteckt die Nacht Angst geschwitzt hatten, als sie nun weinend ihre Toten zählten, da ergab es sich, daß nur ein altes Weib und ein

---

[37] Göttin der Morgenröte

Buckliger das Opfer der schrecklichen Katastrophe geworden waren.

3 Tage später zog dann der zurückkehrende Subpräfekt, begleitet von 7 Soldaten, unter den Heilrufen der Menge und dem feierlichen Gebimmel der Glocken als Retter und Sieger in die beinahe bedroht gewesene Stadt ein und nun herrschte wieder Friede und Freude in Israel und Umgebung.

Das war die grausige „Crema de Lima" – Revolution von Contamana im Jahre des Heils 1908, und wer etwa Zweifel hegen sollte in Bezug auf historische Treue dieses Berichts, den verweise ich auf die zeitgenössischen Zeitungen der Hauptstadt, in deren Spalten er mit Sicherheit nichts von solch welterschütternden Revolutionen des Urwaldes finden wird.

Die Gelehrten dieses Klosters waren gar feine, vornehme Herren, die sich behäbig eingerichtet hatten. Sie lebten sehr zurückgezogen und ließen sich nur selten mit einem Gelehrten in ein Gespräch ein. Mich hätten sie vielleicht gnädig zum Handkuss zugelassen, wenn ich es über mich gewonnen hätte, dieser Huldigung zu folgen. Das hatte auf den Doktor die Wirkung, daß er sich seiner herrischen Vornehmheit von früher erinnerte und sein Benehmen gegen mich unerträglich wurde. Vom verhaltenen Fieber geplagt erschien er mir mit seinen großen, starren Augen wie irrsinnig.

Ich drang auf Weiterreise. Da fuhr er mich grob an: „Scheren Sie sich doch zum Teufel, wenn es Ihnen in meinen Diensten nicht mehr gefällt. Ich brauche Sie nicht mehr, meine Mission ist eine höhere. Gerade hier habe ich eine Arbeit angefangen, die mich unsterblich machen wird. Dazu brauche ich die Bibliothek hier und die frommen Väter werden mich unterstützen und es mir an nichts fehlen lassen. Gehen Sie doch!" Diese Worte wirkten auf mich wie die

Schneide eines scharfen Messers, das meine Fesseln durchschnitt, mich von einer drückenden Last befreite und mir meine Freiheit wiedergab. In meiner Freude wäre ich fast der elenden Gestalt um den Hals gefallen, konnte mich aber doch nicht enthalten ihm zu sagen, daß nur das Mitleid mit seinem geistig und körperlich zerrüttetem Zustand mich abgehalten habe, mich längst von dem Zauber des „Rosenjesuiten" zu befreien, der mir mein Geld abgeschwindelt, mich in die Wildnis gelotst und nun die Früchte unserer Arbeit allein für seine Unsterblichkeit verwenden wolle.

Wenn ich glaubte, meinen Gegner mit diesen Stößen seelisch durchbohrt zu haben, so irrte ich mich, denn in aller Seelenruhe meinte er: „Ja, etwas Geld könnten Sie mir eigentlich noch hierlassen, ich gebe es Ihnen in Iquitos, wo ich mit Vorträgen über meine Reise Geld genug verdienen werde, alles pünktlich zurück." – „Jawohl, mein Herr, ich habe dank Ihrer unnützen Ausgaben, zu denen Sie nichts als leere Versprechungen beigetragen haben, gerade noch 3 Lp. und werde mich gezwungen sehen, in Iquitos Arbeit zu suchen. Die Waren, die wir wie bisher ebenfalls unnütz mitgeschleppt haben, will ich Ihnen schenken. Ich hoffe, daß Sie dadurch vor äußerster Not bewahrt bleiben."

„Da sprang der Schauspieler auf und wollte mich mit den schluchzend vorgestoßenen Worten: „Ach Gott, ein guter Kerl sind Sie doch!" gerührt umarmen. Mir aber quoll es heiß zu Kopf und ich stieß das lange Ekel von mir und floh ins Freie.

Überlebenskampf

Der nächste Morgen fand mich am Hafen, nach dem nächstfälligen Dampfboot forschend. Das könnte noch eine Woche dauern, sagte man mir. Fatal! Als ich mich aber umblickte, gewahrte ich ein Floß, darauf standen 3 blonde Knaben, die auf die Anlegestelle zusteuerten. Sie warfen mir ein Tau zu und ich war ihnen behilflich, festzumachen. Dabei erzählten sie mir, daß sie Deutschamerikaner seien und vom Cerro de Pasco kämen, wo sie wegen eines Streites mit dem englischen Baas ihre Arbeit verloren hätten. Für ihre letzte Löhnung hätten sie sich Lebensmittel eingekauft und wären dann frohen Mutes in die Wildnis hineingewandert, um diese zu durchqueren, ohne sich darüber klar zu sein, was sie da unternehmen sollten. Sie waren über Huanao gereist, dann einem Pfad nach durch die Wildnis bis an den Fluss Mairo gekommen und diesem nachgegangen. An seinem Lauf hatten sie eine deutsche Ansiedlung getroffen, deren Besitzer, ein Herr Gans, sie freundlich aufgenommen und bewirtet hatte.

Aus Dankbarkeit und um sich etwas zu erholen, hatten sie dort eine Woche gearbeitet, um dann reich beschenkt mit Lebensmitteln, ihren Weg, dessen Ziel der Patschitea war, fortzusetzen. Nach schier übermenschlichen Anstrengungen und Entbehrungen hatten sie endlich auch den Fluss erreicht mit der Hoffnung, von der Lantscha mitgenommen zu werden, was aber fehlschlug. Man hatte ihnen jedoch eine Axt geliehen, damit sie sich die Bäume schlagen und ein Floß daraus bauen konnten. Auf diesem waren sie nun drei Wochen ergötzlicher Fahrt glücklich bis hierhergekommen. Ihre Kleidung war schier zu Zunder verwettet und sie trugen keinen Cent mehr in ihrer Tasche. Wenn man unterwegs die Hunde auf sie hetzte, was wohl auch vorkam, so flohen sie auf ihr Floß, warteten die Nacht ab und ernteten dann, was sie nicht gesät hatten. Dabei waren sie, gleich echten Flusspiraten, reichlich und gut ernährt worden.

Auch in Contamana gab es weiche Herzen, besonders in den einfachen Hütten, wo man noch allerhand liegen hatte, vom „Crema de Lima" her, was bei näherem Hinsehen vielleicht besser nicht mehr gesehen wurde, und so fand ich die Burschen am Abend mit Gottes Hilfe wundernett gekleidet. Da sie hörten, daß ich auch nach Iquitos wollte, luden sie mich ein, mit ihnen zu fahren. Aber obwohl mir die munteren Burschen sehr gut gefielen, wagte ich doch nicht recht, mich ihnen so ganz anzuvertrauen und ich zog es deshalb vor, am nächsten Tage mit der kleinen Doppellantscha „Luz y Lilli" zu fahren. Auf dieser fand ich als einziger Passagier dennoch keine Gemütlichkeit, weil die kleinen schwimmenden Kramläden entweder mit Waren oder mit Kautschuk so vollgepfropft sind, daß man nicht weiß, wo man sich hindrücken soll. An jedem Puesto (Ansiedlung) lagen sie an, um den einsam Hausenden ihre Waren anzubieten und den Kautschuk, der sich dort angesammelt hatte, in Empfang zu nehmen. Immerhin ein lukratives Geschäft, wie mir der Marokkaner als Besitzer der Lantscha und der Waren mitteilte.

Bei jeder Reise, die etwa einen Monat dauerte, hatte er einen Gewinn von etwa 500 Lp. Es hätten früher an 30 solcher Warendampfer in diesem Flussbereich gelaufen, aber jetzt hätten viele die Fahrten wegen der Krise eingestellt. Volle 10 Tage verbummelten wir auf dieser Fahrt, die ja insofern interessant war, als ich manches beobachten konnte, was mir bei Extrapost verloren gegangen wäre.

Mitte November war ich endlich angelangt in dem vielbesungenen „Eldorado del Oriente", auf das ich so große Hoffnungen gesetzt hatte. Aber, wie gewöhnlich in meinem Leben, war ich auch hier wieder mal zu spät gekommen. Vorbei war die herrliche goldene Zeit, von der man mir gerühmt hatte. Dafür herrschte die Hungerkrise, drohte Revolution, hatten Werften und Faktoreien die Arbeit eingestellt. Mein erster Gedanke war. Nur rasch weiter!
Aber ohne Geld zu reisen, riskierte ich doch nicht. Auf meinen Kreditbrief von der Bank in Lima wollte mir

kein Haus etwas geben, weil man mit der Küste keine Verbindung hatte, und eine Bank gab es in diesem Emporio des Handels noch nicht. Ein Landsmann, Jorje von Hassel, machte mir zwar allerhand Hoffnungen und Vorschläge, irgendein Geschäft anzufangen, dafür sei gerade jetzt die beste Zeit, die Krise werde vorübergehen und dann wäre es Zeit, Geld zu machen. Es kam jedoch nichts Praktisches dabei heraus, weil in solchen Zeiten eben alles ungewiss und unpraktisch erscheint.

Es bot sich Gelegenheit, eine Stellung zu erhalten im großen Kaufhaus Wesche, einer Pariser Filiale, die gleichwohl mit lauter deutschen Angestellten arbeitete. Dort war ein junger, erst kürzlich eingewanderter Gehilfe am Typhus gestorben und ich erhielt seinen Posten. Ein Ideal war es nicht gerade für den in Freiheit Dressierten, jetzt im engen, dumpfheißen Kontor Konten einzutragen. Als ich eines Tages gefragt wurde, ob es mir recht wäre, draußen auf der Pflanzung eine Stellung zu erhalten, willigte ich mit Freuden ein. Der Verweser jenes Gutes war gerade anwesend und nahm mich gleich mit sich als Unterverwalter. Das war Neujahr 1909.

Meine Stellung hatte aber vom Verwalter nichts an sich, als daß ich für alles Mögliche und Unmögliche verantwortlich gemacht wurde. Zu befehlen hatte ich nichts. Die Arbeiter, meist aus ansässig gemachten Wilden bestehend, sollte ich wohl beaufsichtigen und zur Arbeit anführen, durfte ihnen aber beileibe kein erstes Wort sagen, weil sie sonst davonliefen. Auch wurden sie fast ausschließlich für die Zuckerrohrverarbeitung verwendet, oder auf Land geschickt, um Fleisch zu holen usw. Für die übrigen Arbeiten wie Viehzucht, Garten- und Gemüsebau, Handwerkerarbeiten usw. hatte ich meistens keine anderen Gehilfen als meine eigenen Hände. Dabei verstand es der Herr Oberleiter vorzüglich, in seiner Gesellschaft sowohl als auch unter den Leuten, keine Gemütlichkeit aufkommen zu lassen, was bei der Unmöglichkeit, sich von außen her Zerstreuung zu verschaffen, doppelt drückend war.

So kamen die wenigen Deutschen, die dahin verschleppt wurden, sich nicht anders vor, als etwa die französischen Strafgefangenen auf der Pfefferinsel. Trotzdem hielt ich dort 5 Monate stand., immer in der Hoffnung, daß man für mein 14-stündiges Schaffen bei Tropensonne und Regen, bei jämmerlicher Mückenplage und Schlangengefahr, doch wenigstens mein Gehalt von 10 Lp. etwas erhöhen würde. Nichts! –

Da wurde ich ernstlich krank an einem hitzigen Hautfieber, an dem ich hätte in Gottes Gnaden ruhig unter furchtbaren Qualen verenden können, wäre nicht ein Wilder so barmherzig gewesen, mir einen Kräuterbalsom aufzulegen, der mir bald Linderung und Heilung verschaffte. Als ich dann, noch ehe ich genesen, einen anderen auf meinem Posten fand, war ich zufrieden, den Schlamm des Parinari (so nannte man das Gut) abschütteln zu können.

Ich erfuhr noch zur rechten Zeit, daß das Dampfboot des Hauses Wesche, der einzige 14-tägige Anschluss an die Außenwelt für Parinari, unterwegs sei. Es brauchte von Iquitos aus 4 Tage, um den Maranon bis zur Mündung des Huallagas hinunterzufahren und dann diesen hinauf bis zum Hafen Yurimagas, wohin es Post- und Warenverkehr vermittelte. Einen Kampf bis zur letzten Minute kostete es mir noch, mein bisschen Gehalt herauszuholen. Natürlich wurde mir die Zeit meiner Krankheit und der Kursunterschied angerechnet. Schon legte die Lantscha an. Flugs schiffte ich mich ein und entwischte so diesem Affen- und Schlangengebiet.

8 Stunden später war ich in dem, gleich Rom auf sieben Hügeln erbauten Städtchen Yurimagas, dessen Kopfzahl freilich einige Tausend nicht übersteigt, wo ich als

215

ersten meinen Freund Zambrano wieder traf. Die Haltung des Mannes, sein Mut, sein glühender Patriotismus waren in der kurzen Zeit gebeugt. Das hätte man ihm nicht antun sollen, meinte er, ihn in diese Hölle zu schicken. Über seine Erlebnisse könnte ich auch ein Buch schreiben. Der Hotellero, bei dem ich wohnte, ein robuster Peruaner, erklärte, als er hörte, daß ich vorhabe, das Land bis zur Küste zu durchqueren, sich bereit, mich zu begleiten. Er müsse sowieso mal nach seinem Haus und seiner Frau an der Küste sehen. Er rief seine wohlgeformte Gehilfin, gab ihr seine Instruktionen, mietete sofort ein Ruderboot und während wir einige Tage auf das Klarmachen des Fahrzeugs warteten, war auch er zur Abreise gerüstet.

Am 23. Mai dampften wir im kleinen Boot, von vierfachem Knochenmotor getrieben, den Paranapuri hinauf. Am 5. Tage unserer Fahrt legten wir am Dorf Balsapuerto an. Das war dann eine vom schönsten Wetter begünstigte Sportruderfahrt, wie man sie sich im rasierten Europa wohl kaum leisten kann. Leider verlor ich hier gleich wieder meinen Reisebegleiter, weil ihn die Nachricht erreichte, daß seine „Companera" schwer erkrankt sei. Das war fatal. Er musste zurück und ich allein durch den finsteren Wald, allein insofern, als ich mit zwei wilden Jungen, vom Gobernador beordert, mein und Gobians Gepäck, das dieser nicht mehr zurücknehmen wollte, bis nach Mojamba durch den Wald tragen musste. „Sind diese Leute aber auch treu?" fragte ich, doch etwas benommen, den Gestrengen. – „Dafür bürge ich," gab dieser gravitätisch zurück. „Es ist noch kein Fall vorgekommen, daß diese mir ganz ergebenen Wilden im Geringsten ihre Pflicht verletzt hätten." Leider schien sich ihre anbefohlene Pflicht nur auf die Ablieferung des Gepäcks zu beziehen, nicht aber auf meine Wenigkeit, was ich unterwegs bald unangenehm bemerken musste.

Vier Tage hatte ich in dem öden Waldnest auf die Helden warten müssen, die sich zu ihrer leiblichen Wohlfahrt noch ein Mädchen mitgenommen hatten, und schon am ersten Tage, als ich mal einige Minuten zurückblieb, um mein Schuhzeug zu ordnen, verlor ich die Gesellschaft aus den Augen. In der Annahme, daß die Kerle noch längst über den Fluss seien, unternahm ich nun das Wagnis, auch durchzuwaten. Es ging auch anfänglich gut, aber plötzlich rutschte ich in einen tieferen Kanal bis unter die Arme im Wasser. Da hier die Strömung sehr stark war und mich das Wasser rasch abwärts drückte, glaubte ich, verloren zu sein, fand aber einen größeren Stein als Halt. Gegen diesen drückte mich der Strom minutenlang so fest, daß ich nicht atmen konnte und fast erstickte. Der Druck der Strömung und meine verzweifelte Anstrengung brachten mich aber schließlich auf den Stein, von wo aus ich mich durch festen Abstoß und ein paar kräftigen Schwimmstößen über den gefährlichen Kanal hinweg in sanftere Strömung gelang und bald auf festem Boden stand.

Total erschöpft, mit zitternden Gliedern sank ich am anderen Ufer in den heißen Sand und überlegte, was nun werden sollte. Wenn ich auch wohlweislich meine eiserne Portion von geröstetem Mehl und Zucker wasserdicht verpackt im Rucksack trug, so war es doch wahrscheinlich, daß ich den Weg und Richtung verfehlen würde. Einen Weg! Sowas gabs doch nicht! Den Pfad, der sich da über die Berge, durch Bäche und wildverschlungenes Gestrüpp schlängelte, konnte nur einem kundigen Waldgänger seine Geheimnisse verraten. Umkehren? Ausgeschlossen!

Schon begann ich die Spuren des Pfades am Uferrand zu suchen, da sehe ich zu meinem Erstaunen, wie weiter abwärts meine drei Schutzengel, sich gegenseitig stützend, durch die Strömung arbeiten. Ich war herzlich froh, daß ich sie wiederhatte, schnob sie in meinem Zorn aber doch grimmig an, ohne jedoch dadurch den geringsten Effekt zu erzielen. Die Mienen dieser Bronzegesichter blieben unbeweglich und sie zogen an mir vorüber, ohne mich auch nur eines Blickes zu würdigen. Nur das junge Mädchen verzog ihr Mäulchen ein klein wenig. Doch war es mir nicht klar, ob es Spott oder Mitleid sein sollte. Wenn ich aber glaubte, ihnen beigebracht zu haben, sich vor allem um meine werte Person zu kümmern, war ich wieder im Irrtum, wovon ich schon am anderen Tage einen neuen Beweis erhielt.

Am Fuße eines steilaufragenden Berges hatten die mit je etwas 70 Pfd. Belasteten sich mal wieder zur Ruhe niedergelassen, was sie ja alle 2-300 m wiederholten, was ich Ihnen auch nicht verdenken konnte, da der Weg heillos anstrengend war. Es gilt hier, die dicht mit Gestrüpp und niedrigem Wald bestandenen oft sehr steilen Ausläufer des Gebirges zu überqueren. Guter Humor und gesunde Knochen sind darum erforderlich, sonst kann dieser Spaziergang wohl zur Höllenfahrt werden, wie denn auch verschiedene Kreuze am Wege Stellen bezeichnen, wo ein Müder seine letzte Ruhe fand. Ja, wenn noch ein gebahnter Weg hindurchführte, wäre es nicht so schlimm, aber so kletterte man an der steilen, ewig nassen und schlüpfrigen Bergwand schweißtriefend hinan, mühsam mit Hand und Fuß an Steinen oder stacheligem Gestrüpp Halt suchend, über oder unter gestürzten Bäumen kriechend, dabei mit den Füssen in sumpfigem Moos oder Schlamm steckend, über Wurzeln stolpernd, bald über ein übersponnenes Loch stürzend, bald sich in Lianen oder Schlinggewächs verfangend – kurz, ein ständiger, aufreibender Kampf.

Hast Du endlich den Bergrücken erstiegen, so gibt es nichts, als an der anderen Seite wieder hinanzuturnen, bis Du Dir tief unten in den dicht verworrenen Dschungeln eine Stelle suchst, wo Du durch den mehr oder weniger reißenden Wildbach waten kannst, jedoch nur, um nun an einer anderen Wand hinaufzuklettern.

Also meine Träger lagern sich am Fuße einer solchen Wand, und ich, um etwa Vorsprung zu gewinnen, steige schon ein Stück bis zum nächsten Absatz hinauf und frühstücke dort. Als es aber gar zu lange währte, bis meine Gesellschaft nachkam, als auch Rufen und Pfeifen die Säumigen nicht zum Aufstieg bewegte, da kletterte ich in banger Ahnung wieder hinab und...?

Sie waren verschwunden. Gerade hier war der Aufstieg doch ganz deutlich ausgetreten. Jedoch die Luder waren verschwunden, ich fand auch ihre Spur nicht mehr. Was halfs! Ich kletterte nun todesmutig allein den Berg hinan, den hier deutlichen Spuren einer Kuhherde folgend, dann noch über einen anderen, gefährlich versumpften Berg, bei dessen Abstieg ich nichts Besseres zu tun wusste, als was auch die Kühe getan hätten, nämlich mich auf allen vier Buchstaben zu setzen und so die glatte Steilbahn hinunterzurutschen. Unten angelangt blieb ich in einem hornviehdurchwateten Supf stecken und hatte große Mühe, bis an die Brücke zu gelangen, die schwankend über einen wildtobenden Fluss führte. Ich war eingehüllt in Schlamm, darum stieg ich an einer seichten Stelle ins Wasser, um mich und meine Kleidung gründlich zu waschen.

Dabei ließ ich die Brücke nicht außer Sicht, weil ich schloss, daß meine Träger hier unbedingt durchmüssten, da sie doch nicht durch den reißenden Strom konnten. Sie kamen aber nicht! Ich kraxelte weiter. Als ich aber spät abends todmüde an eine Schutzhütte kam – siehe, da lagen sie, ehern und friedlich und kein Zucken, kein Blick verriet, ob sie sich über mein Erscheinen wunderten oder freuten. Teufelskerle, na, ich werde Euch schon!

Ich legte mich von nun an so, daß sie mir nicht etwa in der Morgenfrühe entwischen konnten. Am Tage ließ ich aber einen vor und einen hinter mir marschieren, so konnte ich sie nicht mehr verlieren. Wir marschierten von Sonnen-auf- bis Sonnenuntergang, ohne andere Unterbrechung als die notwendigen Ruhepausen. So kamen wir ohne weiteren Unfall glücklich in 5 Tagen durch den großen Busch, bis an die Fähre des Flusses Mayo, wo mich der Fährmann mit meinem Gepäck ins Boot nahm, meine Wilden aber im selben Moment im Busch verschwunden waren.

„Lass gehen!" meinte der gemütliche Tscholo, „das sind scheue Wildkatzen, die mischen sich nicht mit uns Weißen, nehmen auch nichts von uns an, weder Speise oder Geld und betreten nie unsere Wohnungen." – „So? Ich habe doch 5 Pp. zahlen müssen für das Hertragen meines Gepäcks." – „Freilich, aber das steckt doch der Gobernador ein und gibt den Leuten, die ihn als ihren Kaziken verehren, irgendeinen Tand."

Weiter erzählte er während der Überfahrt: „Diese Füchse wissen wohl, warum sie rasch verschwinden, da sie wegen der Passagiere nicht immer ein ganz reines Gewissen haben. Kommen da erst kürzlich so ein paar Burschen, liefern ihr Gepäck ab in mein Boot und wollen sich drücken. Ich forsche jedoch, wem die Sachen gehören und wo der Eigentümer ist, denn ich kenne ihre Sprache. Da erklärten sie, daß es ein alter Mann sei, bei dem sie sich nicht hätten aufhalten können. Ich warf ihnen ihre Unmenschlichkeit vor und befahl ihnen, den Mann unbedingt zur Stelle zu schaffen. Sie versprachen es auch, ließen sich aber nicht mehr sehen. Nun machte ich Anzeige und der Präfekt sandte auch sofort ein paar Soldaten aus, den Verirrten zu suchen. Umsonst! Die Soldaten kamen nach einigen Tagen zurück und berichteten, daß in einem abseits gelegenen Gehöft ein alter Mann vorgesprochen und Essen verlangt habe. Die Magd, eine Halbwilde, habe in ihrer Fremdenfurcht die Hunde auf ihn gehetzt. Später fanden Passanten nicht weit von dort den verwesenden Leichnam. Ave-Maria!"

Berggeister

Als wir landeten, ließ der gefällige Schiffer ohne weiteres meine Sachen in die Stadt tragen in sein Haus, wo ich in Ermangelung von Logierhäusern bei seiner Frau und seiner Tochter wohnen könnte. Die etwas vernachlässigten Damen bewohnten allein ein großes zweistöckiges Haus und stellten sich vor als die letzten Abkömmlinge eines alten spanischen Patrizierhauses. Von der verflossenen Herrlichkeit ihres Geschlechtes und der glorreichen Waldkönigin erzählten sie mir manch Wunderbares.

Danach war Moyabamba z.Zt. der Vizekönige eine mächtige Stadt von 40 000 Einwohnern gewesen, welche die schon sehr zivilisierte Umgebung beherrschte und die Wiege manchen edlen Ritters und Großen geschaukelt hatte. Doch jetzt dringt die wüste Waldvegetation von allen Seiten gegen das Gebild der menschlichen Hand vor, ganze Straßen mit seinem Gewirr überwuchernd, Gärten und zerfallene Paläste einspinnend in einen Dornröschenschlaf.

Woher der Verfall? Die Spanier sind fortgezogen, verjagt, ausgestorben, seitdem das Mischvolk (Mestizas) das Regiment an der Küste übernahm. Alle Männer sind fort, viele zogen aus auf Abenteuer oder um einen besseren Erwerb an der Küste zu suchen. Die Blüte der Jungend der letzten Jahrzehnte zog, angelockt durch den hohen Gelderwerb, hinaus in die Tiefen der Wildnis und auf die Suche nach Kautschuk, dort an den siebenmal sieben Plagen der Tropen zu Grunde gehend.

Kommt jemand wieder, so ist es, weil er siech und gebrochen ist. Wem aber der große Wurf gelingt, Reichtümer zu gewinnen, der ist auch verloren, denn ihn lockt jetzt

221

die Sirene Lima oder gar Paris, sein Geld und seine Gesundheit in Wohlleben zu verzehren und doch lässt sich auf Gottes Erde wohl kaum ein schöneres Paradies finden, das nun durch Landflucht der Männer zur Weiberstadt geworden ist.

Dies alles und noch Intimeres erfuhr ich in der ersten Viertelstunde. Ich sprach den Damen mein herzliches Beileid aus und beglückwünschte dabei die Hausfrau, daß sie doch einen tätigen Mann bekommen habe. „Ich – einen Mann?" machte sie die verwunderte Bemerkung. „Ach, Sie meinen den Tschobo? Was soll man machen? Wenn das Edelfräulein keinen Ritter finden kann – man lernt sich bescheiden. Ich hoffe nur, daß meine Tochter, sie ist noch von reinem Blut, ein besseres Los ziehen wird!" Mehr sprach der keusche Mund nicht, aber vier Augen flammten mich an, in denen deutlich die Bitte stand: Oh, Herr, erbarme dich unser!

Und diese stumme Bitte verfolgte mich. Ich begreife heute noch nicht, weswegen ich damals eilte, weiterzukommen. Sicher, daß, wenn ich geblieben wäre, man mich auf Händen getragen, mich in ein warmes Nest gesetzt hätte, wo ich Fürst und Herr geworden wäre. Ich aber kam mir vor wie in der Rolle von Tannhäuser und floh von dannen…

Mit dem Fliehen ging es nun zwar auch nicht so rasch. Man hatte mir zwar gerühmt, daß es von hier aus einen guten Reitweg über das Gebirge gäbe, aber in dem Waldnest war weder Last- noch Reittier aufzutreiben, bis ich endlich einen auswärtigen Bauer, der Lasten brachte, verpflichten konnte. Als ich auf dem elenden Klepper davonritt, fiel es mir auf, daß keine der schwarzäugigen Schönen sich zum Abschied einfand, da sie mich so sehr flottiert hatten. Nur wenige Blicke hinter den Gardinen bemerkte ich. Diese Blicke aber waren voll von Trauer und Zorn auf den abziehenden Gringo gerichtet.

Die Reise ging nun durch ein wunderherrliches Tal, das nur stellenweise oberflächlich kultiviert war und meist nur den wilden Nachwuchs der tropischen Vegetation aufweist. Wie ich so dahinritt, 2 Tage lang, durch diese von der Natur reich gesegnete Ebene, stellte ich mir vor, was das für ein Garten des Herrn sein könnte, wenn deutscher Gewerbefleiß hier seine Schwingen entfalten könnte. Wie hier ein Volk glücklich leben könnte, auf einem Land, in einem Klima, das mit so milder, freigiebiger Hand allen Bedürfnissen des Lebens entgegenkommt. Ideal glücklich müsste es sich leben lassen unter Gleichgesinnten. Freilich, die Ansiedler müssten verstehen, Naturmenschen zu sein, müssten liebend gern verzichten können auf vieles, was ihnen in der Kultur zur zweiten Natur geworden ist.

Während ich so philosophierend langsam dahinritt, bemerkte ich auf einmal, daß ich allein war. Weder Lasttiere noch Treiber waren in Sicht. Verdutzt kehre ich ein Stück um, da finde ich die Eselsgesellschaft und meinen alten Bauern samt seinem etwa 9-jährigen Jungen vor einer Schnapsbude hockend, gegenüber war ein ordinäres Christusbild an die getünchte Wand gemalt. Mein vorher so bescheidener und in seinem grauen Haar fast ehrwürdiger Bauer war verwandelt. Mit ekelhafter Lustigkeit bot er mir Schnaps an und als ich ihn entrüstet an seine Pflicht erinnerte, fing er an zu schimpfen: Der Gringo sei ein Verfluchter, der das Sakrileg begangen habe, an dem gnadenreichen Jesus so, ohne sich zu bekreuzigen, vorbeizureiten!

Das bekräftigte auch der Tabernero und erklärte mir dann, daß kein ordentlicher Christ hier an dem Wundergott vorbei gehe, ohne erst seine Andacht zu verrichten und den Schutz der Heiligen für die Reise anzurufen. „Ganz recht," schrie ich wütend, „und um Dich in deiner Giftbude vollsaufen zu lassen, damit der Heilige Geist über ihn komme! Nun aber nichts wie los, Du geistgesegneter Bauer oder ich

223

haue Dir deinen besoffenen Schädel zusammen und gehe allein mit den Tieren los!" Wobei ich gleichzeitig energisch die Tiere antrieb, was den Effekt hervorbrachte, daß der Schnapswirt sich mit einem „Ave-Maria" in seine Höhle verkroch.

Der kleine Junge half mir auch, jauchzend die Tiere antreibend und der Bauer torkelte hinterher. Bei ihm wirkte aber der Kreuzsegen noch lange nach und verwandelte die sonst so schöne Tour in einen Kreuz- und Leidensweg voll Ärger und Schererei. Immer wieder musste ich von dem Erschlaffenden hören, daß ich allein die Schuld an all dem Ungemach trage, weil ich seine Andacht gestört habe.

Als der Tag sich neigte, kamen wir an das große Indianerdorf Rioya am Rio Touja. sehr schön am Fuße eines einzelnen hohen Berges gelegen. Am Eingang stand ein hohes steinernes Kreuz, dort hieß ich den jetzt vor Schlappheit taumelnden Bauern niederknien und versprechen, sich nicht mehr zu besaufen, ich würde sonst ohne ihn mit den Tieren weiterziehen. Sehr zerknirscht verstand sich der Alte dazu und hielt auch Wort, weil er im Quartier in einer Ecke gleich in den tiefen Schlaf des Gerechten verfiel, während ich mit dem Buben die leidenden Lasttiere versorgte.

Ebenso musste ich am anderen Morgen alle Energie aufwenden, um den ewig Schwankenden zu bewegen, aufzusatteln und von seinem Compadre, wo wir logierten, äußerst rührselig Abschied zu nehmen. Endlich unterwegs war es mit einem frisch-fröhlichen Vorwärtskommen immer noch nichts. Durchaus wollten die Lasten auf den Tieren nicht haften. Ging dann der Rausch dieses Kanakos überhaupt nicht vorüber?

Bis ich schließlich entdeckte, daß das selige Vieh noch ein paar Flaschen mit sich führte, die ich ihm in meinem Ärger natürlich zertrümmern wollte. Da fällt der Silberhaarige vor mir auf die Knie und bettelte um aller Heiligen Willen, ihm doch seine von Jesus selbst gesegnete

Wegstärkung nicht zu nehmen, da er seine Heimat überhaupt nicht sehen würde. Wieder kam es mir wie Ekel und Wut aus dem Magen, doch bezwang ich mich und versuchte noch einmal durch Appell an seine Vernunft, wobei mich der Kleine durch flehendes Weinen unterstützte, den Schnapsteufel zu bannen. Es schien auch Erfolg zu haben, er nahm sich nunmehr zusammen.

So passierte es, daß ich, durch einen öden Busch reitend, gelangweilt abgestiegen, eine Strecke vorausging, bis ich mich niederließ, etwas zu frühstücken, während der Treiber mit seinem Knaben zurückblieb, eine Last zu ordnen. Als sie nach einer Weile nicht nachkamen, ging ich zurück, rufend und suchend – keine Spur. Ich eilte wieder vorwärts, wo ich die anderen Tiere am Wege grasend ließ. Auch die sind fort. Ratlos, wie behext stehe ich da. Gerade kommt wie gerufen ein Bäuerlein des Weges daher, der mir versichert, meinen Mann weit voraus sehr heiter getroffen zu haben. Nach stundenlangem Laufen durch den endlosen Busch erreiche ich ihn auch glücklich an der Brücke des Rio Negro, die er mit einem Tier und seinem Knaben eben passieren will. „Ei, Padroncito," schreit er mich an, „wo bleibst Du denn und wo hast Du meine Tiere?" – „Wa-a-as? Sind Sie des Teufels, warum laufen Sie auf Umwegen davon? Was weiß ich von den Tieren? Bin ich etwa Dein Mulero, oder habe ich Ihnen nicht teuer genug Ihrer Arbeit im Voraus bezahlt!"

„Hoh – ha!" grölt er, „Gringo caracho, Du bist mit meinen Tieren fort und wenn Du sie mir nicht wiederbringst, musst Du sie mir bezahlen!"

Nun war aber auch meine Geduld zu Ende! Ich riss ihm die schon wieder angesetzte Flasche von seinem Lästermaul und schleuderte sie in den tosenden Strom. Dann machte ich ihm mit meiner Reitpeitsche klar, daß es vor allem seine Pflicht sei, die im Busch verlassenen Tiere

225

zusammen zu holen. Diese Sprache war so deutlich, daß der Alte, auf einmal ernüchtert, ohne Säumen mit seinem Jungen zurücklief, es mir überlassend, das eine Tier abzuladen und zu betreuen und mich dann auf der Brücke häuslich niederzulassen. Wirklich kehrten auch die beiden gegen Abend mit den Tieren und ihren Lasten unversehrt heim. Es fehlte nichts als mein guter Impermeable[38], dessen Verlust mir allerdings nahe ging, weil ich diesen treuesten Schützer gegen die Unbilden der zu übersteigenden Cordilleren nun entbehren musste.

Wunderbar ruhig schliefen wir trotz allem diese Nacht bei der Symphonie des tosenden Flusses. Als aber Eos mit glühenden Zangen über den Rand des Gebirges emporstieg, da waren unsere hungrigen Tiere, denen wir nichts hatten bieten können, Kräuter suchend im Wald verschwunden. Und wieder gingen Vater und Sohn, diesmal ohne den heiligen Sprit, die Tiere zu suchen und wieder kamen sie abends damit an, sehr zufrieden, daß diese sich mal ordentlich sattgefressen hatten.

Die folgende Nacht wachte ich aber, daß sich der angenehme Zeitvertreib nicht wiederholte. Ich störte gar zeitig den sanften Schlaf meiner Genossen, um endlich aus dieser verzauberten Pampa / Ebene) heraus ans Gebirge zu kommen. Im kleinen Indianerdorfe Rioseco wusste ich die Spritgefahr durch strammes Hindurchreiten von meinem Tayda abzuhalten und in der Folge war der Mann der treueste und pflichteifrigste Diener, den ich je hatte. Es war aber auch nötig, bei dem nun vor uns liegenden Aufstieg alle Kraft zusammen zu nehmen. Der scharf einsetzende Regen verwandelte bald den steilen, anstrebenden Weg in eine Rutschbahn, wo der Fuß nur in den tiefen Pfützen seinen Halt finden konnte. An Reiten war schon nicht zu denken bei der kleinen Schindmähre. Dazu kam noch das Pech, daß

---

[38] Wasserundurchlässigen Umhang

uns gerade hier eine Herde Vieh begegnete, die beim Herabrutschen vollends jeden Anhalt vernichtet hatte.

So ging es den ganzen Tag, bis wir abends, aufs Äußerste erschöpft, die Tschossa (Hütte) eines gastfreien Indianers noch glücklich erreichten. Am nächsten Tage dieselbe Musik, mit einigen Noten von herberer Kälte, aber diesmal gab es kein Obdach. Do oben am Ausläufer des struppigen Krüppelwaldes gab es keine Schutzhütten, wo es doch dem durchnässten, ermatteten Reisenden am meisten nottat. Die wundertätige „Cueva de Bagazan" (eine Höhle in der Felswand) hätten wir heute noch erreichen sollen, aber es ging nicht mehr, die Tiere, Punagras witternd, warfen sich mit ihrer Last in den Weg und waren nicht mehr fortzubringen. Der Klügere musste wieder mal nachgeben.

Aber jämmerlich wars doch, sich bei dem kalten Regenwetter im kalten Busch einzurichten für eine schaurig lange Nacht. Glücklicherweise hatte ich mein gutes Waldmesser bei mir. Damit schlug ich mir ein paar Gabeln, die ich auf Bettlänge in den Boden rammte, eine Querstange darüber und auf diese eine wasserdichte Decke legte und schon war das Schutzdach fertig. Darunter deckte ich den Schlamm mit Knüppelholz zu und auf diesem Schlafsack und was ich an Decken hatte, lag ich leidlich warm und trocken. Die Treiber machten es einfacher, indem sie sich auf ein Schaffell zusammenhockten und sich ihre Decken über den Kopf zogen; schließlich drang aber ja doch die Nässe durch.

Diese Nacht dauerte 16 Stunden, denn erst gegen 10 Uhr morgens hellte es so weit auf, daß wir zur Not satteln und weiterwaten konnten. Schon nach einigen Stunden hatten wir die famose Höhle erreicht. Ich wollte weiter, aber der Alte beschwor mich, nicht unser aller Leben frevelhaft aufs Spiel zu setzen, da das Überschreiten der Passhöhen bei schlechtem Wege und Wetter der sichere Tod sei. Da ich ja die Schrecken dieser Höhen nicht kannte, musste ich mich wieder bequemen, eine weitere endlose Nacht hier zu verbringen. Sie war nur insoweit angenehmer, als der Regen uns hier nicht so direkt einseifen konnte, dafür aber der Qualm, bei den vergeblichen Versuchen des Alten, Feuer an dem nassen Holz zu entfachen, um so lästiger wurde. Hierbei erzählte mir der Alte die Geschichte dieser heiligen Höhle, dem einzigen Zufluchtsort aller Mühseligen und Beladenen, die diese unseligen Höhen bekraxeln müssen.

Demnach wurde diese Höhle nach langer Vergessenheit von einem Bäuerlein, das sein verlaufenes Vieh suchte, wiederentdeckt und in seiner Tiefe ein Kreuz mit einem geschnitzten Christus. Der fromme Mann belud sich sofort mit dem hölzernen Herrgott und schleppte ihn nach dem Flecken Rioja, wo er noch heute als der Christo de Bagaza verehrt wird, aber auch als Zankapfel zwischen den anderen Gemeinden dient, die doch auch von der Wunderkraft dieses morschen Holzes profitieren wollen. Daß es Wunder tut, davon sind sie überzeugt. Sind doch die Kühe jenes Bauern, von Engeln geführt, von selbst aus der Wildnis zurückgekommen.

Erlebte ich doch selbst so ein herzerhebendes Gotteswunder: Als am nächsten Morgen die gefürchtete Passhöhe mit ihren barocken Konturen glänzend und flimmernd im goldigen Sonnenschein vor mir lag wie ein Zauberschloss der Giganten, das freilich wie ein Wunder der Verwandlung anmutete gegen die graue Nebelqual der vergangenen Tage.

Noch hatten wir einen gefährlichen Sumpf zu durchwandern, der sich durch das viele Wasser zwischen Höhle und Bergfuß gebildet hatte. Dann hatten wir aber wieder festen Fuß gefasst und stiegen nun mit neu erwachtem Mut den steil aufragenden Weg gegen die Felsen hinan. Weidlich schwitzen machte mich diese Arbeit, doch fühlte ich mich so unendlich frei und froh dabei, daß ich laut aufgejubelt hätte, wenn die Höhenluft den fauchenden Lungen noch diesen Überschwang erlaubt hätte.

In 4 Stunden hatten wir den Aufstieg genommen und ich schaute mich verwundert nach den Schrecken der Höhen um, von denen mir der Alte gefaselt hatte. Nein, das war ich im Süden großartiger gewohnt, wo man über vereiste Kuppen tagelang durch Schnee reisen musste, hier oben, bedeutend näher dem Äquator, blühten ja noch Blumen und Sträucher, umgab mich wohl eine erhabene, doch in saftigem Grün prangende Gotteswelt. Auf der Höhe breitete sich ein Streifen lachender Ebene und in ihrer Mitte ein tiefblauer See, an dessen Ufer wir entlang zogen in wunderlichem Schweigen. Selbst den Tieren schien es seltsam-sentimental zu werden, denn ganz leise, ganz langsam nur schlichen sie vorwärts, bis ich auf einmal mit einem lauten: „Mula – mula!" dazwischenfuhr, was sie aufschreckte.

Aber nun hatte ichs versehen! Händeringend, erschrocken flehte mich der Alte an, doch ruhig zu sein, wir seien am See „Calle, Calle" (Schweigen), wo ein freventlicher Laut genüge, die Auquis (Berggeister) zu erwecken, die dann erzürnt, sofort böses Wetter machen würden.

Ich lachte, aber – war es Tücke des Zufalls oder konnte wirklich der schwache Schall einer menschlichen Stimme eine so furchtbare Lawine ins Rollen bringen? Kurz, es vergingen kaum Minuten, da traten, wie den Felsen entstiegen, finster drohende Nebelgebilde von allen Seiten auf uns zu, reckten und dehnten sich, verfinsterten unglaublich rasch die Sonne und hüllten uns in ein schaurig kaltes Leichentuch.

„Ave-Maria! Misericordia!" jammerte der Alte, aber die Gnadenreiche konnte wohl auch die Höllengeister nicht bezwingen. Bei den wie Pfeile auf und durch die Haut fahrenden eisig prickelnden Windstößen dämmerte auch mir die Erkenntnis, daß es hier einem in leichter durchnässter Kleidung vom warmen Tal Verwöhnten bei längerem Aufenthalt recht wohl ans Leben gehen könne. Ich half nun den zitternden Treibern möglichst kräftig, die dösenden Tiere vorwärtszutreiben, als einziges Mittel, dem Verderben zu entrinnen und war froh, daß sich hier der Alte in seiner Verzweiflung nicht betrinken konnte. Denn sonst hätte ich ihn nimmer hinübergebracht. Am wenigsten schien es den kleinen Buben anzugreifen, der im Hemdchen und Hose, unentwegt zur Eile trieb.

Nach einigen qualvollen Stunden erreichten wir denn auch glücklich den Abstieg, wo wir wenigstens den Pfeilen des Windes nicht mehr so ausgesetzt waren, die Nebelgeister uns aber noch lange mit einem feinsprühenden, eisigen Regen verfolgten. Merkwürdig rasch klapperten wir den steilen Abhang hinunter. Als wir an die am Fuße des Bergkegels angeklebte Schutzhütte kamen, hatte noch keiner Lust zu rasten und weiter wurde gekraxelt über einem in Brei aufgelösten Lehmberg, zu dessen Bewältigung die ermatteten Tiere Stunden gebrauchten. Endlich erreichten wir eine überdachte Brücke, auf der wir uns einrichteten, so gut es ging. Obgleich wir nichts rechtes mehr zu beißen hatten, verfielen wir trotz Nässe und Kälte bald in einen tiefen Schlaf.

Beim Weitermarsch am nächsten Tage kamen wir wirklich durch ein versumpftes Tal, wo sich nur schmale Pfade zwischen senkrecht tiefen Wasserlöchern wanden. Ich schritt mit aller Vorsicht hindurch, vertrat mir aber dabei, in einer Pfütze von einem Stein abgleitend, so schmerzhaft den Fuß, daß ich glaubte, die Wasserfeen da unten kichern zu hören über mein Ungemach.

Nunmehr wurde mir der Marsch über die steinigen Berghalden zur völligen Qual. Wohl schielte ich nun nach meiner Mähre, ob sie mich nicht ein Stück werde tragen können. Aber ich wagte nicht, das geschundene Vieh, das sich schon ohnehin kaum noch fortschleppte, zu besteigen. Anstatt dessen schnitt ich mir zwei Krückstöcke, um den Rest des Weges bis zum Dorfe Solloco zu bewältigen. Dort waren wir allem Kummer enthoben, denn nun konnte mich mein Führer in seinem eigenen Heim bewirten, was auch durch die vor Freuden außer sich geratene Wirtin ausgiebig geschah.

Hier konnte mir der Bauer am anderen Morgen auch eine kräftige Reitmula geben, auf der ich schlummernd den letzten Reisetag bis zur Stadt zurücklegen konnte. Aber ich hatte auch damit Pech. Als ich nämlich mit meinem kranken Fuß etwas ungeschickt aufsteige, macht das Vieh einen Seitensprung, so daß ich gleich an der anderen Seite wieder hinunterfliege! „Eiyaiyai! Das Tier ist doch sonst so zahm!" Wieder hilft man mir in den Sattel mit dem guten Rat, nur immer dicht hinter den Lasttieren zu reiten, bis der Mula sich gewöhnt habe. Nun waren die anderen Tiere aber schon auf dem Zickzackweg ein gutes Stück auf dem steilen Hang hinunter. Kaum hat mein zahmes Vieh diesen Umstand entdeckt, als es auch schon spornstreichs, im Übermut lustig ausschlagend, mit mir stracks den Berg hinuntersaust, wobei natürlich passierte, was nicht zu vermeiden war: daß ich in kühnem Bogen über den Kopf des Tieres hinweg in den Busch fliege. Ich stieß mit der Stirn so auf, daß das Blut spritzte, was mich aber so empörte, daß ich Schmerz und Blut vergaß, das Luder beim Wickel kriegte und mich nun ohne Hilfe in edlem Zorn hinaufschwang, um dem Bock den Meister zu zeigen. Da wurden wir gute Freunde.

Schon um Mittag gelangten wir aus den halsbrechenden Bergen in die etwas zerrissene Ebene von Chachapoyas, wo es gemütlicher wurde, da ich hier mein ideales mildes Halbtropenklima wieder vorfand. „Gibt es in der Stadt Hotels?", fragte ich meinen Begleiter, den älteren Sohn meines

Bauern. „Nein, Herr, ich werde Sie zu meiner Tante bringen, einer sehr, sehr liebenswürdigen Frau." Bei Gott war die Frau liebenswürdig! Schier bekam ich einen Schreck, als mich ihre starken Arme wie einen Knaben vom Pferd hoben und mich freudestrahlend umarmte. Dann rief sie gegen das Haus: „Tilde, Tilde, komm doch, mein Gringo ist wieder da!" Und als eine schlanke Brünette aus der Veranda erschien: „Nicht wahr? Er ist es – mit seinen blauen Augen und seiner ganzen herrlichen Gestalt!"

Die andere gab zu, daß die Ähnlichkeit groß sei, dann nahmen mich die beiden Damen in die Mitte, führten mich ins Haus, sorgten für alle möglichen Bequemlichkeiten und Erfrischungen und erzählten mir dabei vom Gringo Enrique, der so gut und so schön war, so treu, so tugendreich, so arbeitsam, wie es eben nur ein Gringo sein kann.

6 Jahre sei der Getreue Ehemann der Robusten gewesen, hätte Haus und Hof gar musterhaft verwaltet und sei beliebt und angesehen gewesen. Aber die Pfaffen hätten ihr diesen Edelmenschen nicht gegönnt, hätten ihn verfemt und verfolgt, weil er mit ihnen nichts gemein haben mochte und nicht katholisch werden wollte. „Darum wollte man auch unsere Ehe nicht segnen und das hat ihn wieder fortgetrieben. Ach Gringo, als ich Dich nun die Straße herabkommen sah, auf dem Maultier meines Bruders, ganz so stolz und aufrecht wie er…" Ein Tränenstrom löschte den Redestrom, aber ich konnte mir ja das Übrige denken. Mir wäre die Sache sonst recht peinlich gewesen, aber der Pflege bedürftig und matt, wie ich nach all den Strapazen war, konnte es mir recht sein, für ein paar Tage hier Hahn im Korbe zu sein. Für den Weitermarsch war ja schon gesorgt.

Unterwegs hatte ich die Bekanntschaft eines Deputierten gemacht, der auch von Moyabamba nach Lima reiste und der die Tour auf guten Tieren in 5 Tagen machte, zu der ich 9 gebraucht hatte. Dieser Gentleman versprach, für mich ein Reittier zu besorgen, falls ich ihn begleiten würde. Das war wunderbar und passte mir in den Kram und ich hatte es auch später nicht zu bereuen. Meiner guten Wirtin war mein schnelles Scheiden durchaus nicht recht, und als sie mich beim Abschied noch einmal herzhaft gegen ihren vollen Busen drückte, flüsterte sie verschämt:

"Komm wieder, Gringo, Du sollst es bei mir guthaben." Wieder tappte ich am Glückstier vorbei, ohne ihn an den Hörnern zu Packen. Und wieder fragte ich mich, wie damals in Chile: Was erwartest Du eigentlich vom Leben? Ich wusste es noch nicht. Wohl sehnte ich mich mit allen Fasern meines vereinsamten Herzens einer – nein, nach der liebenden Seele, die mein Wesen ergänzen müsste, in der ich und die in mir aufgehen könnte. Aber sowas gabs doch wohl nicht. Das waren ja wohl nur Illusionen. So oft dann aber der berechnende Verstand dies einsah und meiner Seele vorreden wollte, daß sie sich mit leiblichem Wohlergehen und äußerem Komfort recht wohl begnügen könnte, bäumte der Trotzige auf und schwor, sie werde sich nie für Gold und Interessen, nicht für Schein oder Stellung verkaufen. Könne sie nicht glücklich sein, so wolle sie wenigstens ihre Freiheit wahren. Dabei blieb es.

Rückreise an die Küste

Mit meinem neuen Reisegefährten war gut Vorwärtskommen. Er hatte die Tour schon oft gemacht, war überall bekannt und geachtet und wurde daher auch überall flott mit guten Tieren und Treibern bedient. So gelangten wir von Chachapoyas in flottem Ritt schon in 5 Tagen nach Celandin, einer kleinen Landstadt, wo wir freilich einen Tag auf unsere zurückgebliebene Bagage warten mussten. Dann gings aber früh um 5 Uhr mit frischen Tieren in 16-stündigem Ritt nach Cayamares, einer alten Stadt, von ausgedehntem Weiden- und Kornland umgeben, wo wir uns ein paar Tage aufhielten.

Mein erstes war, meiner Gewohnheit gemäß, in der Morgenfrühe auf einen die Stadt beherrschenden Hügel zu steigen, denn so kann man sich am schnellsten ein Bild von Lage und Charakter eines Ortes machen. Das Bild, welches ich da oben von einem uralten, in den Stein gehauenen Inkasitz aus genoss, gefiel mir. Eine herrliche Landschaft, die sich aus den Morgennebeln herausschälte mit ihren grünen Wiesen und sanft ansteigenden Hügeln, die sich weit dehnten, bis zum Fuß der majestätischen Cordilleren. Mir fielen dabei die Worte eines Ministers ein, der seinem Volk in der Kammer zurief:

„Es ist eine Schande, daß Peru vom Ausland Korn und Mehl bezieht, wo allein die Ebenen von Cayamarca eine Kornkammer sein könnten, die weit über unseren Bedürfnissen lieferfähig wäre, wenn wir nur eine Eisenbahn dahin bauten und dem Lande einen lebensfrischen Impuls durch europäischen Ackerbau geben würden!"

Ja, wenn! Aber die Bahn, die man damals wirklich zu bauen begann, kam nicht weiter, wie auch andere ewig projektierte Bahnen, weil der gute Wille der Regierung stets gelähmt wird durch die Eifersucht und die Opposition, durch Spekulation und durch Geldmangel. Nicht weit vor meinem Inkastuhl entfernt stand ein großes Holzkreuz, das die Inschrift aufwies: Dios–Hombre, vive–reina–empora, was ich mit einiger Mühe entzifferte.

Nach 2 Tagen Aufenthalt bestiegen wir früh um 5 Uhr unsere Pferde und trabten den ganzen Tag, um abends um 7 Uhr Chelette, die Hälfte des Weges, zu erreichen. Das nennt man nun einen ebenen Weg und lässt sich gar noch Wegegeld dafür bezahlen! Sieht man auch stellenweise, daß ein Passieren ohne Pickel und Schaufel schwierig war, so ist es doch im Allgemeinen auch nichts anderes als der durch Tier- und Menschtiere aus- und breitgetretene wilde Gebirgspfad, der auf den Namen Kunststraße keinen Anspruch machen kann. Das empfanden wir mit ärgerlicher Deutlichkeit, als wir am zweiten Tage tief unten den im Bau begriffenen Eisenbahndamm gerade und eben sich hinziehen sahen, während wir den kapriziösen Windungen des Gebirges auf und ab, Schlucht ein und aus, folgen mussten und oft eine Stunde Zeit verloren auf einer Strecke, die dort unten ein Fußgänger in 10 Minuten zurücklegte.

Die Peruaner geben auf die Frage, wie denn solche Wege entstanden seien, die scherzhafte Antwort: „Ein Verrückter verfolgte einen Fuchs, der übers Gebirge lief, und hinterließ eine Spur. Die Sippe aber lief hinter dem Verrückten her, ihn einzuholen, und so wurde der Weg ausgetreten." Es war ein Glück, daß wir uns am dritten Tage auf einer Plattform der Arbeitsbahn setzen konnten, um die Küste zu erreichen. Denn wir waren nach 14 Tagen Mulatrott dermaßen marode, da wir nicht um alles hätten weiter reiten mögen.
El Mar! Das Meer! Frohlockt alles, wenn man, von der Sierra herabfahrend, am Horizont den weißen Schaumstreifen der Brandung erkennt. Auch ich war es zufrieden, mal wieder zur Abwechslung das blaue Meer zu sehen, statt ewig grünen Waldmeeres der Amazonen. Hier weht doch eine reinfrische Luft, und das Auge kann in weite Ferne schweifen. Hat man so einen Bergriesen erstiegen, so lohnt auch oft eine entzückende Aussicht die gehabte Mühe. Aber oft ist man auch enttäuscht, weil sich die Aussicht auf immer wieder höhere Berge beschränkt. Hat man endlich, vielleicht nach Wochen, den höchsten Kamm erstiegen, so sieht man nach beiden Seiten unendliche Ketten in immer niedrigeren Abstufungen sich verschlingen, die den Anblick eines in seiner wildesten Erregung erstarrten Meeres vortäuschen.

Weiterhin aber, wo auch diese höchsten Kämme mit hohem Wald bestanden sind, gibt es überhaupt keine Aussicht mehr, sondern nur noch einzig in das wilde Gewoge ewig flutenden Grüns. Herrlich Gegend für einen Weltmüden. Er kann sich dort, wo alles ihm gehört, an einem gefälligen Platz seine Hütte erbauen, sich die herrlichsten Früchte und Gemüse anpflanzen, sein kleines Gut mit Dornen gegen die Welt abschließen, die er nicht mehr braucht und gegen andere ungebetene Gäste und dann leben wie ein Waldgott.

Viele Wilde leben so und ich sah auch Menschen, die der Kultur entflohen waren, sich in solches Idyll einspinnend. Ich muss gestehen, daß auch ich manchmal mit solchem Treiben geliebäugelt habe, und wer weiß, hätte ich eine oder einige gleichgesinnte Seelen getroffen, ob ich es nicht auch ausgeführt hätte. Aber ich hatte ja wohl nicht genügend Genie zum wilden Mann.

Pacasmayo, die Hafenstadt, das Endziel meiner Perudurchquerung erreichten wir am 30. Juni. Auf der Reede schaukelte die „Kalifornia" und mein eiliger Freund schiffte sich sofort ein. Ich wollte mir jedoch die Sache erst etwas näher ansehen, vielleicht gab es hier irgendeinen Erwerb für mich. Darin täuschte ich mich aber. Die kleine Stadt von etwa 8000 Einwohnern, mit ihren ärmlichen Häuserreihen, auf Sand gebaut und von Sand umgeben, schien ganz auf den Durchgangsverkehr eingestellt zu sein, wie fast alle diese kleinen Puertos im Norden. Einige Großhändler vermitteln den Warenverkehr ins Innere, wie auch den Export der Landesprodukte.

Dann hatte ich mich auch noch der Aufträge meines Freundes Gobian an seine Familie in Chepon zu entledigen, was in zweistündiger Bahnfahrt zu erreichen war. Gobian hatte mir wie ein Heiligtum eine kleine Kiste übergeben, als er mich in Balsapuerto verließ. Was hat mir aber das Ding für Ärger bereitet! In jeder Last war sie zu viel, überall diente sie als Vorwand für Scherereien.

Ich war also glücklich im Heim und Hotel meines Gobian angelangt, wo man mich auch anfangs ganz freundlich aufnahm, um sich dann erwartungsvoll über die gut verpackte und versiegelte Kiste herzumachen: Eine ganze Reihe vergoldeter Blechbuchstaben für ein Firmenschild ´Hotel Gobian´. Ich weiß nicht, wer das längste Gesicht gemacht hat, aber die Wirtin meinte etwas betreten:

„Und das haben Sie durch den Urwald geschleppt? Das hätte auch der Klempner hier machen können!" Freilich, ich kam mir vor wie blamiert, obgleich ich doch gar nicht gewusst hatte, was die ominöse Kiste enthielt, die er doch selbst hatte hierherbringen wollen. Die hohe Meinung, welche ich bis dahin von der praktischen Tüchtigkeit dieses Industriellen gehabt hatte, fiel unrettbar ins Wasser und zwar so tief, daß, als er mir später einmal ein Geschäft in Lima vorschlug, ich frostig ablehnte.

Misserfolg

Was nun beginnen? Sollte ich mich heimwärts wenden? Ich hatte ein kleines Kapital, etwa 1000 Pfund St. Damit konnte ich schon etwas anfangen. Aber ich war der Heimat entfremdet, es drängte mich nicht dahin. Nie war ich Geldstreber gewesen, aber jetzt wollte ich erwerben, um meinen ärmeren Verwandten einst zu nützen. Das erschien mir jetzt wie Pflicht!

In dieser Idee wurde ich bestärkt, als ich nach Arequipa kam, wo man mir, als hätte man auf mich gewartet, eine Zuckerplantage zur Bewirtschaftung anbot. Ich sah mir die Pflanzung aus der Nähe an, fand sie gut eingerichtet, wenn auch etwas verfallen. Die Bedingungen waren günstig, der Boden ertragfähig, das Klima herrlich, so daß es mir gut gefiel und gleichzeitig ein lukratives Geschäft zu werden versprach. Unter ähnlichen Verhältnissen hatte ein Landsmann im selben Tal in wenigen Jahren sein Vermögen verzehnfacht. Warum sollte ich das nicht auch können? Ich zog diesen Landsmann zu Rate, sowie auch wohlgesinnte Nachbarn. Alle waren sich einig, daß hier mit kleinem Kapital und ernster Arbeit etwas Großes zu machen sei.

Der Eigentümer, ein deutscher Professor, der das schöne Besitztum erheiratet hatte, wusste freilich nichts damit anzufangen, da er weder Verständnis noch Liebe für die Sache hatte und bei der Verwaltung durch Angestellte natürlich ins Hintertreffen kam. So erzählte er mir selbst, wies aber nach, daß dieses Gut früher bei besserer Bewirtschaftung reiche Erträgnisse geliefert habe, wie überhaupt jede gut geleitete Plantage. Keineswegs ging ich leichtsinnig in dieses Unternehmen. Gründlich hatte ich die Möglichkeiten überlegt und berechnet, sie von Kennern und zuverlässigen Freunden nachprüfen lassen und alles war voll guter Hoffnung und Gewissheit. So ging ich denn mit frohem Mut ans Werk, es musste gelingen!

Wie dann aber doch wieder alles ganz anders kam!

Die Instandsetzung der Maschinen, Gärbottiche und Destillierblasen war auf 3000 Soles veranschlagt. Die Fertigstellung sollte in höchstens drei Monaten erfolgt sein. Es dauerte aber 6 Monate und kostete 5000 Soles. Dadurch verzögerte sich die Zeit, bis ich mahlen konnte. Die umwohnenden Kleinbauern, die auch Zuckerrohr anpflanzten, hatten immer gedrängt, ihr Rohr bei mir zu pressen, um Schnaps zu machen, wobei sie für Benutzung meiner Einrichtung 25 Soles per Tag zu entrichten hatten. Als nun alles fertig war, erschien keiner auf der Bildfläche. Ich hatte solche Schikanen nicht mit in Rechnung gezogen.

War es doch meinen Nachbarn früher auch so ergangen und ich wollte nun, bis ich selbst ernten konnte, Rohr kaufen und selbst destillieren. Auch das war ein rentables Geschäft. Als ich aber ausging zum Einkauf, war nirgends etwas zu haben und ich machte die Entdeckung, daß in meiner Umgebung alles Rohr von Schnapshändlern aus Arequipa aufgekauft sei, und zwar zu sehr hohen Preisen. Man hatte den Gringo als Konkurrenten gefürchtet und sorgte beizeiten dafür, daß er nicht hochkommen konnte. Damit hatte ich freilich nicht gerechnet.

Als ich nun auch die hohen Preise zahlen musste, da konnte ich mir allerdings berechnen, daß ich dabei nichts gewinnen könne. Ich hatte 4000 Soles Miete für das Gut zu zahlen. Davon hatte ich von den Aftermietern mehr als die Hälfte wiederzubekommen. Diese Aftermiete sollte, wie üblich, in Arbeit abgetragen werden, so daß es mir an Leuten nicht fehlen würde. Nun aber hatten diese für ihr Rohr so gute Preise erhalten, daß sie die letzte Miete in Geld zahlen konnten und mich dafür mit der Arbeit in Stich ließen. Die Arbeiter, die ich mir in der Ferne suchen musste, kosteten mir aber viel Zeit und Mühe, und waren außerdem unzuverlässig. Mein Verwalter hinterging mich. Meinen sonst tüchtigen Maschinisten musste ich entlassen, weil er sich in den Kopf gesetzt hatte, daß ich mit seiner Frau possiere, die für mich kochte. Er meinte, es sei unnatürlich, daß ich meine Leute so gut behandle, es stecke etwas anderes dahinter und dafür drohte er mich zu erschießen. Doch das alles war nicht imstande, mir mein Ziel zu verrücken.

Der Hauptschlag aber sollte erst kommen. Mit eiserner Konsequenz hatte ich es fertiggebracht, doch einige Ctr. Schnaps zu produzieren. Die wollte ich nun an den Markt bringen. Noch vor kurzem hatten mich die Händler gedrängt. Der Preis stand gut: 22 Soles der Ctr. Davon mussten freilich 11 Soles Steuern abgegeben werden, ehe man die Verkaufserlaubnis erhielt. Ich transportierte 50 Ctr. Schnaps (Canasso) nach der Station und freute mich im Geiste über die erste Einnahme, die mir nötig war, wie das Öl für die Lampe. Aber der Händler empfängt mich mürrisch: Er brauche nun keinen Schnaps mehr. Gut, also ein Haus weiter! Der Zweite und Dritte empfängt mich nicht besser, und nun werde ich belehrt, daß der Canasso in Arequipa für 16 Soles einschl. Steuer verkauft wird. Das war ja einfach unmöglich! Wenn es dort überhaupt Schnapsbrenner gibt, so haben sie doch kein Zuckerrohr, sie müssen Rohzucker verarbeiten, müssen teuren Brennstoff und höhere Löhne zahlen als wir Pflanzer. Wie können die also den Preis dermaßen herabdrücken, daß wir dabei nicht bestehen können!

Ja, wie das zuging, das konnte keiner enträtseln, aber es war Tatsache. Das bestätigten mir auch meine Nachbarn, die gleich mir durch diese Kombination in eine fatale Lage gerieten. Um Klarheit zu erlangen, fuhren nun einige zur Stadt, denen ich mich anschloss. Dort traf ich meinen Freund Remzo, einen pfiffigen Franzosen, der, früher Butterfabrikant, mir jetzt mit Stolz seine hochmoderne Destillation zeigte und mir auf meine Fragen ganz zynisch erklärte, daß er freilich in der Produktion nicht mit den Pflanzern konkurrieren könne, aber es komme ihm zustatten, daß die Recaudacion (Steuereintreibung) ihre Beamten nicht gut bezahle. Der Ring, der sich gebildet habe, bezahle besser. „Hör mal, alter Freund, glaubst Du denn, daß Ihr damit durchkommt? Die Pflanzer werden doch mit Recht protestieren!" – „Damit haben wir auch gerechnet," gab der Schlaue zu, „aber ehe Ihr unseren Ring sprengt, haben wir unsere Schafe geschoren!" – „Na, das wollen wir denn doch gleich mal sehen!"

Meine Genossen hatten ähnliches erfahren. Sie waren bestürzt über die Masse von Destillierblasen, die aus diesem

240

Sumpf unlauteren Wettbewerbs schon aufgeschossen waren. Einmütig zogen wir zur Steuerbehörde, wo wir einen heftigen Protest erhoben gegen ein Unrecht, das den Ruin unserer Industrie nach sich ziehen müsste. Groß und ruhig schaute uns der Beamte an und erklärte dann mit der größten Liebenswürdigkeit, daß wir doch wohl im Irrtum seien, weil eine Steuerhinterziehung mit dem Einverständnis vereidigter Beamter durchaus undenkbar sei. Er würde aber trotzdem eine gründliche Revision einleiten, wir möchten nur unsere Klage schriftlich einsenden. Das wurde gemacht, natürlich mit negativem Erfolg. Hatten wir doch den Teufel beim Beelzebub verklagt! Einige niedere Beamte waren allerdings zum Schein entlassen worden, um die Volksstimmung zu beruhigen. Die Aktionäre des Ringes machten aber weiter glänzende Geschäfte, während im Tal das Zuckerrohr verdorrte mit der Existenz der Pflanzer.

Allerdings sandte unser Rechtsanwalt noch einen feurigen Protest an die Regierung in Lima, was aber überhaupt nicht beachtet wurde.

Ich war fertig, mein Kapital zu Ende, meine Gesundheit gebrochen. Die Terciana (Fieber) nahm mir den Rest meiner Widerstandsfähigkeit. Wieder war ich vom Pferd auf den Hund gekommen, wieder mal hatte ich meine Unfähigkeit reich zu werden, glänzend bewiesen, denn nur der klingende Erfolg gilt als Fähigkeitsnachweis.

Doch ließ ich darum den Mut nicht sinken. „Hallo, Jonny!" – „Hallo, Hubert! Wo abenteuerst Du denn alter Waldgänger noch umher? Komm, gehen wir zusammen frühstücken. Dabei können wir uns gemütlich erzählen, was wir derweil erlebt haben, waren wir doch so gute Freunde, als ich bei Euch hauste auf Eurem schönen Gut Harmonia im schönen Utumatal. Was ist daraus geworden?" – „Verflossene Herrlichkeit, mein Lieber, Büsing weilt nicht mehr

241

unter den Lebenden, um mein Eigentum wurde ich geprellt, weil ich an deutsche Treue allzu fest geglaubt hatte. Ich machte dann Reisen mit dem Naturforscher Otto Carlepp. Du weißt doch, den guten Kerl, den wir damals wegen Spionageverdachts unter Polizeiaufsicht hatten. Ich unternahm allerhand Expeditionen, funktionierte als Brauer in Puno und jetzt eben verließ ich eine Plantage an der Küste, wo das Zuckerrohr dermaßen gedieh, daß es mir über den Kopf wuchs."

„Na, ja," lachte Hubert, „ich sehe, wir beide haben ziemlich gleiche Schicksale. Auch ich habe vieles durchgemacht, habe ebenfalls verschiedene Expeditionen gedrechselt auf Kautschuk oder Gold, dann wieder miniert, war mehrmals dicht daran, Millionär zu werden, um nachher froh zu sein, mit heiler Haut davon zu kommen. Jetzt komme ich über Marcusoni von den Goldfeldern des Aporomac." – „Und? – nichts gefunden?" – „Doch, massenhaft, aber… Ich lernte dort einen Engländer kennen, der zeigte mir einen Berg von 3 km Länge bei 2 in der Breite, zwischen zwei kleinen Flüssen gelegen, in denen die Indianer seit alten Zeiten Gold in kleinen Mengen waschen." – „Bemühe Dich nicht, unterbrach ich, „den Berg kenne ich, er enthält Gold, wo man auch gräbt, nur daß man zu seiner Ausbeutung eine kostspielige hydraulische Wäsche erst anlegen müsste. Don Petro hat mir auch davon erzählt. Er hat damals in seinem Überschwang den Flottenbauverein Millionen als Beitrag versprochen, wenn man ihm helfen würde, mit Kapital die verfallenen Kanäle und Anlagen der alten Spanier neu aufzubauen. Solcher Plätze gibt es viele in Peru. Wer sich aber daran wagt ohne genügend Kapital und praktische Kenntnisse, der wird dabei nicht reich werden."

„Ganz recht, aber der Engländer ist schlauer als der Deutsche. Don Petro hat umsonst versucht, deutsches Kapital zu interessieren. Als sich aber der englische Ingenieur mit einem praktischen Bericht nach London wandte, war sofort Kapital da, und die Sache ist bereits im Fluss. Was die deutschen Angstmacher verschmähten, das beuten jene aus, so gut wie die Amerikaner die reichste Goldmine von Santo Domingo ausbeuten, die schon 10 Jahre dem deutschen Kapital zugänglich war!" – „Na, lass gut sein, Freund, und ärgere Dich nicht; sag mir lieber, worauf Du jetzt Pläne und Hoffnungen gerichtet hast."

Sehnsucht

„Ich gehe wieder in den Wald auf Kautschuk," gab Hubert zurück, „dazu habe ich noch das meiste Vertrauen. Ich war letztes Jahr unten, um vorzubereiten. Ich habe Waren, wie Messer, Äxte, Tücher und Schmuck an die Tschuntschos verteilt und diese dafür verpflichtet, mir für dieses Jahr die Zahlung in Kautschuk zu leisten." – „Hubert," wunderte ich mich, „Du bist kühn, glaubst Du denn, daß die Wilden ein Versprechen erfüllen können, wozu sie doch keine Macht zwingen kann?" – „Hm," machte Hubert, „ich dächte, Du kenntest die Wilden? Ich für meinen Teil zweifle nicht an der Treue der Wilden, die stets mehr halten, als sie versprochen haben.

"Und Du wagst Dich allein in die Wildnis?" – „Warum denn nicht? Verirren wird sich ein alter Waldtrotter nicht. Die Gefahren aber für Gut und Eigentum sind unter den zivilisierten Räubern ungleich häufiger und tückischer als bei diesem grundehrlichen Naturvolk. Diesmal gehe ich freilich nicht allein, weil ich Hilfe brauche, den Kautschuk herauszubringen. Mit mir gehen 2 Spanier, denen ich Anteil gebe. Wenn Du Lust hast, mitzugehen, wüsste ich keinen besseren Begleiter."

Ich muss gestehen, daß ich längst auf diese Einladung gewartet hatte, denn glühend war in mir die Sehnsucht nach Wald und Wildnis erwacht.

Bald war alles verabredet, Die Expedition, schon zum Aufbruch bereit, würde mit den Maultierlasten von Cusco aus den Höhenweg nehmen, weil dieser bequemer war. Ich sollte mich rüsten, den Talweg einzuschlagen, um dann in der letzten Pflanzung, wo der Lares auf den Hauptstrom trifft, mit der Expedition zusammen zu stoßen. Die Landsleute in Cusco suchten mich zwar irrezumachen: Das sei doch nichts für einen alten Herrn! „Oho, mit 52 Jahren?"[39].....Naja, solche Strapazen und Gefahren!

Da sei doch damals auch die deutsche Expedition unter Klug tückisch niedergemacht worden. Von 14 Begleitern seien nur 2 entkommen, die aber auch durch Pfeilschüsse verwundet waren. „Mag sein, haben sich vielleicht zu zivilisiert dort benommen," gab ich zu. „Wie man hineinruft in den Wald, so schallt es uns entgegen." Vor allem sollte ich mich aber vorsehen bei dem Creolen, dem Wildherrscher auf der letzten Etappe vor dem Urwald, der sollte ein Schlimmer sein. Man sagte, er empfange die Reisenden mit aller Freundlichkeit, besorge ihnen auch Canoes und Leute, die sie dann sicher in einer Stromschnelle umkippen und ihnen höchstens dabei das Leben lassen.

„Dank für freundlich Warnung, meine Herren, aber bang moken gilt nicht! Freut mich aber, daß Sie wenigstens, die sich so gern die Pioniere der Zivilisation nennen, hinter Ihrem Panzergeldschrank sicher wohnen." – „Schon gut, Sie Spötter! Wenn Sie wiederkommen, wird man sehen, wie, und dann werden Sie ja auch belehrt sein durch die Erfahrung, die Sie dann hinter sich haben." – „Gewiss, und lassen Sie sich nur beim Geldzählen nicht Kopf und Finger verknöchern, meine Herren. Auf Wiedersehen!"

---

[39] Im Jahr 1908

Frohen Mutes bestieg ich nun mein Pferdchen und trabte davon. Meine Ausrüstung hatte mir nicht viel Mühe gemacht. Unter dem Poncho ein paar leichte Hosen und Hemden, lange Wollsocken und Sandalen von Aloefasern an den Füßen. Als Bett eine gute Hängematte mit Schlafsack oder leichten Decken, als Waffe eine leichte Flinte und eine gute, schwere Mauserpistole nebst Hirschfänger. Als Lebensmittel gerösteter Mais, Bohnen, Weizenmehl; ferner Farina und Chunjo, Zucker, Reis, Salz, Nüsse und Trockenobst: Alles sicher verpackt in gutverlöteten Dosen, da es sonst allzu rasch verdirbt.

Ich ritt über die Hochebene von Cusco, die jetzt, nach kaum beendeter Regenzeit in vollem Schmuck grüner Wiesen und bebauter Felder prangte, um mich dann an steil abfallenden Abhängen entlang ins Valle Santa Ana hinabzuschlängeln, wo ich 10 Tage lang am Hauptfluss entlang meinem Ziele zustrebte. Es nahm mich Wunder, daß ein schon so stark bebautes Tal doch noch so schlechte Wegestellen aufwies, die eine stete Gefahr für Reisende bilden. So war gleich oben beim Eingang ins Tal eine Stelle, wo ein an tausend Fuß hoher Felsen derartig über den Fluss hing, daß weder ein Umgehen noch ein Übersteigen möglich war. Dem hatte man dann noch einen schmalen Pfad von etwa 2 Fuß Breite abgerungen, der nun in Höhe von etwa 400 Fuß senkrecht über dem tiefströmenden Fluss an steiler Wand entlangführte.

Ich sah, wie vor mir einige Reiter nur mit dem Knie im Sattel, seitwärts nach außen sich ans Pferd schmiegten und sich von ihren frommen Tieren hinübertragen ließen. Ein solches Zirkuskunststück auszuführen, schien mir doch zu riskant. Rasch glitt ich aus dem Sattel, um zu Fuß weiterzugehen. Aber o weh! Wahrscheinlich durch meine Angst angesteckt, scheute nun der edle Renner vor der

Gefahr und bäumte zurück, als ich ihn nachziehen wollte. Er brachte sich und mich dadurch in die höchste Gefahr abzustürzen. Und wer weiß, was geschehen wäre, wenn nicht gerade im kritischen Moment ein anderer Reiter nachgekommen wäre, der mein Tier durch Zuruf beruhigte und es dann zusammen mit dem seinigen auf mich zutrieb. Mit der Zeit gewöhnt man sich und reitet gleichmütig über Gefahr drohende Stellen und je ruhiger man bleibt, desto besser kommt man durch, da die Pferde, falls man sie nicht durch eigene Unruhe aufregt, instinktiv die Gefahr meistern.

Unglück kommt freilich ja trotzdem vor, und man muss es geradezu als ein Verbrechen der Regierung und der reichen Grundbesitzer bezeichnen, solche Zustände im Lande zu dulden.

Im Übrigen ging meine Reise, bei herrlichem Wetter, oft in angenehmer Gesellschaft, überall äußerst freundlich aufgenommen und bewirtet, prächtig von statten. Sie erinnerte mich lebhaft an eine vor längeren Jahren gemachte Reise in diesem selben Tal, wobei ich aber aus Unkenntnis auf die andere Seite des Flusses geriet, wo es mir dann gar schlimm erging. Die Erlebnisse dieser Reise möchte ich hier einschieben.

Gefährliche Reise

Ich muss da nochmals zurückgreifen auf unser verlorenes Paradies im schönen Utumatal, wo ich derzeit mit Büsing hauste. Kommt da eines Tages ein großmächtiger Mandarin auf den Hof geritten. Seine 12 ihn begleitende Soldaten besetzten sofort alle Ausgänge und drangen in die Wohnung ein, während einige Büsing und mich für gefangen erklärten. „Was heißt das, mein Herr?" - „Eh, das heißt, daß ich der neuernannte Subpräfekt dieses Distriktes bin, der den

Auftrag hat, alle Waffen zu konfiszieren." – „Mit Erlaubnis, Herr Subpräfekt, wir haben Erlaubnisscheine auf einige Waffen, die wir führen und die wir der großen Unsicherheit halber haben müssen. Sie haben also kein Recht, uns diese zu nehmen."

„Ihre Erlaubnisscheine, meine Herren, sind von meinem Vorgänger ausgestellt. Ich aber führe den Befehl der Regierung von Lima aus. Wenn Sie etwas dagegen haben, sehe ich mich genötigt, Sie mitzunehmen." – „Nicht doch, tun Sie, was Ihres Amtes ist. Wir müssen uns der Gewalt fügen. Aber wissen Sie, daß wir Ausländer sind und unser Eigentum reklamieren werden?" Ein höhnisches Lächeln war die ganze Antwort. Der Gestrenge wandte sein Pferd und ritt weiter mit seinen Soldaten, die uns vier gute Mausergewehre samt Munition entführten.

Nachher stellte es sich heraus, daß sie auch unseren Oberknecht, der nebenbei Teniente-Gobernador (Polizeileutnant) war, mitgenommen hatten. Unser Ärger war nicht gering und Büsing ritt sofort nach Cusco, um Beschwerde einzulegen. Sie hatte auch den Erfolg, daß der Subpräfekt Order erhielt, die Waffen sofort zurückzugeben. Der Subpräfekt antwortete auch sehr höflich, daß wir die Waffen in seiner Residenz abholen könnten. Natürlich würde er sie uns nicht zusenden! Das bedeutete eine neue Reise, weitere Kosten und Verlust ohne Grund, aber wir wollten unsere Waffen zurückhaben!

Es war gar nicht so einfach. Um nach der Residenz Santa Ana zu gelangen, musste ich erst tagelang flussauf, dann hohe Berge überqueren und einen Abstieg ins Haupttal suchen, um nun wieder tagelang flussab zu reiten. Da es in diesen Regionen keine Logierhäuser gibt, muss man stets suchen, bei Tagesneige ein Gut zu erreichen, wo man gewöhnlich gut aufgenommen wird, da die Leute gastfrei sind.

Manchmal muss man aber auch froh sein, nur ein Notobdach zu finden.

Als ich am vierten Tag von den kalten Höhen zu Tal ritt, sah ich unten am Fluss so recht einladend ein Gut liegen, wo ich zu nächtigen gedachte. Als ich aber zur Dämmerstunde dort einritt, eröffnete mir der Verwalter, ein roher, trunkener Mensch, daß die Herrschaft nicht da sei und daß er durchaus keine Fremden beherbergen dürfe. Da ritt ich schweigend weiter auf das dem Eingang gegenüber liegendem Tor zu, wo ich einen Arbeiter fragte, ob es hier hinaus nach Santa Ana ginge. Der Mann bejahte, schlug aber hinter mir eine so höhnische Lache an, daß ich dachte, er wollte mich irreführen, schon ritt ich auf das nach links führendem Tor zu, um dort einen anderen zu fragen. Dieser sagte mir sehr höflich: „Sie sehen von hier, mein Herr, die Brücke, die über den Fluss führt." Und weil ein schöner Weg zu einer neuen Brücke führte, glaubte ich, dies sei der richtige Weg und ritt eiligst weiter, ohne zu ahnen, was mich dort erwartete.

Stundenlang ritt ich in die Dunkelheit hinein, doch kein Obdach bot sich. Mein treues Tier aber war total ermüdet. Da ließ ich es, als wir auf eine Lichtung trafen, grasen und legte mich zu kurzer Ruh unter einen Baum. Ich entschlief, wurde aber bald wieder geweckt durch ein sonderbares Raspeln und Ziepen an meinem Gummimantel, womit ich mich bedeckt hatte. Beim Schein des aufgehenden Mondes fand ich den Mantel mit Unmengen großer Nageameisen bedeckt, die man hier Kukies nennt. Seltsamerweise war mir keins der zutraulichen Tierchen an die Haut gekommen, aber aus meinem neuen Regenmantel hatten sie mir, sehr zur Unzeit, ein Sieb gemacht. Trotzdem musste ich lachen, denn mir fiel die Legende vom frommen Padre Rojas ein, der sich auch auf einen Haufen Ameisen schlafen gelegt hatte, die aber dem Gesalbten nichts geschadet hatten.

Nun holte ich mir wieder mein Pferd und ritt weiter. Aber nicht lange, so ließ mich der Mond im Stich und bald prasselte der Regen durch mein Gummisieb. Schließlich fand ich am Wege eine Schutzhütte auf 4 Pfählen. Ich war froh, im Trockenen zu sein. Doch auch hier sollte ich keine Ruhe finden. Ziegen und Schweine waren auch mit in der Schutzhütte. Bald kam eine Rüde angeschnuppert, und nicht lange, so war ich von heulenden Bestien umstellt, die immer näher und frecher auf mich eindrangen. Damit nicht genug! Es mischte sich in das Gekläff ein anderes grausiges Geheul, das mir das Blut in den Adern erstarren ließ vor Schrecken und Grauen! Was war das?

Nun erschienen Fackeln durch das Dunkel. Ich erkannte drohende Gestalten, die mit Blechgetöse und Schreckgebrüll die Hütte umringten. Da sprang ich in zorniger Angst auf, feuerte einen Schuss aus meinem Revolver ab und brüllte nun meinerseits die Unholde wegen nächtlicher Ruhestörung an. Und siehe, es wurde ganz still! Aus dem Dunkel traten unter tiefen Bücklingen, den Hut in der Hand, einige alte Indianer und entschuldigten sich: „Ach Herr, wir wussten doch nicht, daß da ein Viracocha sei. Unsere Hunde bellten und wir glaubten, ein Puma bedrohe unsere Herde. Pardon, Senor, aber wenn Sie Obdach suchen, warum kommen Sie nicht an unser Dorf, wo sie uns willkommen sind!"

Ich dankte den guten Leuten, hatte aber nicht Lust, mich in ihr Lausenest zu begeben und zog es vor, wieder weiter zu reiten. Der Regen hatte aufgehört, aber nicht lange, so setzte er umso stärker wieder ein, um mir nun für den Rest der Nacht treu zu bleiben. Mühsam suchte sich mein Falber seinen Weg, immer flussab, wie ich glaubte und resigniert hockte ich auf ihm, durchnässt und durchkältet.

Es war schon gegen Morgen, als mein vorsichtig fühlendes Tier wie gebannt stehen blieb. Sofort begriff ich, daß da etwas Ungewöhnliches vorliegen musste und ich stieg vorsichtig ab. Da – ein heiliger Schreck! Erkenne ich, daß der schmale Pfad dicht vor den Füßen des Pferdes wie abgeschnitten ist. Ein Bergsturz, der nur den glatt abfallenden Felsen stehen ließ, hatte ihn mit sich in den tief unten tobenden Fluss gerissen. Zitternd vor Angst und Kälte, drückte ich nun mein gefährdetes Tier langsam zurück, das auch, ebenfalls heftig zitternd, gutwillig folgte, bis ich endlich es herumdrehen kann. Wohin nun, mein Falber? Der Falbe spitzte die Ohren und wieherte leise. Ja, was denn? Ah, jetzt hörte ich auch, wie durch den Morgennebel der Ruf eines Kikerikis dringt. Schon hing ich wieder im Sattel und wie neu belebt trottete nun mein schlaues Tier den gekommenen Weg zurück, bog aber bald darauf in einen Seitenweg ein, und nicht lange dauerte es, so leuchtete Licht durch die Büsche.

Wir hatten menschliche Wohnungen gefunden. Ich trat in eine Rohrhütte und bat eine am Feuer hockende Indianerin, mir etwas heißes Wasser zu überlassen. Geröstetes Mehl führte ich bei mir. War nun das Weib taub, böswillig oder idiotisch? Genug, es ging mit keiner Miene auf mein wiederholtes Begehren ein und starrte wie eine Sphinx in die Glut. Nicht gerade mit Segenswünschen verließ ich das ungastliche Wesen, trat aber gegenüber in ein anderes größeres Haus ein. Auch da brannte Feuer auf dem Herd und in seinem Schein stand sinnend eine nicht unschöne Creolin[40]. Kaum daß sie mich erblickte, bedauert sie lebhaft meinen durchweichten Zustand und lässt mich am Feuer Platz nehmen. Dann reicht sie mir ohne weiteres einen Teller voll heißen Chumso (getrocknete Kartoffeln), ein Essen der Indianer, das ich nie hatte genießen können. Hier aber

---

[40] Bevölkerungsgruppe mit gemischter südamerikanisch-europäischer Herkunft

verschlang ich es heißhungrig. Die Kleine ruhte auch nicht, bis der arme Caballero wieder satt und warm war. Sie hatte auch mein Pferd mit Futter reichlich versorgt.

Mittlerweile war es hell geworden und ich sah nun verdutzt, daß der Fluss der Richtung meines Weges entgegenlief, daß ich also Strom auf in der Nacht gereist war. Mein lachender Schutzengel klärte mich aber dahin auf, daß ich allerdings eine Strecke weit flussaufwärts gereist sei, daß dies aber nötig gewesen wäre, um hier über die Brücke des Nebenflusses zu kommen. Es war ein Glück, daß der Weg nicht weiter aufwärts gangbar war, sonst hätte ich einen unnützen Ritt seitwärts ins Gebirge gemacht.

Nun also über die Brücke! Aber was für eine! Als ich vorsichtig meinen Falben hinüberzog, schwankte das leichte Gerüst dermaßen, daß mir aufs Neue der Angstschweiß ausbrach. Mit einem störrischen Tier wäre ich sicher nicht glücklich hinübergekommen. Als ich aber heil drüben war, klatschte meine gute Wirtin vergnügt in die Hände, wofür ein dankbarerer Gruß zurückflog.

Dann gings weiter auf scheußlichem Wege in den aufbrausenden Urwald. So unruhig hatte ich meinen alten Freund noch nicht gekannt und wusste gar nicht, daß er so böse sein könnte. Heulend fegte es wie Orkan durch seine dicht stehenden Glieder, so daß es zum Erschrecken krachte und die Zweige wie prasselnde Geschosse zur Erde sausten. Mehrfach waren wir stark bedroht und oft musste ich den Weg wieder frei machen.

Das dauerte zum Glück nicht lange, sonst hätte man weder vor- noch rückwärts kommen können. Der Lärm und Aufruhr fanden neue Nahrung durch ein elementares Gewitter, das sich in einem echt tropischen, klatschenden Regen sintflutartig entlud. Sofort stürzten Gießbäche in jeder Rinne herab, den Pfad unter den Füssen wegschwemmend

und ihn mit Schlamm und Geröll zudeckend. Um die Unge-
mütlichkeit noch zu erhöhen, drängte sich jetzt der Pfad
dicht an den rasend daher schießenden Fluss, der ihn über-
schwemmte und unterminierte, so daß sich mein mutiges
Tier nur vorsichtig und tastend hindurcharbeiten konnte.

Auch diese gefährliche Stelle war überwunden und
der Weg wurde trocken und fester. Dort ragte, wie zum guten Zweck dahingestellt, eine Felswand über unseren Weg.
Da war in all dem Graus noch ein trockenes Plätzchen, das
musste zum Verschnaufen benutzt werden. Ich begab mich
also unter diese Schutzwand und suchte auch meinen Falben dicht heranzudrängen. Der schien aber dem Frieden
nicht recht zu trauen, war ängstlich und unruhig und sprang,
ehe ich mich dessen versah, mit mächtigem Satz an mir vorüber ins Freie. Ich, natürlich erzürnt, ihm nach, erwische
den Zügel und will ihn zur geschützten Wand zurückführen.
Doch ein mächtiger Berg von Schlamm und Geröll
hatte sich in dem Moment auf den trockenen Platz gewälzt
und würde uns dort erdrückt und begraben haben. Oh, mein
Falber, Du warst mal wieder schlauer als dein Herr! Dein
Instinkt hat uns gerettet. Dankbar klopfte ich dem guten Tier
den Hals, indem ich ihm und mir Mut zusprach. Unser Herrgott verlässt keinen guten Deutschen, auch nicht in peruani-
scher Wildnis.

So ein rechter Tropenregen brauste daher wie eine
Windsbraut, schlägt und pladdert alles zusammen, was
weich und nachgiebig ist, um dann aber auch ebenso rasch
weiterzuziehen, der lieben Sonne Raum lassend, ihre Krea-
tur zu trocknen. So war ich denn auch, trotz gründlichster
Durchweichung, ziemlich wieder angetrocknet, als ich mich
abends sehnsüchtig nach einem Quartier umsah. Nachdem
ich den ganzen Tag kein Haus, keinen Menschen gesehen
hatte, traf ich nun auf ein Gehöft, das freilich nicht besonders einladend aussah. Als ich einreite, schallt mir ein so

wüstes Singen und Fluchen aus trunkenen Kehlen entgegen, daß selbst mein Falber erschreckt kehrt macht. Nein, das war nichts für uns.

Dann aber, bei einbrechender Dunkelheit erwischen wir noch glücklich eine einsame Hütte, die uns vor dem Schicksal bewahrte, in diesem schrecklichen Walde die Nacht verleben zu müssen. Zu meiner Verwunderung trat mir hier ein weißes, starkknochiges Weib entgegen, die so gar nicht in diesen Rahmen passt, mich aber so ängstlich-verschämt anstarrt, als sähe sie eine Erscheinung.

Ich kümmerte mich wenig um ihr Gebaren, hatte ich doch hinter dem Hause einen freien Fleck Weide entdeckt, wo mein Pferd grasen konnte, das war die Hauptsache. Dann machte ich mir aus Sattel und Pferdedecken mein Lager auf der Veranda zurecht und legte mich nach all den Schrecken der Wildnis, total erschöpft, ohne auch nur an Essen zu denken, nieder.

Mit frohem Mut war, nicht allzu früh, mein gut gefüttertes Tier mit mir weiter getrabt. Bei schönem Wetter war es, trotz der schlimmen Wege, immerhin noch ein Vergnügen, durch den jetzt so harmlos zwitschernden Wald zu reiten. Ich war neu belebt von der Hoffnung, heute das Ziel zu erreichen. Bis Mittag ging auch alles vorzüglich. Aber jetzt stutzt mein Falber, als wir über einen Bergrücken in eine Schlucht einbiegen.

Noch kann ich nichts Ungewöhnliches entdecken, aber vorsichtig geworden, steige ich ab, um den ängstlichen Falben nachziehend weiter in die Schlucht zu dringen. Das Vieh aber bäumte zurück und wollte nicht folgen. Da kam es mir aber vor, als ob sich der Boden unter meinen Füßen bewegte. Gleichzeitig trieb mir ein unheimliches Schnurren und Knistern die Haare zu Berge.

Zurück, Falber, zurück! Heiliger Gott! Der ganze Berg ist in Bewegung! Ein paar hastige Sprünge brachten

253

uns wieder auf festem Grund in Sicherheit. Es war aber auch die höchste Zeit gewesen, denn hinter uns sauste eine Anzahl Steine über den Hang in die Tiefe. Und von der Höhe aus sah ich deutlich: die Schlucht, die Hänge mit Bäumen und Sträuchern waren in einer Breite von etwas 100 Metern in einer langsamen Abwärtsbewegung begriffen.

Eine brodelnde Masse von Schlamm und Geröll, in welcher Bäume und Sträucher auf- und abtauchten, drückten auf den Fluss, ihn ausfüllend mit mächtigem Damm seine Wasser aufstauend, neues Unheil vorbereitend für die weiter abwärts liegenden Gefilde. Meine Situation kam mir durchaus nicht erhaben vor. Caramba!

Mein Weg war mir buchstäblich vor den Füßen abgeschnitten. Ein Umgehen der Lawine erlaubten die steil abfallenden Berge nicht. Eine Brücke über den wildstürzenden Fluss gab es nur da ganz unten, wo ich hinwollte und wo ich herkam, aber wer weiß, ob dahin noch ein Durchkommen möglich ist. Diesen Höllenweg noch einmal machen, blos um an die andere Seite des Flusses zu kommen? Was aber blieb übrig? Rückwärts, rückwärts, rückwärts. Don Rodrigo, wenns auch schwerfällt, edler Cid!

Als wir eine Weile verdrossen zurücktrabten, sehe ich aus einer kleinen Schlucht Rauch aufsteigen. Dem gehe ich neugierig nach. Sitzt da in einer niedrigen Hütte, zwischen Maultierlasten, ein Bauer und kocht sich einen Kaffee.

„Hallo, woher, wohin?“ – „Ja, Herr, ich komme von Santa Ana und bin unterwegs nach meinem Heim.“ - „So, bist Du also noch durch die Schlucht gekommen, wo jetzt die Hölle los ist?“ – „Freilich, Herr, gestern noch zur Not, jetzt ist vor 4 Wochen nicht daran zu denken.“ – „Sehr erfreulich! Aber sag mal, Alter, gibt es denn keine Möglichkeit, um diese Teufelsschlucht herum zu kommen?“ – „Doch Herr, dort oben, einige Stunden hinauf, liegt eine

Siedlung, dort ritten wir wohl früher hinüber, wenn der Hexenkessel brauste, dort sehen Sie den Pfad."

Schon war ich unterwegs und klomm nun den schmalen, in steilem Zickzack führenden Weg hinauf, meinen Falben nachziehend und es bedurfte allen guten Willens des Pferdes, um mir durch die vielen Schründe und Klüfte, die den Weg zerrissen, zu folgen.

Drei Stunden waren wir so durch mageres Gestrüpp gewandert, als unerwartet eine niedliche Cocapflanzung mit Gemüsegarten vor uns lag. Idyllisch wie eine Sommerlaube schaute aus frischem Grün eine kleine Hütte. Eine große sehnige Indianerin trat mir entgegen, die aber, um einen Weg befragt, mich verständnislos ansah.

Bald fand ich auch selbst heraus, daß über die auch hier jäh abfallende Schlucht unmöglich ein Weg führen könne. „Abwarten, bis der Mann kommt," belehrte mich die rothäutige Dame, die durchaus nicht freundlich war, aber unter ihrem Kuschma (langes Hemd) ein gutes Herz trug, da sie meinem Pferd Futter und auch mir einen Teller Gemüse reichte.

Erst gegen Abend kam der Hausherr, der mich auf morgen vertröstete und mir sein Heim zur Verfügung stellte. Ich sah gleich, daß ich in diesem schöngewachsenen Waldsohn mit den scharfen Zügen, der so ganz ohne Scheu ruhig und ernst zu mir sprach, etwas Besonderes vor mir hatte und unterhielt mich mit ihm, so gut ich seine Sprache radebrechen konnte. Da fand ich denn ein Unikum in ihm, nämlich einen zufriedenen Menschen. Zufrieden – nicht etwa mit der Welt da draußen, die seine junge Kraft missbraucht, die ihm Freiheit und Menschenwürde abgesprochen hatte. Zufrieden aber mit seinem Los, das ihn bis hier auf die freien Berge getrieben hatte, wo er sich nun ein Heim nach seinem Sinn geschaffen, durch seiner Hände

Arbeit, die ihn und seine Familie ernährte und befriedigte in ihren geringen, ach so geringen, Bedürfnissen.

Ich habe ihn beneidet, den Glücklichen, der das gefunden hatte, wonach die Mehrzahl der Menschen ein Leben lang strebt und bangt, ohne es jemals zu erreichen, weil die Zivilisation mit ihren Bedürfnissen und künstlichen Lebensgenüssen kein ruhiges Glück zulässt.

Der Morgentrank, den mir meine herbe Wirtin bot, bestand nicht aus heißem Wasser mit Schnaps, wie sonst landesüblich, sondern aus reinem Ananassaft, der sehr erfrischend und wohlschmeckend war. Eine Hand voll herrlicher Bananen vervollständigte das Frühstück, das mir vorzüglich mundete.

Mein Wirt stand schon mit meinem gesattelten Pferd und einer Hacke bereit und führte mich nun auf kaum erkennbarem Pfad über immer höher aufsteigende Berge. Immer höher, bis wir endlich nach 3 Stunden Kletterns auf ein Gehöft mit prächtigen Weiden stießen. Herrlich mundete dort die frische Milch. Einen Eimer voll hatte uns die Sennerin für einen Real gegeben. Endlich gelangten wir wieder an unsere ominöse Schlucht. Aber hier bildete sie noch einen 10 Fuß tiefen Kanal mit steilen Wänden und es kostete noch ein gut Stück Arbeit, einen Weg für mein Pferd auszuarbeiten. Endlich gelang auch das und wir erstiegen die andere Seite der wilden Schlucht. Nun wollte ich aus Dankbarkeit meinen Wirt und Helfer auch gut entlohnen. Aber mit stolzer Gebärde wies mich der Bergsohn ab:

„Geh, Fremder! Ich gab Dir nichts, wofür Du mir zahlen könntest, und diente Dir nicht um Geld. Dort ist die Richtung deines Weges." Dabei hatte er seine Hacke genommen und schritt hoheitsvoll davon.

Ich hatte nun ebenso steile Bergrücken hinabzukraxeln wie vorhin hinauf. Und als ich endlich den Hauptweg wieder erreichte, hatte ich in 24 Stunden etwa 200 Meter zurückgelegt. Aber ich hatte gewonnen! Allen Schrecken und allen Hindernissen der Wildnis zum Trotz war ich durch und fühlte mich trotz meiner zermürbten Knochen und meines todmüden Pferdes doch als Sieger.

In diesem stolzen Siegesbewusstsein zog ich denn auch einige Stunden später in die berühmte Hauptstadt des Tales ein. Das heißt, eigentlich war ich schon hindurch, als ich eine Fruchthändlerin fragte, wie weit es noch bis zur Stadt sei. Diese glaubte aber, ich wollte sie veräppeln und sagte nur zornig zu ihrer Nachbarin:

„Was fragt der fremde Affe, wenn er doch daher-kommt?" Ah so, das war also die Hauptstadt! Ich drehte um und zählte 17 Häuser und ein Gehöft und kalkulierte nun ganz richtig, daß dort wohl der Fürst wohnen müsse.

Der Gewaltige empfing mich wider Erwarten mit ausgesuchter Höflichkeit, ließ mich trefflich bewirten und lud mich ein, einige Tage bei ihm auszuruhen. Er bedauerte sehr, mir Ungelegenheiten bereitet zu haben und entschuldigte sein Verhalten mit dem Zwange der Pflicht. Es kam mir wie glatter Hohn vor und verstärkte meinen Grimm. Aber mein Interesse gebot mir, ebenfalls höflich zu bleiben, um nicht jeden Erfolg in Frage zu stellen.

Vorerst fragte ich nun nach meinem Burschen, dessen Freilassung ich verlangte. Ja, das wäre eine eigene Sache. Als Polizeileutnant unterstehe der Mann dem Befehl des Gobernadors. Außerdem habe er ein Gewehr veruntreut, das ihm anvertraut worden sei. Er könne den Mann nicht freigeben, bis er das Gewehr abgeliefert habe.

„Lassen wir das, Herr! Ich weiß, daß der Mann das Gewehr abgegeben hat, damals, als er Ihren Freund, den Banditen Paiba, in Cusco ablieferte als Gefangenen. Er hat nur versäumt, sich darüber einen Empfangsschein geben zu lassen. Wenn er aber durchaus eins beschaffen soll, so dürfte meine Bürgschaft für ihn genügen." – „O, gewiss, das

Wort eines Caballeros. Freut mich sehr, Ihnen dienen zu können." – „Schön, und nun meine Gewehre?" – „Selbstredend, amigo, sofort!"

Einen Augenblick später stand mein Bursche vor mir mit zwei Gewehren, heißen Dank stammelnd für seine Befreiung. Er war übel genug zugerichtet. Schön, aber warum bloß zwei Gewehre, man nahm uns doch vier? Und die Munition?

Der Subpräfekt war derweil heimlich fortgeritten und sein schmieriger Sekretär klärte mich dahin auf, daß alles in bester Ordnung sei: Der Waffenschein laute nur auf drei Gewehre, das vierte sei also als Konterbande konfisziert. Das dritte aber bleibe da als Bürgschaft für das von dem Burschen zu lieferndem Gewehr. Fein gedrechselt! Recht gut wusste ich, daß ich bei weiterem Auftrotzen nur den Kürzeren ziehen würde. Deswegen machte ich mich, froh, überhaupt etwas erreicht zu haben, schleunigst fort aus der Nähe dieser gefährlichen Löwengrube.

Wir nahmen nun aber einen anderen Weg talab, um dann den Utumafluss hinaufzureisen, und kamen auch ohne weiteren Unfall nach fünf Tagen an unser Heim.

Büsing wusste mir zwar für das erzielte Resultat wenig Dank; ihn schmerzte der Verlust der beiden guten Waffen. Da kauften wir denn eine alte Militärknarre, schrieben einen energischen Brief und schickten damit einen Indianer los, um wenigstens noch diese eine Waffe zu retten. Erst vier Wochen nachher kam der arme Kerl in traurigem Zustande zurück. Man hatte ihn zu Frondiensten missbraucht und grausam behandelt. Ein höflicher Brief von seiner Hoheit aber besagte, daß der besoffen angekommene Indianer nur den Brief, aber kein Gewehr gebracht habe. Infolgedessen könne auch das Gewehr nicht ausgelöst werden. Jetzt hatte auch Büsing genug.

Der Vorgänger dieser Kanaille war ein wegen seiner Rechtlichkeit bekannter Mann gewesen, den die Regierung von Lima aus auf diesen Posten entsandte. Sie konnten ihn nicht leiden, weil er die Ungeheuerlichkeiten beging, jede bestechende Einladung der Herren Hacendadors[41] auszuschlagen, weil er auf seinen Reisen durch seinen Distrikt militärisch in einem Zelt wohnte und dort jede Klage, sowohl die des Fremden wie auch des ärmsten Händlers und Arbeiters entgegennahm. Er hielt dann Gericht ohne Ansehen der Person, wie es die Gesetze vorschreiben, wonach der Indianer dieselben Rechte hat wie der Hacendador. Das war noch nicht dagewesen! Als aber die massenhaften Klagen nichts fruchteten, weil der Mann auf dem Boden des Gesetzes stand, da hetzte man in einer Nacht eine trunkene Meute auf ihn, die seine Wohnung demolierte und ihn getötet hätte, wäre er nicht durch die Treue seines Dieners rechtzeitig entführt und gerettet worden.

Dann hatten die Noblen verlangt, daß man einen aus ihrer Mitte wähle, der Land und Leute kenne. Da sprang denn folgerichtig der größte der Schufte aus der Urne. Der war allen recht, obwohl man wusste, daß er als Flüchtling eingewandert, es durch Tücke und Schwindel zu etwas gebracht hatte und als mehrfach ungesühnter Mörder galt.

Kautschuk-Expedition

Während dieser Erinnerungen war ich mittlerweile an mein Ziel, die letzte Pflanzung der schlecht beleumdeten Creolen, gekommen, wo Hubert mit den Spaniern und allem Zubehör schon auf mich wartete. Sie waren damit beschäftigt, alles Gepäck in kleine, bis zu 50 Pfd. schwere Bündel zu schnüren, die dann von angeworbenen Wilden weiterbefördert werden sollten. Die Maultiere mussten von hier zurück

---

[41] Großgrundbesitzer

gehen, da für sie kein Weg offen war. Ich erzählte nun Hubert die Bedenken der Landsleute. „Freilich," meinte er dazu, „die Warnung ist berechtigt, unser Wirt ist ein abgefeimter Schuft. Man muss aber auch solche Leute, die man nicht umgehen kann, zu nehmen wissen. Gegen uns wird er nichts unternehmen, denn er weiß, daß ich sein Treiben durchschaue. Andererseits aber ist es sein Interesse, uns dienlich zu sein. Er weiß, daß ich einen Gefallen gut bezahle, während ich einen Verrat bitter rächen würde. Ich halte ihn aber zum Freund, weil er uns durch seinen Einfluss bei den Wilden viel nutzen kann."

In der Folge kam mir der kleine Despot mit dem großen Bart immer wie ein Hampelmann vor, der sich allen Ernstes ein fürstliches Ansehen zu geben bemüht war. Sein wahres Wesen trat erst ins rechte Licht, wenn er abends im Kreise seiner Familie sich an selbstgebrautem Most (der aus gekautem Mais bereitet wird) oder Canasso berauschte. Dann rühmte er sich, der größte Selbstherrscher zu sein, größer als der Zar von Russland, denn niemand könne die Grenzen seiner Macht feststellen: so weit es Wilde gäbe, unterständen sie seinem Einfluss. Er sei Papst und Sultan zugleich und stehe unter keinem Gesetz der Welt. Es war nicht zu verkennen, daß er ein gewisses Zerrbild seiner dem Größenwahn entsprungenen Phrasen leibhaftig vorstellte, und dieser Mann, wäre er ein Charakter gewesen, hätte wohl ein gutes Bindeglied zwischen Zivilisation abgeben können. So war er jedoch nur ein elender Wicht, der die Fremden und die Wilden ausbeutete, um ein wüstes Schlemmerleben zu führen.

Hubert hatte bald einen Boten gefunden, den er zu seinen Freunden, einem Itampa-Stamm, entsandte, die nicht unter dem Einfluss dieses Ekels standen und von denen schon nach einigen Tagen ein Trupp Männer erschien, die uns jubelnd begrüßten. Mit diesen marschierten wir etwa 14

Tage lang den Ucayali hinab, wo das Feld unserer Tätigkeit zum Einsammeln des Kautschuks uns erwartete. Eine Lichtung war bald gesäubert, ein paar Zelte aus Palmblättern schnell errichtet und nun lagerten wir uns hier gemütlich zu längerem Aufenthalt und längerer Arbeit.

Für Don Rafael, einen der Spanier, und für mich war es freilich die höchste Zeit, nach so langem beschwerlichem Marsch endlich zur Ruhe zu kommen. Schon seit einigen Tagen hatten wir beide an unseren Fußballen ein unerträgliches Jucken und Brennen verspürt, was uns das Gehen verleidet und unseren Schlaf gestört hatte.

Es war eine Freude, unserer Arbeit mit Hilfe der Waldsöhne nachzugehen. Schon mehrten sich unsere Kautschukballen im Stapelraum Schon rechneten wir mit einem respektablen Erfolg und schmiedeten Pläne für die Heimreise. Da stoßen wir eines Tages auf einer Streife unerwartet auf fremde Arbeiter, die ebenfalls mit dem Fällen von Kautschukbäumen beschäftigt sind. Ein heftiges Wortgefecht entspinnt sich zwischen Hubert und dem Führer jenes Trupps, einem krauslockigen Italiener. Gegenseitig beschuldigten sie sich, fremdes Revier okkupiert zu haben.

Der Italiener bewies seine Rechte durch Zeichnungen und Siegel der Regierung, wonach er gerade dieses Tal gepachtet habe. Hubert machte dagegen geltend, daß er ältere Rechte habe, da er schon früher hier arbeitete. Außerdem sei dieses Tal Eigentum seiner Freunde, der Kampas, für die und mit denen er arbeite. Nur sie hätten das Recht, hier etwas zu vergeben. Sollte ihm jemand das Recht absprechen wollen, so hätten sie dafür die Macht, jeden Eindringling glatt zu vertreiben. Wütend fauchte der Italiener dagegen:

„Was, Sie drohen mit Gewalt? Wissen Sie, daß meine Leute gut bewaffnet sind?" – „Auch ich habe Indianer hinter

mir, ich sage Ihnen, daß ich mein Recht verteidigen werde."
– „Wollen Sie einen Streit verantworten?"

Da trat ich dazwischen und riet den Hitzköpfen, die Sache ruhig zu überlegen. Es bestehe kein Zweifel, daß beide Parteien tüchtig und kampffähig seien, sich gegenseitig aufzureiben. Auch sei jeder auf seine Art in vollem Recht. Aber eben darum und weil wir doch alle bloß eine Gastrolle spielen, sollte jeder dem anderen sein Recht lassen.

„Wir, Hubert," sagte ich, haben unser Schäfchen doch auf dem Heimweg, lass also auch die anderen Schäfchen sich satt fressen!"

Da lachten beide und gaben mir recht. Der Streit war entschieden und beim Kreisen der Flasche wurde die Friedenspfeife geraucht. Dann wurde noch verabredet, daß wir nächstes Jahr gemeinsam arbeiten wollen.

Keiner hatte dabei auf den Indianerhäuptling geachtet, dessen Name Cacapunca (Steintor) war und der bei unserem Gespräch anscheinend teilnahmslos auf einem Baumstumpf hockte. Cacapunca aber hatte sich straff aufgerichtet, schwang drohend sein kurzes Beil über dem Kopf und schrie: „Glaubt Ihr, Freunde, daß Ihr die Haut eures roten Bruders verteilen könnt unter Euch, so sollt Ihr wissen, daß Ihr Euch furchtbar irrt! Kein Dekret eurer Regierung, die wir nicht kennen, kein Gebot eures Gottes, den wir nicht anbeten, kann und wird uns von unseren Gründen vertreiben, ehe nicht der letzte Itamba und seine Bundesgenossen euren Mordwaffen erlegen ist. Für jetzt aber rate ich Euch, dahin zu gehen, woher Ihr gekommen seid, denn auch unsere Pfeile wissen das Herz des Verräters zu treffen!"

Das kam unerwartet, aber jeder fühlte, daß es unter diesen Umständen das Beste sei, vorläufig vom Schauplatz zu verschwinden. Erst jetzt sahen wir, daß wir in weitem Kreis von schussbereiten, hinter den Bäumen versteckten

Wilden umgeben waren, daß sich aber unsere Helfer sowie der Italiener zurückgezogen hatten. Als wir später im Lager wieder mit Cacapunca zusammentrafen, war er finster und mürrisch. Als Hubert ihn in seiner jovialen Weise umzustimmen suchte, fuhr er unwirsch auf:

„Geht weiter! Ich glaubte in den weißen Männern edle Freunde erworben zu haben, ich habe jetzt eingesehen, daß Euch nichts leitet als eure Habsucht, wofür Ihr dann mit Vergnügen den roten Bruder verkauft. Nein, ich mag nichts mehr wissen, mein Inneres blutet, ich mag nicht die Hand erheben gegen meine Freunde, nehmt also, was unsere Arbeit Euch erworben hat, aber vergesst uns, kehrt nicht zurück, es würde euer Tod sein!"

„Aber lieber Freund, was ist Dir denn?" Groß schaute uns der Erzürnte aus seinen tiefschwarzen Augen an, dann stöhnte er auf: „Also nicht mal Empfinden habt Ihr für euer Tun? Ein neuer Beweis, daß Ihr uns nicht als Menschen einschätzt. Wieviel hätte gefehlt, so wäre euer Zank die Ursache eines blutigen Streites unter meinen Söhnen geworden. Hätte nicht mein Blick vermocht, meine Leute zu bannen, sie hätten sich gegenseitig zerfleischt für die vermeintlichen Freunde, die es als eine Geschäftsbagatelle ansahen, den Krieg unter den Roten zu entfachen.

Wir hatten das Spiel verloren, waren beschämt und durften froh sein, daß dieser gutmütige Fürst nicht eine rächende Macht aufrief, um uns zu vernichten. Verachtung war die einzige Rache der früheren Freunde. Keiner kam mehr in unsere Nähe, keine Speise, keine hilfreiche Hand wurde uns mehr geboten. Wir waren von den Wilden geächtet!

Jetzt konnten wir unsere Arbeit, die die Kinder des Waldes spielend verrichteten, unter großer Mühe und mit vielem Schweiß selbst besorgen. Da galt es denn, unseren

Kautschuk und die Ausrüstung an den kleinen Fluss zu schaffen und mit seiner Hilfe die Gepäckstücke hinabflössen bis an den Hauptstrom. Es war dies für uns eine kolossale Arbeitsleistung. Dabei mussten wir uns schon mit dem Proviant mächtig einschränken, um nicht zu früh zu kurz zu kommen, da wir doch mit den Früchten unserer Gastgeber gerechnet hatten. Am großen Fluss musste dann ein größeres Floß gebaut werden und so hieß es: Schimmel, zieh ins Wasser bis zum Knie! Wir ließen uns die Arbeit aber nicht verdrießen.

Der schwarze Haufen da auf dem Floß war ein Kapital wert, das konnten wir trotz aller Ermattung nicht im Stich lassen. Sollte es doch den Stock bilden zu neuem, größerem Unternehmen. Wenn wir abends Rast machten, brachten wir unsere Ladung an Land in Sicherheit. Man konnte den Tücken des Stromes nicht trauen, war es doch oft genug passiert, daß über Nacht plötzlich eine hohe Flut mit der Beute durchging.

So hatten wir schon über drei Wochen schwer gerungen, drangen aber langsam und sicher, mit manchem Hindernis kämpfend, den Strom hinauf. Eines schönen Morgens hatten wir auch wieder die Ladung gerüstet, als ich bemerkte, daß ich meinen Hirschfänger [42] im Lager vergessen hatte. Schon springe ich die Böschung hinauf, da erdröhnt auf einmal die Luft. Ich erhalte einen furchtbaren Schlag ins Genick und stürze kopfüber in den Sand, wo ich bewusstlos liegen bleibe…

Als ich erwachte, schien mir die Sonne hoch vom Zenit ins blutüberströmte, verbrannte Gesicht, wobei mir das Gehirn zu kochen schien und ich war nicht imstande, einen Gedanken zu fassen. Stumpfsinnig starrte ich vor mich hin, bis es mich instinktiv hinabzieht in die kühlenden Wasser

---

[42] Jagdmesser mit langer Klinge

des Flusses, zur Labung und Erfrischung. Dann setzte auch die Denkkraft ein und durch all das stechende, hämmernde Kreisen in meinem misshandelten Oberstübchen wird schließlich ein wahnwitziger Gedanke geboren.

Allein! Wieso denn? Wo blieben die Genossen? Mich niedergeschlagen, um mit der Beute zu entfliehen? Unmöglich? Mein Hubert, der treue Freund? Nein! Doch – was sagt Cacapunca? Habsucht – Verrat! Hatte er nicht recht, und gab es hier eine andere Lösung? Plötzlich schoss mir das Blut wie ein Dolchstoß aus dem überfüllten Gehirn in die Brust: „Mein Inneres blutet" hatte der Häuptling gesagt und jetzt konnte ich ihm auf einmal den ganzen wilden Schmerz nachfühlen. Aber ich fühlte auch, daß ich mich angesichts des Verrates nicht wie er beherrschen konnte. Eine wilde Wut packte mich. Allen Schmerz, alle Lähmung abschüttelnd sprang ich auf und rannte zum verlassenen Lager.

Hah, da war sie, die einzige Waffe, die man mir ließ durch einen rettenden Zufall! Sie sollte mich nun rächen Der Totgeglaubte würde die Räuber und Mörder einholen und dann, wehe ihnen! Oh, ich war kein gutmütiger Cacapunca, der dem Verräter goldene Brücken baute!

Aber was war denn nun wieder? Klang es da nicht wie qualvolles Stöhnen aus dem niedrigen Gebüsch am Ufer? Ja, jetzt noch lauter! Schon rannte ich hin, und richtig, da liegt am Boden eine blutüberströmte Gestalt, in der ich nur mit Mühe meinen Genossen Hubert erkenne. „O Gott, Junge, haben sie auch Dich niedergeschlagen, die Elenden? Komm, raffe Dich auf, wir werden sie einholen und dann…" – „Lass doch die dummen Witze, Mensch! Hilf mir nur in den Fluss, den einzigen Gefallen, den Du mir noch tun kannst – ins Wasser!"

Ich begriff, daß der Ärmste im Wundfieber lag und beeilte mich, ihn zu kühlen und zu waschen. Ich sah, wie die schöne, starke Männerbrust zerrissen war wie von Raubtierkrallen. Fand jedoch keine tiefgehende Wunde oder ernste Verletzungen an ihm vor. Als ich dann seine Wunden mit kühlenden Blättern bedeckte und ihn notdürftig mit den Resten seines Hemdes verbunden hatte, drängte ich wieder in Ungeduld. „Komm, komm, die Spanier dürfen uns nicht entwischen!" Der Kranke sah mich groß an, als ob er an meinem Verstand zweifle. „Was faselst Du nur, als ob Du das Furchtbare nicht erlebt hättest!"

Ich erzählte, wie weit ich abwesend war, da fiel er ein: "Ja, und ich stand dicht am Ufer, als das Floß mit den beiden in die Luft flog und der Tod mich streifte." − „Eine Explosion also? Mensch, wie kam das?" − „Den Leichtfüßigen muss wohl ein Schuss losgegangen sein, der in die Dynamitkiste schlug, sonst begreife ichs nicht!" − „Hubert," sagte ich ernst, „das ist die Rache Cacapuncas." − „Blödsinn, bist Du abergläubisch?"

„Nein, aber sieh, wir wollten doch das Dynamit an die Wilden zum Fischen verteilen. Es ist aber nicht dazu gekommen bei dem unerwarteten Abschied. So nahmen wir es wieder mit, zu unserem Unglück. Alle Schuld rächt sich auf Erden. Und nun ist alles hin, Kameraden und Erfolg, Hoffnung und Lebensmittel! Oh, Du lieber Augustin, alles ist hin!"

„Freut mich, daß Du wenigstens noch Humor hast," flüsterte Hubert, „mit mir ist es aus, ich kann mich nicht erheben und muss elend verschmachten, wenn Du mir nicht als guter Kamerad in den Fluss hilfst. Tu mir noch diesen letzten Gefallen und dann mach, daß Du weiterkommst! Noch kannst Du Dich retten und es hat keinen Zweck, daß wir hier zusammen umkommen." Dann sank er erschöpft zurück, eine neue Ohnmacht hatte ihn umfangen. Aufs Neue suchte ich ihn durch kühlenden Umschlag zu erfrischen, dann saß ich lange stumpfsinnig an seiner Seite.

Erst gegen Abend schlug er die Augen auf und lächelte mich glückselig an. „Grausamer," knurrte er, „warum hast Du nicht…? Oh, ich träumte so schön, Du hättest mich ins Wasser gebracht und nun trieb ich erlöst von aller Qual den Fluss hinab, so frei, so reich, so glücklich…Nun liege ich immer noch schmachtend hier! Wozu? Wie lange noch? Und Du?" – „Sei ruhig, Hubert, morgen fühlst Du Dich besser und dann…" – „Dann," fiel er ein, „dann brauche ich Dich nicht mehr, mach Dich also zeitig auf den Weg." Bald darauf war er eingeschlafen – ich auch.

Am nächsten Morgen erwachte ich mit einem Schreck: Der Platz an meiner Seite war leer. Also doch! In großer Angst sprang ich auf die Füße, Gott sei Dank, da war er ja noch, halb im Wasser, seine Wunden waschend. Glücklicher mochte ich selten noch einen Menschen begrüßt haben. „Mensch, Hubert, ist Dir besser?" – „Hm, weiß ich nicht. Weit werde ich wohl nicht kommen. Aber ich sehe ja, Dich muss ich erst auf den Weg bringen. Will Dich doch nicht hier wegen meiner verschmachten lassen!" – „Na, denn mal los!" Und wir umfassten uns, taumelten wie zwei Betrunkene flussaufwärts mit dem festen Willen zum Leben.

Wir wollten uns aus der Wildnis retten, wenn auch die Aussichten gering waren. Zu essen hatten wir seit 24 Stunden nichts, aber wir hatten Wasser, und Wasser tuts freilich. Langsam kamen wir vorwärts zwischen den großen, heißen Ufersteinen im Wasser, und doch war das noch der beste Weg. Oft genug musste ich erst durch dichtes Gestrüpp mit meinem Hirschfänger, der nun gerade zum Lebensretter wurde, einen Weg bahnen. Am meisten litten wir aber, wenn auch noch Bergrücken zu übersteigen waren, die am Fluss keinen Durchgang erlaubten. Schlimm rächte sich auch der um sein Recht gekommene Magen, indem er nun

267

grimmig an unserem bisschen Fett und an unseren Kräften zehrte.

Am zweiten Marschtage fanden wir einige süße Waldkartoffeln, die durch ihren Wohlgeschmack und ihre Frische uns zum Labsal wurden und unsere Lebensgeister wieder anregten.

Am dritten Tag fanden wir endlich eine Indianerspur, und als wir diese vorsichtig verfolgten, entdeckten wir eine einzelne Indianerhütte. Diese aus Rohr hergestellte, mit Palmenblättern bedeckte Behausung, war recht wohnlich eingerichtet. In einer Ecke war ein aus Stein und Lehm eingerichteter Herd eingebaut. In der anderen lag ein flacher Mahlstein mit seinem halbmondförmigen Quetscher, wie ihn die Halbwilden zum Zerkleinern ihrer Lebensmittel gebrauchen. Von der Decke hingen einige flache Körbe, in denen Sachen gegen Ameisen und Nagetiere geschützt aufbewahrt werden. An der Längswand war eine Pritsche aus Rohr aufgebaut, die, mit Bananenblättern belegt ein einladendes Lager bot. Hier ließ sich seufzend mein Genosse nieder, indem er jammerte: „Es geht nicht weiter, meine Kräfte sind total erschöpft. Lass mich hier und sieh zu, daß Du weiterkommst!" Ich ging auch weiter auf Entdeckung aus, wusste ich doch nicht, ob hier Freund oder Feind unser ferneres Schicksal bestimmen würden.

Hinter der Hütte finde ich nun eine Bananenpflanze und wie gerufen, kommt ein Indianerbub unter der Last einer reifen Bananentraube keuchend daher und geht damit in die Hütte. Als er aber dort den fremden Mann erblickt, wirft er die Last ab und flieht eiligst davon. Wir aber machten uns über die köstliche Frucht her und nur einer, der dem Tod durch Verschmachten nahe ist, kann uns den Göttergenuss nachfühlen bei diesem Schmaus.

Kaum hatten wir unsere Mahlzeit beendet, da nahte auch schon der Rachegeist, diesmal in Gestalt eines grundhässlichen alten Weibes, welches plötzlich im Türrahmen erschien. Die gelben Augen schienen Funken zu sprühen, aber kein Wort entfloh dem Gehege der gesunden, weißen Zähne. Ich glaubte nun, unser Eindringen sowie den Fruchtraub entschuldigen zu müssen, aber ich schien nicht gehört zu werden. Als sei ich Luft, ging die Dame mit großen Schritten an mir vorüber auf den Kranken zu, den sie gar bösartig anstarrte. Ich stand bereit die alte Tigerkatze bei der geringsten feindlichen Handlung zurückzuschleudern. Doch schon drehte sie sich kurzerhand um und verschwand.

Oh weh, dachte ich, jetzt wird sie das Dorf alarmieren und dann sind wir geliefert! Hubert lag so apathisch da, daß man mit ihm leichte Arbeit haben würde. Aber nein, da ist sie ja wieder, aber in Gesellschaft mit dem Knaben, der einen Arm voll Kräuter hereinträgt, die nun auf dem Stein gemahlen werden. Mich beruhigt das, denn ich dachte, daß die Leute sich ihr Abendessen bereiteten. Jetzt aber tat sie den Brei in einen flachen Kürbis, geht damit stracks auf den Kranken zu, reißt ihm rücksichtslos den Verband von den Wunden und legt ihren Brei darauf. Nicht achtete sie meiner Abwehr, nicht des Jammerns des Patienten, das jetzt in ein wahres Gebrüll ausartete. Dann ist sie schon wieder hinaus.

Mein armer Hubert aber brüllt wie besessen: „Hölle und Glut – das Teufelsweib – die Hexe! Sie hat mich lebendig verbrannt! Ich sterbe, räche mich!" Dann wird es auf einmal merkwürdig still, so daß ich denke, Hubert sei nun wirklich tot. Aber nein, er atmet noch, sogar tief ruhig, gleichmäßig – alle Wetter, er schläft! "Eh, Hubert." Nichts, er schläft. Da legte ich mich an seine Seite und schlief auch ruhig, fest und traumlos, bis in den anderen Tag hinein.

Hubert schlief immer noch und lächelte friedlich, als hätten die Schmerzen, die ihn so oft wild auffahren ließen, ihn verlassen. Er schlief den ganzen Tag und wieder die folgende Nacht durch. Umsonst hatte ich den Tag über die

Gegend abgestreift, um die Waldgötter in ihren Schlupfwinkeln aufzusuchen oder Sterbliche zu finden. Nichts fand ich. Auch kam weder die Indianerin noch der Knabe zu Vorschein. Fast glaubte ich an Zauber.

Zeitig aber am nächsten Morgen war es Hubert, der mich weckte und auf Weitermarsch drang. Er fühlte sich wie neugeboren. Keiner seiner grässlichen Wunden eiterte mehr, sie waren mit einer schwarzen Haut überzogen und aller Schmerz war vorbei. Auch das sah aus wie Zauber. „Ist auch unbedingt eine Hexe gewesen," sagte Hubert. „Ja, oder eine verzauberte Prinzessin. Wenn sie sich sehen ließe, würde ich ihr aus Dankbarkeit einen Kuss geben." Doch die Fee erschien nicht. Der Zauber war aus. Aber das Wunder und sein Erfolg blieb zu unseren Gunsten und wir glaubten seitdem fest daran, daß auch in der hässlichen Menschenbrust die Flamme selbstloser Menschenliebe glüht, solange sie nicht durch Afterkultur erstickt wird.

Die Schwierigkeiten der noch fehlenden zwei Marschtage überwanden wir -- nun mit mutiger Ausdauer, bis wir am 7. Tage nach dem Unglück wieder bei den Creolen vorsprachen, wo denn Hubert sich häuslich niederließ, um sich gründlich zu kurieren und zu erholen. Ich setzte inzwischen meinen Weg fort, um die Kunde unseres Misserfolgs nach Cusco zu tragen.

Als Pionierheld bin ich dort nicht gefeiert worden. Dafür aber kam ich auf die Liste derjenigen Pechvögel, mit denen man kein Geschäft machen darf, weil sie keinen Erfolg haben.

Hubert war aber überzeugt, daß er auf Grund seiner wunderbaren Rettung noch zu Großem bestimmt sei. Er würde der Welt und vor allen Dingen den geehrten Landsleuten, die ihm keinen Kredit geben wollten, zeigen, daß aus dem armen Waldläufer trotz seiner Misserfolge doch noch ein Großer, ein Fürst werden könne. Ja, und was er dann tun würde? Oh, dann würde er die Wilden zivilisieren, ihnen eine merkwürdige Kultur beibringen, eine Kultur freilich ohne Handelsjuden, ohne Schnaps und Bierbrauer, ohne Kreuz und Kanone. „Ah, und damit werden Sie dann die heutige Kultur in Scherben schlagen?" – „Nicht nötig, ist schon überfaul genug, fällt dann schon von selbst in sich zusammen."

Armer Hubert! Du ließest dich nicht halten, gingst allein, ohne fremde Hilfe, in vollem Vertrauen auf dich selbst und deine hohen Ziele wieder zu den roten Brüdern in den Wald. Aber niemals kehrtest du wieder. Was war dein Los? Nie hat es jemand erfahren!

Epilog

Johannes Rathgens wurde als siebtes Kind der Eheleute Anna und Johann Rathgens 1856 in Brokdorf geboren. Sein Vater, der Schiffer und Kätner war, starb mit 43 Jahren, als Johannes 18 Monate alt war. Als Johannes zwei Jahre und zehn Monate alt war, starb seine Mutter im Alter von 37 Jahren. Danach wuchs Johannes bei Verwandten auf. Seine Schwester Anna in Valparaiso war zehn Jahre älter als Johannes.

Nach der Berufsausbildung zum Tischler bei seinem zwölf Jahre älteren Bruder Herrmann wurde er drei Jahre lang bis zum 23. Lebensjahr beim preußischen Militär verpflichtet. Er war bei den Bückeburger Jägern stationiert.

Nach der Militärzeit wanderte er von Westfalen nach Norddeutschland und arbeitete als „Hobel-und Hungerleider."

Mit 26 Jahren emigrierte Johannes nach Südamerika

Johannes hat seine Erlebnisse und Erfahrungen über einen Zeitraum von 40 Jahren seit seiner Ankunft in Südamerika aufgeschrieben. Bei seinen vielen Begegnungen mit Angehörigen der ursprünglichen Bevölkerung und deren Nachkommen bezeichnet Johannes diese respektvoll als Kinder des Waldes, Wilde und Halbwilde, Söhne des Waldes, Rothaut, Bergsohn, Waldgötter, Waldgänger und rote Brüder.

Das 185seitige Exemplar wurde auf der Rückseite des Titelblattes handschriftlich gewidmet:

„Meiner einstigen gütigen Meisterin
Der Frau (Witwe?) H. Heitmann
und ihrer lieben Familie
zur freundlichen Erinnerung
gewidmet von
Ihrem alten Freund
und Weltenbummler
Jan Rathgens"

Weiter unten ist auf derselben Seite mit anderer Handschrift vermerkt:

Gestorben im Inneren Perus ... September 1932.

Demnach ist Johannes im Alter von 76 Jahren in Peru gestorben. Die späteren Verwandten von Johannes in Lima berichten unterschiedliche Versionen seines Todes: Er sei im

Urwald verschollen bzw. auf dem Friedhof von Iquitos am Amazonas / Peru bestattet.

Zehn Jahre vor seinem Tod war Johannes zu einem Besuch in Deutschland, was ich einer Passagierliste des Jahres 1922 entnehmen konnte, auf der er für die Rückreise von Hamburg nach Südamerika eingetragen ist.[43]

---

[43] Hamburger Passagierlisten 1850-1934

Anhang

Araukanisierung

Als Araukanisierung wird das Vordringen der Mapuche und ihrer Kultur von Chile nach Argentinien bezeichnet. Ab Mitte des 17. Jahrhunderts erweiterte das indigene Volk der Mapuche ihren Siedlungsraum über die Südanden zu den östlichen Ebenen Südamerikas. Dieser Prozess endete mit der Staatenbildung im 19. Jahrhundert. Das gesamte Gebiet, auch als Patagonien bezeichnet, erstreckt sich zwischen den Flüssen „Rio Colorado" in Argentinien, dem Rio Bio Bio in Chile im Norden und der Magellanstrasse im Süden.

Bückeburger Jäger

Das Westfälische Jäger-Bataillon Nr. 7 wurde auch „Bücke-burger Jäger" genannt. Er war ein Verband der leichten Infanterie in der Preußischen Armee. Neben Standorten in Wetzlar (1818-1860) und Cleve (1860-1866) war der letzte Standort Bückeburg (1867-1918), bis das Bataillon am Ende des Ersten Weltkriegs aufgelöst wurde.

Cusco

Cusco ist die Hauptstadt der Provinz Cusco im Zentrum des peruanischen Hochlandes. Die Stadt liegt in 3416 m Höhe. Sie gilt als Hauptstadt des Inkareiches und der Name bedeutet „Nabel der Welt." Die Gründung Cuscos wird in das 11. oder 12. Jh. in europäischer Zeitrechnung datiert. Archäologisch wird die Entwicklung der Siedlung zu einem herausragenden Zentrum in der Zeit zwischen 1250 und 1310 angesetzt. 12 Inkaherrscher sollen das Inkareich von hier aus regiert haben; erst seit der Zeit des 9. Inkaherrschers Pachacutec Yupanqui gibt es genauere Überlieferungen. Das Reich wurde nach den vier Himmelsrichtungen in vier Teile eingeteilt, mit Cusco als Zentrum.

Die spanischen Eroberer nahmen die Hauptstadt 1533 ein und töteten im Laufe der Besetzung die letzten Inkakönige, raubten das Land aus und unterdrückten die indigene Bevölkerung. In der Kolonialzeit trat Cusco seine einstige Bedeutung als Regierungssitz an die Hauptstadt Lima ab und wurde zur zweitrangigen Kolonialstadt mit Bischofssitz 1536 und Universität 1692. Die Kathedrale von Cusco wurde von 1560 bis 1654 auf den Grundmauern des Palastes des 8. Inka Viracocha erbaut.

Vor 1820 hatte die Stadt noch 40.000. 1876 wurden nur noch 18.370 Einwohner gezählt. Als Johann Rathgens die Stadt aufsuchte, war die Einwohnerzahl noch weiter zurückgegangen. Erst nach 1911, als auf einem Berg die verborgene Stadt Machu Picchu (UNESCO-Welterbe) entdeckt wurde, änderte sich die Bedeutung, da Cusco zum Zentrum des neu entstandenen Interesses an der indianischen Vergangenheit wurde und letztlich zum Touristenzentrum in Peru (teils nach Wikipedia).

General Körner

Bernhard Emil Körner, in Chile Emilio Körner Henze, war ein preußischer Offizier, der ab 1885 als Militärberater in Chile tätig war und 1891 als Generalstabschef der aufständischen Kongresstruppen am chilenischen Bürgerkrieg teilnahm. Emil Körner war der Sohn des Wegwitzer Rittergutpächters und Hauptmann Ludwig Körner und seiner Frau Alwine, geb. Henze und der Großneffe von Karl Theodor Körner, eines patriotischen Dichters und Teilnehmer an den Befreiungskriegen gegen Napoleon Bonaparte. Emil

Körner absolvierte eine Militärlaufbahn in der preußischen Armee.1885 warb die chilenische Botschaft in Berlin den Artillerie-Hauptmann Emil Körner als Militärberater an. Die chilenische Armee stellte ihn als Oberstleutnant ein. Mit seiner Hilfe wurde eine Militärreform durchgeführt. 1891 kam es in Chile zwischen den Anhängern des Parlaments, den Congresistas, und den Anhängern des Präsidenten Balmaceda, den Balmacedistas, nach einem Streit um die Verfassung zum Chilenischen Bürgerkrieg.

Körner hatte die Tochter des deutschen Honorarkonsuls geheiratet, Mathilde Junge (1866-1929); sein Schwager und sein Schwiegervater waren Congresistas. Dies trug wesentlich dazu bei, dass Körner sich auf die Seite des Parlamentes schlug, obwohl ihm vom deutschen Botschafter eine Intervention in diesem Konflikt verboten worden war. Körner handelte dennoch entschlossen, obwohl ihn sogar der deutsche Kaiser Wilhelm II kritisierte und ihm Verrat an der legitimen Regierung seines Gastlandes vorwarf. Nach Körners Flucht ins Lager der Oppositionellen wurde er zum General befördert und zum Chef des Generalstabs der Kongresstruppen ernannt. Der Bürgerkrieg endete mit einem Sieg der Congresistas. Präsident Balmaceda nahm sich das Leben. Der Kaiser verzieh Körner später und verlieh ihm den Kronenorden (nach Wikipedia).

Lamp, Carlos

Karl Lamp kam 1867 als deutscher Einwanderer nach Peru und ließ sich im Bezirk Paucartambo im Department Cusco nieder. Als Freund der indigenen Bevölkerung wurde er als Viracocha, als Gottheit der Inkastämme, ausgerufen. Er lebte mit den Eingeborenen zusammen und arbeitete an ihrer Seite. Die Ältesten boten ihm ihre jahrtausendalte Weisheit an, die Männer ihre Freiheit und Arbeitskraft, die Frauen verliebten sich in ihn wegen seines Charakters und seiner Statur. Er heiratete eine Nachfahrin des Inka Panacas. Die große Mehrheit der Eingeborenen von Cusco und Umgebung kannte Karl Lamp als den Inka und Halbgott Viracocha. Sie sahen in Lamp den neuen Viracocha und die Möglichkeit, das Inkareich wieder aufleben zu lassen. Er begann eine Rebellion gegen die Republik Peru, um ein neues Tahuantinsuyo (Inkareich nach den vier Himmelsrichtungen) zu gründen. Seine Truppen eroberten die Bezirke Quispicanchi und Calca. Er wurde von der republikanischen Miliz gefangen genommen und 1883 aus Peru verbannt. Später kehrte er jedoch nach Peru zurück, um sich seinen Untertanen anzuschließen und seine politische Kampagne fortzusetzen. Karl Lamp wollte mit dem deutschen Reichskanzler Bismarck verhandeln, um deutsche Unterstützung zu erhalten, Peru regieren zu können. Nach seiner Reise nach Deutschland hörte man nichts mehr von ihm. Es heißt, dass er auf dem Rückweg nach Amerika an Bord ums Leben kam bzw. dass er von staatlichen Spionen getötet wurde, als er in Peru von Bord ging. Im Hochland von Paucartambo wurde die Geschichte von Lamp zur mystischen Legende des blonden Inka. (Ausschnitt aus Wikipedia; Übersetzung von Lars Junge).

Valparaiso

Valparaiso (In Deutsch: Paradiestal) wurde durch den italienischen Seekapitän in spanischen Diensten Juan Bautista de Pastena 1544 gegründet. Die wirtschaftliche Entwicklung begann Anfang des 19. Jh. Der Hafen entwickelte sich am südlichen Pazifik zum bedeutendsten Fernhandelshafen, auch für die Einwanderer aus Europa. San Francisco und Valparaiso wurden die wichtigsten Häfen an der Westküste Amerikas.

1885 hatte Valparaiso schon 115.000 Einwohner, darunter 10.000 Ausländer, auch viele Deutsche. 1898 wurde die Evangelisch – Lutherische Kirche zum Hl. Kreuz eingeweiht, die erste protestantische Kirche des Landes und ganz Südamerikas. Mit der Eröffnung des Panamakanals 1914 verlor der Hafen an Bedeutung; die Stadt hatte 182.000 Einwohner.

Valdivia

Im Laufe der Geschichte von Valdivia war die Stadt unter der Kontrolle der Mapuche, dann des Vizekönigs Perus und anschließend der Spanier, bis 1820 die chilenische Flotte die Spanier besiegte und Valdivia einnahm. In Valdivia entstand die erste Brauerei Chiles, das erste Stahlwerk, Waggonbauindustrie, Holzverarbeitung und Lederwarenindustrie, Werften sowie eine deutsche Zeitung. Die Insel Teja bildete das Zentrum der deutschen Einwanderer. Valdivia ist nach Santiago, Valparaiso, La Serena und Concepcion die fünfälteste Stadt Chiles. Die ersten deutschen Auswanderer kamen in mehreren Gruppen nach Valdivia, nachdem am 18. November 1845 das Gesetz zur Einwanderung erlassen wurde. Den Einwanderern war die Besiedlung an den nördlichen und südlichen Grenzen des damaligen Chile gestattet, nördlich von Copiapo und südlich des Rio Bio Bio. Valdivia gehörte zum südlichen Siedlungsgebiet.

Angehörige von Johannes Rathgens in Brokdorf

Die folgenden Daten sind dem Geburts-und Taufbuch von 1830-1898 und dem Mischbuch von 1761-1879 der Kirchengemeinde Brokdorf im Kirchenkreis Rantzau-Münsterdorf entnommen (Landeskirchliches Archiv der Evangelisch-Lutherischen Kirche in Norddeutschland):

Vater:
Johann Rathgens, geb. 1815 in Krempe; gest. mit 43 Jahren 10.09.1857 in Brokdorf. Er war Schiffer und Kätner.

Mutter:
Anna Gese, geb. Kahlke, geb. 20.07.1821; gest. mit 37 Jahren 23.01.1859 in Brokdorf. 2. Ehe mit Johann Fock.

Kinder von Johann Rathgens und Anna Gese:

Johanna Margareta, nicht in Brokdorf geboren
Herrmann Nicolaus, geb. 19.06.1844 in Brokdorf
Anna Christina, geb. 10.08.1846 in Brokdorf
Catharina Magdalene, geb. 12.01.1849 in Brokdorf
Christine Margareta, geb. 12.01.1850 in Brokdorf
Caecilie Gese, geb. 05.09.1851 in Brokdorf
Johannes Jakob, geb. 06.03.1856 in Brokdorf, getauft am 06.04.1856

   Da die Geburt des ersten Kindes, Johanna Margareta, nicht in Brokdorf verzeichnet ist, nehme ich an, daß die Eltern sich erst nach ihrer Geburt in Brokdorf niedergelassen haben.

Fotonachweise

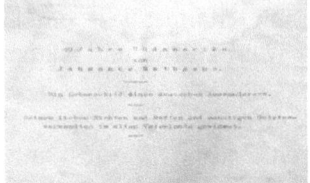 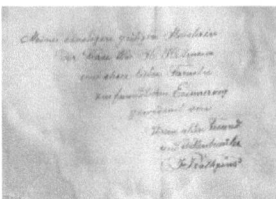

Links: Originaltitelseite „40 Jahre Südamerika", Foto T. Junge
Rechts: handschriftliche Widmung durch Jan Rathgens auf der
Rückseite der Titelseite, Foto T. Junge

Originaltext mit Schreibmaschine verfasst, 185 Seiten,
teils stark vergilbt, Foto T. Junge

Kornmühle auf dem Deich in Brokdorf, wo Nikolaus Junge tätig
war.
Links: 1905 Foto von einer Postkarte, R. Junge,
Rechts: 1939, kurz vor der Demontage, Foto R. Junge

Bäckerei „Panaderia Alemana" von Nikolaus (Klaus Junge um1890, Fotosammlung R. Junge

Erste Auswanderergeneration:
Familie Anna Rathgens und Nikolaus Junge mit den Kindern Anita (li.) und Arthur (re.) 1878, Fotosammlung R. Junge

Bäckerei „Panaderia Francesa de San Juan de Dios" in Valparaiso
um 1940. Inhaber ist Arturo Junge, Fotosammlung R. Junge

Zweite Auswanderergeneration
Familie Margarita Woerner und Arturo Junge mit den Kindern Edith und Ursula 1939, Fotosammlung R. Junge

Bäckerei Junge in einem Neubau in Valparaiso ab 1946, Foto-sammlung R. Junge

Links: dritte Generation, Helga Neisius und Arturo Wilhelm Junge 1944, Fotosammlung R. Junge
Rechts: vierte Generation, Roberto Arturo Junge, Dezember 2023, Foto R. Junge

Besuch im Clubhaus des Deutschen Vereins (gegründet 1838) in Valparaiso im März 2023: Von links: Kathrin Grund und Lars Junge aus Santos, Büste des Dt. Kaisers Wilhelm II, Roberto Junge aus Valparaiso. Foto L. Junge

Links: Peter Junge (UR-UR-Großvater von Roberto Junge) als er als Taufpate seines Enkels Arthur Otto 1875 von Brokdorf nach Valparaiso gereist war, Fotosammlung R. Junge
Rechts: Johannes Rathgens, Verfasser des Originaltextes, Ende der 1920ger Jahre in Peru, Fotosammlung R. Junge

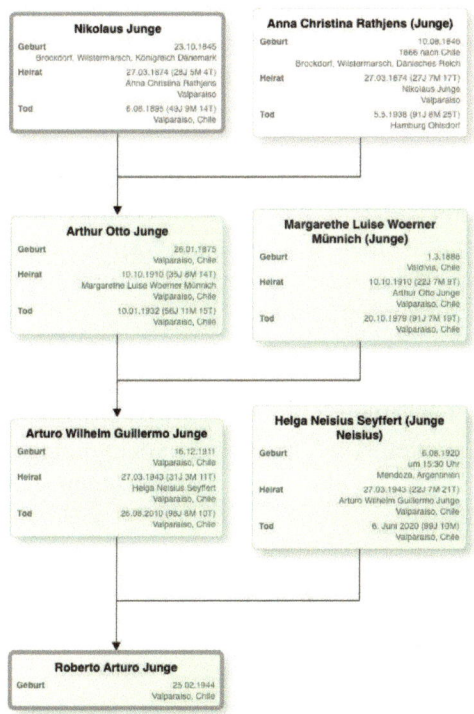

Nikolaus Junge		Anna Christina Rathjens (Junge)	
Geburt	23.10.1845	Geburt	10.08.1840
	Brockdorf, Wilstermarsch, Königreich Dänemark		1866 nach Chile
			Brockdorf, Wilstermarsch, Dänisches Reich
Heirat	27.03.1874 (28J 5M 4T)	Heirat	27.03.1874 (27J 7M 17T)
	Anna Christina Rathjens		Nikolaus Junge
	Valparaiso		Valparaiso
Tod	6.06.1895 (49J 9M 14T)	Tod	5.5.1938 (91J 8M 25T)
	Valparaiso, Chile		Hamburg Ohlsdorf

Arthur Otto Junge		Margarethe Luise Woerner Münnich (Junge)	
Geburt	26.01.1875	Geburt	1.3.1880
	Valparaiso, Chile		Valdivia, Chile
Heirat	10.10.1910 (35J 8M 14T)	Heirat	10.10.1910 (22J 7M 9T)
	Margarethe Luise Woerner Münnich		Arthur Otto Junge
	Valparaiso, Chile		Valparaiso, Chile
Tod	10.01.1932 (56J 11M 15T)	Tod	20.10.1979 (91J 7M 19T)
	Valparaiso, Chile		Valparaiso, Chile

Arturo Wilhelm Guillermo Junge		Helga Neisius Seyffert (Junge Neisius)	
Geburt	16.12.1911	Geburt	6.08.1920
	Valparaiso, Chile		um 15:30 Uhr
			Mendoza, Argentinien
Heirat	27.03.1943 (31J 3M 11T)	Heirat	27.03.1943 (22J 7M 21T)
	Helga Neisius Seyffert		Arturo Wilhelm Guillermo Junge
	Valparaiso, Chile		Valparaiso, Chile
Tod	26.08.2010 (98J 8M 10T)	Tod	6. Juni 2020 (99J 10M)
	Valparaiso, Chile		Valparaiso, Chile

Roberto Arturo Junge	
Geburt	25.02.1944
	Valparaiso, Chile

Verwandtschaftsverhältnis der vier Generationen in Valparaiso. Johannes Rathgens war der jüngste Bruder von Anna Christina Rathgens. Annas Mann Nikolaus Junge war mit drei Schwestern 1873 von Brokdorf und Wewelsfleth nach Valparaiso ausgewandert.[44]

Foto auf dem Covor: Kartenausschnitt Südamerika, s.Wikipedia

---

[44] s. K.-Th. Junge: Das Alfred-Döblin-Haus in Wewelsfleth, S.69f

Dank

an Roberto in Valparaiso, der das 185seitige, mit Schreibmaschine verfasste „Lebensbild eines deutschen Auswanderers" im Familiennachlass entdeckt hat und dieses Lars und Kathrin zeigte.

an alle Drei, da sie es wegen des interessanten Inhaltes wichtig fanden, daß dieses vergilbte Exemplar in neuer Form für einen größeren Leserkreis veröffentlicht werden sollte, und daß sie mir dieses Original zur Prüfung mit nach Deutschland brachten.

für die Ermutigung zur Veröffentlichung durch meine Frau Christiane, meinen Schwestern Elsbeth und Thea sowie meinen Kindern Dirck, Lars und Hajo als auch Kathrin und Dada, die alle einige Textpassagen sehr interessant fanden.

für Übersetzungshilfe durch Lars und Kathrin.

für Informationen und Fotos von Roberto.

an Christiane für ihre Unterstützung und ihr Verständnis für mein Engagement.